毛球 伏鹰 著

人民日报出版社

图书在版编目（CIP）数据

骑行中国 / 伏鹰，毛球著.
—北京：人民日报出版社，2014.12
ISBN 978-7-5115-2929-9

Ⅰ．①骑… Ⅱ．①伏… ②毛…

Ⅲ．①自行车运动－基本知识 Ⅳ．①G872.3
中国版本图书馆CIP数据核字(2014)第288296号

书　　名：骑行中国
作　　者：伏　鹰　毛　球

出 版 人：董　伟
责任编辑：周海燕　王琳琳
特约策划：杨擘
版式设计：飞凡设计
封面设计：汪要军

出版发行：人民日报出版社
社　　址：北京金台西路2号
邮政编码：100733
发行热线：（010）65369509　65369527　65369846　65363528
邮购热线：（010）65369530　65363527
编辑热线：（010）65369528
网　　址：www.peopledailypress.com
经　　销：新华书店
印　　刷：北京鑫瑞兴印刷有限公司

开　　本：710mm×1000mm　　1/16
字　　数：290千字
印　　张：13.25
印　　次：2015年9月第1版　2015年9月第1次印刷

书　　号：ISBN 978-7-5115-2929-9
定　　价：39.90元

目录 CONTENTS

Part1
骑行与健康 /001
骑行是一件美好的事 /002
骑士膝的产生和预防 /004
骑士背的产生和预防 /006
我为什么骑行 /008
寻找疯小苑 /009

Part2
骑行前的准备工作 /012
大大山地和小小公路 /013
心一动，身千里 /015
自行车调整 /021
无知无畏，骑车去他乡 /023
骑行路上 风雨人生 /027

Part3
骑行基础训练 /031
骑行：是染上就戒不掉的瘾 /032
骑行基础训练 /034
骑行技巧 /040
蓝云的单速情结 /042
寻找梦想 骑行上路 /047
张树桥：只是骑车 /050

Part4
作业游记 /054
北京篇 /054
骑行亦修行 /055

六百里燕云和月 /056

细雨湿流光 /061

幽速乐骑漫水桥　秋游烧烤畅欢笑 /065

海到天边天作岸　山登绝顶我为峰 /067

乱花翠围伴莺啼　蔚盖清风醉骑迷 /072

牛刀小试幽速游山吧　酣畅淋漓乐骑不夜谷 /076

骑行，灵魂的旅程，勇士的风情　 /079

秋游香山骑马道　车迷美景人醉天 /087

牙璋辞凤阙　铁骑绕龙城 /089

北京 — 坝上篇（5~6天）/095
江月何年初照人 /096

秋日胜春朝　诗情到碧霄 /100

谁持彩练当空舞 /102

落日山水好 /105

山山皆秋色　树树唯落晖 /108

青海湖篇（3~5天）/110
西宁你好，西宁再见 /111

日月山狂风下扎营 /113

花开花落，云卷云舒 /115

东边日出西边雨 /117

一面湖水　满满心醉 /118

天津 — 西安篇（10~15天）/121
九河下梢，北有白洋 /122

落花时节逢君 /124

山水相依娘子关 /126

飚轮迎月入阳泉 /128

黄天厚土大河长 /129

忆长安，七月长 /131

西安 — 西宁篇（10~15天）/135
谁陪着你看太阳上山，太阳下山 /136
在暴风雨中安睡 /138
亲爱的路人，你好 /140
星天外 雨山前 /142
西宁 /146

西北篇 /149
马上望祁连，凝素无青云 /150
蓝天高高，白云飘飘 /152
他年美景此处寻 /154
阳光总在风雨后 /156
雪山行 笙歌起 /158
白云生处有藏家 /161
青海长云暗雪山 孤城遥望玉门关 /164
残垣夕照浑如梦 /167

西藏篇 /171
写在出发前 /172
成都闲逛记 /173
成都 — 雅安 — 新沟 /175
新沟 — 康定 — 折多塘 /179
折多塘 — 新都桥 /182
新都桥 — 相格宗村 — 红龙乡 /185
红龙乡 — 理塘 — 巴塘 /189
巴塘 — 芒康 — 如美 /192
如美 — 容许兵站 — 左贡 /194
左贡 — 邦达 — 八宿 /195
八宿 — 然乌 /197
然乌 — 波密 — 八一 /199
工布江达 — 拉萨 /203

PART 1

骑行与健康

骑行是一件美好的事

我们骑车的初衷和目的不尽相同，有追求骑行速度的，有为增强耐力的，有为追求骑行距离的等等；但有一点是相同的，就是我们都想拥有健康的身体；无可厚非，我们一路骑来也取得很好的效果；体能、耐力明显提高，但是随着骑车时间的延长，我们可能忽略了一个很关键的问题——心态；没有好的心态就不会拥有真正健康的身体。

骑自行车锻炼和其他锻炼方法不同，区别是我们对器械的依赖性和自行车运动本身的社会性；也就是说，我们一开始最起码得有一辆自行车，社会性就是经常骑行的人会自发的组成一个个小团体，相互鼓励，相互照应；这样就出现了"骑友"这个词。

看到有某女子穿着高跟鞋和小背心热裤去骑车，一路上回头率无限，晚上回家严重晒伤，此后就是她要卖车的消息；有某男子花重金觅得公路车一辆，骑行一两次之后便束之高阁，也许这种看起来酷酷的骑行方式并没有吸引到他。

骑行的路上有11岁的小女孩跟着父母环青海湖，有六七十岁的爷爷和奶奶骑着自行车在路上悠闲地打发时光，更多的是年轻人骑着花花绿绿的车呼啸而过。我们总喜欢的一句话是——牛人，在路上。

骑友间的情谊是很单纯的,大家因为共同的兴趣爱好走到一起。一起骑车,一起吃饭,有时间就骑,没时间不骑;在骑行中前后照应,扶弱救贫——强者迁就一下弱者,吃饭以节俭为主;比以其他方式交朋友容易多了。

我们在周末相约,就有两天的骑行旅程,不用早起,把路灯走成阳光。不用追着夕阳赶路,把阳光走成路灯。可以晚上聚在一起侃大山。一日三餐加上睡眠,恍惚便有了浪迹天涯走四方的豪迈。

于是我们在社交网络上随手发一张照片,便引来好友们惊奇和盛赞。有人会不厌其烦地问这是哪里,那是哪里?这里是北京郊区,北京不仅有长城、故宫、颐和园、鸟巢,还有无与伦比的公路,北京更有你想象不到的绚丽色彩,也许我们暂时没有抛下一切,辞职走天涯的契机,但是却有每一个周末两天的假期,没有借口宅,走出门去,世界这么广阔,一不小心,我们就能去到远方。想,让身体腐朽,行动,让心灵生动。

你在网上看2D的美景图片叹息不已,顿时豪情四起想有生之年一定要去那个地方,可是转眼即忘。你在3D电影院陶醉在精美绝伦的色彩中,便恍然有了身临其境的满足,其实那可能只是雾中花,手中沙。我们站在跨省的路碑下,阳光晒到脱皮,小蚊子在身边狂舞。我们看到小河,欢呼一声便脱鞋冲进水潭,脚被冻得没有知觉,还要放肆飞奔抓拍跳跃,然后我们把袜子挂在水壶架上,一路横冲直撞,损友们便夸张地捂住鼻子喊生化武器来了。我们在忽明忽暗的山洞间穿梭,幻想自己是一只穿山甲,即使在碎石路上颠簸得牙齿都在颤。

相机记录的是静态的画面,摄影记录的是流动的画面。我们经历的是时间,远不如高明的摄像技术震撼,却因为在这里,便有了自己的独一无二,谁也偷不走看不到的记忆。

骑行,是染上就戒不掉的瘾;因为路在前方,所以我们远行。

骑士膝的产生和预防

我们经常说，"如果你的膝盖会痛，表示你做错了一些事。"

骑士膝，在医学界的学术名是髌骨痛。症状是在髌骨（膝盖骨）和股骨（大腿骨）之间以及周围出现灼热感。

骑车并不会对膝关节造成伤害。自行车运动能增强体能又有"不伤害关节"的特性。可能相对于跑步对膝关节的惯性损伤，很多其他运动选手还会选择骑自行车来进行交叉训练。

骑友们有任何的膝盖问题，可能都是可以避免的，也是可以解决的。只要有足够的肌力和训练，即使是上坡也不会对膝盖造成问题。

如果你的自行车对于你的体型来说是合适的，你也有一些基础的训练和技术，还是会膝盖疼痛，那么也许就是"过度使用"。

骑士膝是不受年龄限制的，即使是18岁的青年，如果热身和恢复时间不够，膝关节也很容易受伤。

膝关节是身体比较容易受伤的连接处之一，负荷太大的话就很容易受伤。相对于身体的其他部位，膝关节的连接结构不是很稳定，骨头容易移位，所以在运动的过程中，膝关节更容易承受大的压力和破坏。在骑自行车的过程中，膝盖骨头和大腿骨之间所产生的压力，实际上可能是体重的好几倍。

膝关节的疼痛一般有两种，一种是髌骨肌腱炎，另外一种是髌骨软化症。

肌腱炎发生的原因有：

1. 体能不好
2. 突然骑太猛、关节润滑不足
3. 在低气温的天气穿短裤骑行
4. 坐垫太低

骑行与健康 Part 1

　　骑友们在骑行的过程中，股四头肌是最主要的动作肌肉，骑行时主要借由股四头肌收缩踩动踏板，如果踩得太快太猛太频繁，肌腱和膝关节就会疼痛。肌腱炎产生的疼痛感只要好好休息，很快就能复原。

　　预防肌腱炎的最简单方法就是在骑行的过程中学会循序渐进，从来没有骑过车的骑友不要一下子就骑五六十公里的山路，应该逐步增加，从刷街开始，逐渐地增加体能、耐力和速度，让身体有一个适应的过程。

　　在一天的骑行计划开始时，上路前先用10分钟踩动低齿比热身，打开身体的微血管，让血液流动起来，也让身体有了一个适应的过程，这样后面的行程，身体才会做无氧运动，让关节分泌关节润滑液，让膝盖可以更顺畅地展开运作，低齿比高踏频的骑行，通常不会发生髌骨疼痛等问题，这也是很多骑友说要提高踏频的关键。

　　如果车座太低，膝盖的弯曲幅度会增加，就会加重肌腱和股四头肌的负荷。坐垫在什么位置最合适呢？脚踏在最低位置时大腿和小腿的角度约为30度时，是效能最高，膝盖承受压力最小的姿势。

　　髌骨软化症发生的概率比较小，但是比肌腱炎严重很多。症状一般都是在骑行结束后才会出现，不会在骑行的过程中发作。这种症状是永久性的伤害，还可能会导致关节炎。当膝盖骨偏离了正确的沟槽，我们在踩脚踏的时候所有的压力会集中在膝盖骨的一小部分上，而无法平均、无痛地分散在整个膝盖骨的表面。因此会破坏该部分的软骨，进而发生髌骨软化症。

　　很多用直线的，稍微有内外偏离的姿势踩脚踏的骑士，很容易发生膝盖疼痛。如果你在骑行的过程中，将膝盖往内侧靠，看起来马上就要碰到上管，这样很不好，效率不高，还很容易受伤。在骑行的过程中，膝关节应该保持在同一平面上。

　　很多骑友在骑行的过程中，不管是平路还是放坡，都会带上护膝，这也是一种好的选择，护膝对膝盖有一种支撑和保护的作用。尤其是天气寒冷放坡时，双脚保持不动，腿部尤其是膝盖很容易受寒。护膝可以很好地解决这一问题。

骑士背的产生和预防

背痛是一个很普遍的问题。在生活中，人们经常保持一个动作不动，在地铁上低着头看手机，在办公桌一坐就是一整天，在家里窝在沙发上看电视，这样缺少活动的生活形态很容易出现背痛、肩膀痛等问题。

在骑行的过程中，身体向前弯曲，整个背部弓起来拉长却保持不动，久而久之，支撑身体的背部变得脆弱、紧绷，脊椎周围的肌肉，骨盆上方和肩胛骨之间都会出现疼痛，这就是骑士背产生的原因。

我们可以通过调整自行车并做一些锻炼来缓解骑士背带来的疼痛。

1. 将车子的车把前端调高
2. 将身体拉正
3. 处理腿长差异
4. 伸展腘肌、胯关节屈肌和臀肌
5. 活动和强化臀肌
6. 改变姿势
7. 强化核心肌群
8. 游泳
9. 做伏地挺身
10. 随时保护背部
11. 考虑买斜躺式自行车
12. 跳舞

缓解背痛最快捷便宜的方法就是调高现有自行车的车把，可以旋转车把使之朝上，调高龙头或者另外买一个较高的龙头。也可以买一辆上管较短或者龙头较高的自行车，减少背部拱起这种不健康的弧度以及施加于下背部椎间盘的压力。

骑车前一定要做伸展运动，在骑车时也要偶尔伸展一下，尤其是骑车后的伸展必不可少。绝对不要做身体向前弯双手碰脚趾的动作。这个动作会伸展脊椎后侧的韧带，可能会对其造成伤害。

在骑车的过程中，应该不时地改变握车把的位置，每五分钟就站着骑一分钟，伸展一下身体，往不同的方向拉一拉。在长途爬坡的过程中，可以不时滑动臀部坐到坐垫的前、中、后等位置。

骑自行车会弯曲身体，常常会让身体僵硬，游泳则能伸展身体，增加柔软度。骑自行车是线性运动，大部分时间只运动腿部。游泳则是70%的动力来自上半身，每次划水都会很明显地扭动髋部，会运动到骑车时被忽略的核心肌群、腹横肌和背部肌肉。

坐着时可以试着让膝盖比髋部低，这样可以拉直脊椎。在日常生活中，我们可以养成一些保护背部的良好习惯。比如不要弯腰抬起地上的重物，而是先蹲下，再用腿部撑起。如果经常开车，坐在车上时也可以在等红灯的时候做腹肌训练运动强化核心肌群。平时坐车或者站着的时候都要随时收缩腹部。

人物专题

我为什么骑行

  有人问我，为什么取名叫伏鹰？我说道，鹰伏于地，志存九天，没有翅膀，我心飞翔。
  我相信，我们大多数人都有梦想，都有一个像雄鹰般的凌云壮志，但是这世间总有太多无奈，我们中的大多数人只能是理想很丰满，现实很骨感，空有一身报国志，却不得折腰只为五斗米，只能仰天长叹，心比天高，命比纸薄。我曾经就是这么一只伏鹰，心系苍穹却只能栖身檐下，苦苦的在乌云与阳光之间等待，在理想与现实之间徘徊，我迷茫过、徘徊过，也挣扎过，但终究无济于事。有心栽花花不开，无心插柳柳成荫，也许是机缘巧合，也许是天定宿命，于偶然间，我接触并爱上了骑行，喜欢上了这种无拘无束的运动方式，可以恣意奔驰，享受策马驰骋的感觉，可以零距离亲近自然，体验心与灵相通的快感。
  也许有人会质疑骑行，觉得这是在自虐，特别是披星戴月地出征再披星戴月地凯旋，我则不以为然，因为热爱，所以执着，因为热爱，所以快乐，对于一个骑士，快乐始于每一次推车出门，快乐存于每一次成功攀登，快乐现于每一次走在路上，我骑行。人，食谷而生，谓之俗；倚山而居，岂不仙乎？我们终日困于钢筋混凝土浇筑的楼林厦海之中，挣扎在"压力山大"的繁琐杂事之间，为五谷而奔波，为生计而迷茫，逐渐失去了自我失去了真我，唯有在一个闲暇的周末，回归于自然的怀抱，接受钟灵毓秀的洗礼，体验人法地、地法天、天法道、道法自然的和谐，放松节奏，解放天性，方才能找回迷茫的真我。
  我快乐！

骑行与健康 Part1

2012年5月21日—7月28日66天的毕业旅行

人物专题

寻找疯小苑

  我认识小苑快四年，平时和她联系不多，时常会在网络上默默关注她的最新动态，她暑假背包去秦岭徒步，她搭车去了滇藏线、新藏线，她和最亲爱的家人自驾游去了东南亚，她游学去了台湾，后来她一个人走了更多地方……我们结束共同的骑行旅行时彼此相约，下次我们从这里出发，继续未完的旅程。后来她继续她的求学生涯和流浪，我在城市工作、生活。

  曾经，我们在三千多的高山上扎营，由于连日骑行的劳累和高原反应而全身浮肿，我们发着抖爬出帐篷，抱着卫生纸写字就敢拦自驾的车辆，只为求口热水暖身子，并咬牙切齿表示以后如果我们在车上，一定会给骑友们提供任何帮助。后来我问她去新疆在车上时给骑友提供帮助了吗？她乐，当然给，必须给。

【出发】

出发，就是为了人生路上遇到你们。

曾经的她也是个父母老师眼中的乖乖女，记得她读大学时听说一朋友骑车去了拉萨，那时她的内心被震撼了。她渴望走出去认识更广阔的世界，男孩子能做到的，她也可以。于是她用奖学金和兼职的钱买了自行车，开始锻炼身体准备骑车去西藏，她花了半年多时间每晚去操场跑 4000 米。从那时起，她不再愿做条条框框里乖巧的女孩，她总笑说自己是宅男宅女的反面教材，以为自己有强健的体魄，阳光的心态与肤色。后来我们一同骑行，路程中即便她身体不适、水土不服，也只能咬牙坚持。所以那个连续翻山越岭后的早上，她全身浮肿，发烧感冒，突然扑通倒地着实吓了我们一跳。当时路过的小山村医疗条件不好，我们又放坡返回大一点的镇子静宁，这是路程中队伍唯一一次骑的回头路。后来大家决定让她搭车去兰州看病治疗，当大家把她的车拆了放到大巴车上后，她不顾身边人的眼光，眼泪如决堤的洪水，她说那是她从小哭得最伤心的一次。我没有大哭过，却在低头抱住膝盖时，偷偷地流过眼泪，问自己，出来这么艰苦，为什么要出来？

我们的相伴，缘于她被我和转转的忽悠，计划骑行滇藏线变为与我们从西安骑到敦煌，一个半月的时间，在广阔的大西北，从日出到日落，从繁茂的森林骑到荒芜的沙漠。

【寻找】

小苑说她的妈妈这辈子辛劳，生她前一个月工作时整个手被机器压伤，手背上的血管全被压破，失血过多。这次事故后，父母一再担心这会对胎儿有影响，不过感谢上苍，她出生后一切正常，不过是肤色黑了些。当然这是后话，不知道她的肤色是先天的赐予，还是后天的热爱。不过她会时常笑着说，小时候大人们总逗她黑得掉煤堆里都找不到，她依旧对自己健康的肤色倍感自豪，从不拘束于走出户外，热爱生活。她从小学六年级开始骑自行车上学，那时学校并不允许，是她爸爸跟学校签了免责协议后才同意。去学校的路上有个大坡，她说那时最喜欢的就是冲坡的时候听着耳后呼啸的风声，觉得自己无比自由，这种感觉一直保留着，长大的她也同样会选择骑车出去晃荡。

人生最稀奇的事就是因为你经历过的每一天才塑造出今天的自己，所以她喜欢和朋友分享她见过的世界。她始终相信，只要活着，一切都有可能，只要活着，就是最大的恩赐。只要活着，也许在我们看来这是一句空洞的口号，对她来说却是实实在在的体验。母亲生病，命悬一线，与病魔抗争后终于得以挽救，这让她无比感恩。她有开明的父母，因为经

历过病痛生死,父母对生命看得更开,钱挣不完带不走,有生之年都当最后一年过。小苑想做的事情都和父母用心交流,因此父母一直很支持、相信她。她说父母其实并不希望你成为谁,他们只希望你成为你自己。

2012年她去了北国读研究生,又去了台湾交换,打开眼界看到了很多,并不断认识、完善自我,她说还好有明天,可以有机会认识更好的自己,这种状态很幸福。我曾经跟她说羡慕,因为研究生生涯有了寒暑假期,可以去最想去的地方看一看。她学习景观专业,景观到底是什么,她说她渐渐感受到,其实就是生我们养我们的土地,这是和生命息息相关的,这不光是当下可见的客观物质,也可能是我们的记忆库里那些活生生的经历,所以她觉得"故乡"和景观是有关系的。她在专业学习上学到了设计手法,要考虑生态,感官,美学,但她会问自己到底什么是感动的"景",也许就是"故乡",那种可以从中得到安静、健康和内心陶冶的真实感,那种流动在生命中的景。

我们总喜欢文艺点地说"回不去的是故乡,到不了的是远方"。在"故乡"生活的人眼中可能有对外界的向往,有对当下生活的满足,那是一种安静祥和的目光,我们出发,遇到他们,感染我们,这就是旅行的意义。"景,亘古不变,人,时时老去。"也许这就是我们旅行的意义。

她和我分享她读到的书籍《设计结合自然》,她聊起曾经遇见过住在大草原的游牧民族,他们一个月去一次集市买食物和必需品,其他日子就与自然相伴,以天地为家;还有她做义工住在雪山下不通电不通车的小村庄,那里以雪山为守护神,用流淌的雪山泉水发电采光,从自然中获得力量。不知道城里人更幸福还是他们更幸福。幸福的定义太宏大,我们又太年轻。看过的美景,遇到的人都是我们生命中浓重的墨彩,在前行的过程中我们探寻幸福的秘密。

幸福是一个伪命题,唯心不唯物。好在,我们都在坚持自己想要的生活方式,并为之努力。好在,我们一直在路上。人生是一场旅行,在乎的是经过时,遇到的人和风景。

今年夏天,我们时隔3年又一次见面,她来北京中国国家地理实习,她说这是她梦想的工作,因为内心的热爱,期盼用自己的脚步丈量世界。我相信我们都在为自己内心的小小梦想在各自的路上努力着,追寻想要的生活方式,因为有了这些同道的朋友,我们变得坚强勇敢。她总是说"同在路上,心远路长",我期盼她的故事。

PART 2 骑行前的准备工作

山地车　公路车

大大山地和小小公路

　　我把跟我走过很多地方的车转手给了一个女骑友，她说她经济不是很宽裕，想骑行，决定先买一个二手的车试试，若爱上了，便再选购一辆适合自己的车。

　　我和朋友们说我的车出手了，他们说你怎么会舍得。是啊，我熟悉它的每一个疤痕，我知道加速几秒后可以丢双把，摔车时如何避免自己受伤，甚至在大路宽广的时候我会闭上眼睛几秒来冲刺。可我还是转手了，新入手的还是山地车。我对山地车有执着的喜好，它沉，稳重，下坡可以让我很有安全感，更重要的是以后骑长途可以应付不同的地形。

　　我们的骑行队伍中有山地车、公路车、折叠车、旅行车。清凉大哥刚跟我们骑车的时候，骑山地车用40km/h的速度紧紧跟在一群公路车后面，这之后的骑行他都累得不行，落在队伍的最后面。后来他换了一辆公路车。公路车的骑行速度要比山地车快，因为轻便。但是只能在平坦的公路上骑。

　　我们骑山地车在砂石路上一路哆嗦着前进，公路党们心疼地下车，背着爱车走路前进。曾经有人扛着公路车爬海坨山，并在山顶拍照。大家听到这个消息后默默地在墙角画圈圈，我们从北京骑到大海陀，然后晚上爬山，身上背的帐篷、睡袋、防潮垫、食物加起来比那个公路车还沉呢。

公路车

苍天为冠地作履

蓝衫豪杰振寰宇

很多骑友最后不会只有一辆车，因为追求速度换了公路车，为了能上火车，有了小折叠车，又因为各种各样的原因重新换回自己适合的车型。也有单车发烧友，看到任何配件都想体验，于是买回来拆了卖掉，再买一辆，又卖掉，纯粹是因为想体验不同的车带来的不同的骑行感觉。

入门级车的价位在一千元左右，很多上学的学生已经不再骑普通的自行车，大部分换上了山地车，但是很重要的一点是大家还没有戴头盔骑行的安全意识，这是非常欠妥的。自行车没有最贵只有更贵，但是更重要的是适合自己的才是最好的。

有刚骑车的新人问买什么车，我第一个反问的是你有没有什么特别的偏好，公路车、山地车、旅行车、折叠车、旅行车？小狼就是坚定的山马党，坚持就是要山地。一直钟爱山地车的原因是它一直以来给人的安全感，不管多弯多陡的坡总是能秒刹住，曾经和老刘一起聊天，一起吐槽公路车，说刹不住车，感觉骑在上面风一刮就能飞走。山地车平路不费力，必要时需要跟骑，并一直憋着一口气，稍微松懈速度就追不上去，并且很容易失利。折叠车不费力，也需要跟骑，上坡和山地速度没差。公路车轻松，并且不需要跟骑，上坡速度能提高到 6~10km/h。

不同的时期，骑不一样的车，我没有很富有，没有很多很多车摆在家里，出去的时候想怎么选就怎么选，但是买车，转手，再买车，估计是很多骑友都会经历的一个过程。山地车、公路车、折叠车、还是旅行车，可能体验过之后才会知道自己真正适合和喜欢的是什么。

心一动，身千里
——长途骑行装备

个人骑行装备：自行车，货架，驮包，驮包防雨罩，骑行手套（长短指），骑行头盔，骑行眼镜，码表，手电，尾灯，护膝，骑行头巾，保温杯。

露营装备：帐篷，睡袋，防潮垫。

个人生活装备：身份证，少量现金，储蓄卡，手机（电池，充电器）、照相机（电池，充电器），刀具，卫生纸及个人生活用品，方便袋，洗漱用品，防晒霜，笔，笔记本，路书，口哨。

个人选备：音响，遮阳帽，冲锋衣，小电风扇，硅胶坐垫，车前包，腰包，地图，火柴，针线。

车队必备修车工具：组合工具、补胎工具、刹车皮、内外胎、气筒、润滑油、橡胶扎带、辐条扳手、变速线、刹车线、尖嘴钳，调速线，绳子，辐条，截链器，链条，后拨尾勾。

一、必需装备:

1. 自行车

骑长途一般都是山地车,或者选择旅行车,平路会相对轻松,如果上坡可能会增加体能消耗。有些路段路况很差,不推荐公路车、折叠车、死飞。也有很多骑友骑折叠车、死飞、公路车去川藏线。

2. 骑行头盔

头盔在平时骑车时就是必不可少的。骑行的安全意识在骑行的大环境下应该受到重视。有骑友会觉得戴头盔是在耍酷装帅,或者喜欢出汗就直接不戴,更有甚者认为戴头盔会乱发型。这样的理由在安全面前是不值一提的。头盔不仅骑行长途需要,其实平时骑车也一定要戴头盔。在骑行途中,落石,塌方,车祸时有发生,你不知道下一秒会发生什么,但是我们首先知道的是,我们的头不会比头盔还硬。

如何选择头盔,所谓非一体成型和一体成型的区别,就在于头盔的外壳材料贴合工艺。非一体成型头盔,内层泡沫和外壳是分两次生产,然后用胶水粘在一起的,由于制造工艺限制,外壳和内层泡沫的大小总会有一些差异,所以外壳和泡沫之间会有稍许空隙,而一体成型顾名思义,就是一体挤压成型,贴合完美,目前非一体成型头盔正在逐渐淘汰淡出市场。

3. 眼镜

骑行眼镜很重要,速度到一定的程度,风沙可能会迷眼,一路上突然出现的小虫子也可能直接撞到你眼睛里面。阳光强烈时,不戴眼镜简直睁不开眼。

如果有近视,可以选择能在内框加近视镜片的骑行眼镜。加的近视镜片一般比平时所配的近视镜片低50度左右,具体可以咨询配镜店。

4. 货架

长途骑行货架很重要，因为所有的装备都将放在上面，在长途骑行中，货架的重量已经不再重要，重要的是它的强度，另外货架两侧要有护栏，以免驮包卷入车轮。另外建议选择钢制货架，网上买到的铝合金货架由于强度不够，已经有不少坏在路上了。

购买时请注意您的车架两侧有没有预留的螺丝孔。如果没有螺丝孔，可能就要选择铝货架，具体可咨询家里附近的车店。

5. 驮包

驮包，目前在国内骑长途的人来说，一般都选择后驮包。对在国外长途环骑的人来说，前驮包和后驮包一样重要。这也是一件慢慢发展的事情。专门的前驮包，专业的安装，现在可能不是特别的普及，但也有车友会自己动手安装前驮包。前后驮包可以分担重量，让车子保持平衡，在上坡和下坡的过程中让车子可以更好地发力。

选择驮包最主要的是考虑其性价比。优先考虑防雨功能，毕竟天气不可测，在外长途骑行，最重要的是保持身边的行李干爽。驮包本身的材质是否防雨，防雨的效果，如果不防雨，外面的防雨罩是否能保证长时间的雨骑后，行李还是干燥的。

建议在驮包底层铺一层塑料布或者其他隔水的东西，车轮溅水往往会从边缝入侵，有备无患。打包行李时，所有的衣物和其他杂物最好分包装，用防水袋装好，然后再放到驮包。

6. 手套

骑行手套可以预备两双。在天气状况良好，平路上时可以选用短指手套，一为拿东西方便，二是相对凉爽，但是可能会被晒成两截完全不同颜色的手指。

如果在高原骑行，手套建议用长指的，一方面，高原的紫外线强烈，一天时间就足以将手指晒伤，另外高原天气多变，如果遇到下雨，手指头被冻木失去知觉的情况非常多见。

7. 码表

码表的作用在骑行中主要表现在三个方面，一是记录自己的行程，二是骑行中控制自己的速度，最重要的是通过码表可以知道每天走了多少公里，还剩多少公里。

现在的码表通过发展已经有了很多别的功能，比如计算消耗的卡路里，计算心率，踏频，记录行进后的行程图，测算海拔。功能不一样，价格也不一样，骑友们可以根据用途和预算选购。

8. 手电

长途骑行，难免走夜路，所以手电必带。

9. 尾灯

不想在黑暗中被人追尾一定要有一个尾灯，可以挂在衣服上，头盔上，背包上，驮包上，货架上，前叉上。

10. 分体雨衣

闷、沉，但是雨季出发不得不备。

11. 保温杯

没有比在山顶喝上一口热水更舒心的事了。一只足够。

12. 护膝

薄的,厚的,可以根据天气选择。护膝的种类也很多,可以根据自己的习惯选购。下坡时膝盖最容易受冷,外穿会更方便。天气转凉时,护膝也必不可少。

13. 衣物

骑行裤,抓绒衣,速干衣,速干裤,内衣裤,袜子,鞋,分体雨衣,冲锋衣。也可以选择颜色相对亮眼的运动装,骑行时所穿衣物的第一要义是速干,排汗。不然运动时衣物都湿透,黏在身上会很难受。

二、必需修车工具

1. 组合工具

长途骑行,自行车出毛病是再平常不过的,这款工具基本满足了修车的需要,应急用也够了。

2. 补胎工具

骑行西藏不扎胎几乎是个神话,出发前,赶快学会如何补胎吧。当然工具是必需的,这款工具还包括一个骨头扳手,如果货架上有外六角的螺丝,用这个骨头扳手相当方便。

3. 刹车皮

如果走川藏线,几乎每天都是上升到海拔4k多,然后再下到2k多,如此反复10多次,刹车皮的磨损可想而知。尤其对于技术不是太好的车友,下山更是紧紧捏着刹车,磨损尤其厉害,如果是V刹车,刹车皮一定要多准备一份。如果是线刹车,刹车线要预备至少两根,如果是油碟刹,来令片至少要预备一对。

4. 备胎

如果扎了胎,先换上备胎吧,晚上安顿好以后再去慢慢补,不光是骑行西藏,平时骑车也要有这个习惯。

建议至少准备两条备胎。

5. 气筒

气筒不用说了吧。气筒可以选择轻便小巧的,方便携带,但是打气的过程可能要打更多次。也可以选择大一点的,打的次数可能少一些。具体骑友尝试之后可根据自己的需求选购。

6. 润滑油

下雨车就会脏,脏了就需要洗,洗完就要上油,要不然链条会很干,而且容易上锈,所以要带上润滑油。

7. 魔术头巾有很多种戴法，户外必备。

8. 橡胶扎带

准备两根，捆扎驮包里的东西。

三、车队公用装备，不用每人准备，全队带一套即可

1. 辐条扳手

因为承重，辐条断掉不是很普遍的事情，但也会有骑友遇到。辐条断了并不会马上影响骑行，会出现颠簸，车身不稳的情况。辐条扳手一个队伍带一个即可，晚上再修。

2. 变速线、刹车线

变速线刹车线断掉的概率很小，但也不排除这种概率，所以最好全队备两根，重量很轻，备一根也不算什么负担，这个不用每个人都带，除非你一个人上路。

注意：变速线和刹车线是不一样的，刹车线要比变速线粗。

3. 尖嘴钳

这个用处很大，剪铁丝，拧螺丝都能用，一个队带一把，五金店有售。

四、提高舒适度推荐装备

1. 骑行裤

怕屁股疼的就来一个，谁用谁知道。

2. 防晒袖套

3. 硅胶坐垫

怕屁股疼的就来一个，这个跟骑行裤选一样就可以了，两样同时用反而效果不好。

4. 车前包

车前包可以很方便地放一些零碎的东西，如mp3、相机等，尤其是相机，放在车前包能大大增加所拍照片的数量，不遗漏任何一个精彩瞬间。

五、露营装备

1. 帐篷

帐篷的选择可以一人的，两人的，多人的。就算是一个人出行，我们一般会选择两人的，在天气严寒的高海拔地方，两个人住一个帐篷，所谓混帐，比一个人睡更能保持温度。如

果是一个人出行,你的很多行李,自行车等东西都可以一起放到帐篷里面。多人帐篷不适合长途骑行,太沉。

帐篷的选择有很多种,但是很重要的一点就是防雨性能。在天气不好的地方,如果再有雨水进到帐篷,人体失去温度会很快。

2. 睡袋

一般来说,睡袋有羽绒的和棉的,羽绒的相对轻一些,棉的相对重一些。

睡袋一般会标温标,平原地区常温下使用的,低海拔地区 10~15 度使用的,0~10 度使用的,零下时使用的,骑友可根据需求选购。

抓绒睡袋,轻便的一种睡袋,也有骑友带两个睡袋,根据需求选择一个用。若寒冷,则会套两个睡袋。

3. 防潮垫

一般来说,防潮垫有铝膜的和充气的。另外,骑友在选购时,还有一种大大的轻薄的防潮垫是公园野餐用的,放在帐篷地下防湿气可以,单单用来睡,可能会有点不够。

常用药品建议:

必备:外伤用药,感冒药,消炎药,痢疾药,防暑药。

(例如:板蓝根冲剂,创可贴,医用纱布胶布,酒精棉,阿莫西林,云南白药喷剂,葡萄糖,盐液等。)

根据个人情况选用:红景天,高原安,高原宁,芬必得。

自行车调整

我们挑选自行车不是越贵越好,而应该是适合自己的才是最好的。

我们的自行车应该很舒适,体重能尽可能均匀地分散到背部、臀部、肩膀、双臂和手掌上,不会有任何肌肉或者关节承受过大的压力。

如何调整自行车,最伟大的自行车调整专家之间也会有多多少少的争论。因为每个人的身高、体重、手长、脚长都不一样,调整也会因人而异,最重要的一个指标是骑友在骑行的过程中是不是感觉到舒适。

1. 用脚的哪个部位踩踏

对小腿肌肉来说,脚板是绝佳的力臂,我们在骑行的过程中,用前脚掌或者将锁鞋的扣片位置往前移,可以有效延长杠杆,在踩动踏板时会产生更强的力量。

2. 坐垫调到的高度

坐垫太低,膝盖时时处在过度弯曲的状态,让膝盖无法顺畅地活动,造成软骨互相摩擦,膝盖前面会痛;坐垫太高,大腿后面的肌肉会过度延伸,膝盖后面会痛。膝盖骨也无法成为腿部杠杆原理的有效支点,导致力量流失。

如何判断坐垫的高度是否合适呢？其实最好的标准应该是我们的常识。如果在骑行的过程中，你的髋部会稍微左右摇晃，经常要用脚趾踮着骑车，或者胯下不舒服，那么你的座位就是过高了，慢慢地降低，试骑，再降低，再试骑。应该来说，用前脚掌踩踏，脚踏在最低位置时，膝盖应该是微微弯曲的，而不应该是完全绷直的。

坐垫的角度应该接近水平，往上或者往下倾斜的角度应该不大于3~5度。

脚踏在三点钟方向时，双脚的脚板方向应该是呈水平状态。脚踏在三点钟方向时，脚步可以直直地往下踩踏板，在一瞬间创造最大的动能。

3. 车把的高度、宽度

车把过低时，可能会让人容易驼背；过高，可能因为背部经常拱起，造成潜在的形变，让连接处不再完整。

可以选择安装一个副把，并且在骑行的过程中多变换姿势。

现在也有越来越多的人装休息把，最理想的休息把骑行姿势应该是上臂近乎垂直，手肘应该在肩膀前面一点点的地方对齐肩膀。

一般认为车把的宽度应该和肩膀同宽。车把过于窄，在骑行时，身体可能会太紧绷，感觉不舒服。如果太宽，则不符合空气力学，而且两片肩胛骨很容易凹进去，长期下去，会造成脖子和肩膀酸痛。

人物专题

无知无畏,骑车去他乡

  人是群居动物,在路上的日子很短暂,在城市生活的日子很悠长,悠长到很多人以为必须待在一个地方一辈子,索性慢慢磨去了去远方的勇气。去远方骑行的经历,很奢侈,很难得。如果说我这辈子做的最正确最不后悔的决定便是义无反顾地开始了我的毕业旅行——从天津到敦煌。不远,几千公里,不长,走走停停两个月。每一个城市是我们的落脚点,休整,然后再出发,沿途的小村小镇是我们经历的最美的风景。在面临分岔口时,老男人喜欢说如果我选择相对比较简单的路,不知道以后会不会后悔,有的路,这辈子可能就只来这么一次。

  后来不止一次的梦到在路上的情景,梦到找不到队友,一个人被抛弃在茫茫人海中的惶恐不安,梦到我们在货架上绑着一条半人多高的鱼,可是鱼总挣脱,然后鱼便如弹球般逃往大海的方向,我们便追随而去,跟着跳入大海,自由在水中追鱼,到底还是没有抓到。光怪陆离,混乱的是场景,真实的是那份对往昔的留恋,还好我一直在路上。也许我们暂时没有抛下一切辞职走天涯的契机,但是却有每一个周末两天的假期,没有借口宅,走出门去,世界这么广阔,一不小心我们就能去到远方。想,让身体腐朽;行动,让心灵生动。

在路上两个月时间，共花费 3000 元。买自行车的 1200 元是找转转借的，林林总总的装备钱也是借的，我怀揣着几千元没有退路就出发了。出发的契机很多，也许是高中时看三毛书中的一张黑白照，她在布达拉宫前的双手叉腰，笑靥如花，于是我觉得有的地方是一定要去的。

电影《练习曲》中，男孩说："有的事情，现在不做，以后你可能永远不会再做了。"我开始想象我可能的人生蓝图：毕业，工作，赚钱，恋爱，生娃，养家，供房子，然后老去，永远在别人希望的人生轨迹下生活。现在出发老爸老妈会不同意，结婚了老公可能会不同意，以后有了孩子会丢不开。工作了，不一定下得了狠心辞职。可能当我能丢开一切，我的心却已经老去。人活着，有时候并不自由，而这些都会是借口。不走的理由千千万万都罗列不完，走的理由只有一个，就是要走。于是我出发了，瞒着家人，在外 2 个月，平安归来。路上 6 个队友，他们隔三差五的和家人打电话报平安，我却不能，那种想要和至亲分享的心情真是熬人。我一直是一个乖乖女，叛逆期却姗姗来迟，归总在我的毕业旅行里。半年后我和家人坦白，妈妈埋怨了几句，说耽误了找工作，爸爸逢亲朋好友便说，"我女儿骑自行车从中国的东边到西边。"说着便呵呵笑，字里行间透着满满的自豪感。

后来我指着中国地图说，以后我要骑到新疆，西藏，台湾，海南。今年我买了新车就骑车去西藏，诚然那里有如诗如画的美景，有爬不尽的坡，有很多菜鸟没有骑过车便去挑战，那不是征服，是对自己生命，对自己家人，对队友的不负责任，是人云亦云的冲动和虚荣。西藏非常美，却也有不定的危险。出发前必要的骑行经历，必要的心理准备。至少要有日行约 120 公里的平路加爬坡的经历，至少要会变速，会知道如何刹车，会简单的补胎技术，调车技术。2014 年的西藏之旅，我有了更多的心理准备，以为自己有过高原骑行长途经验，于是坚信自己一定不会高反。可是在路上有过很多次偷偷地一边眼泪横飞，一边轻微高反吃不下饭，任何时候都应该有一颗谦卑的心，并做好更万全的准备。生命只有一次，且行且珍惜。

我现在只要一看到中国地图，便乐呵呵地蹦到边上，在心里默念着走过的小村小寨城市，然后在地图上划一条长长的线，这可是用双脚踩出来的。大一大二跑 800 米，腿要疼一个星期，走路都是横着的。出发前，舍友曰："你出去要看什么呀？坐汽车坐火车一样的看啊。"我就一脸憧憬，"我要看最纯粹的蓝天和白云。坐火车，我会一路睡过去的。"毕业散伙饭，亲们碰杯："祝你西藏之旅一路顺风。"干之，一脸不信，末了加一句，"你真要去西藏啊，骑自行车啊。"我信誓旦旦，"真的要去的。"

在网上朋友们的帮助下，我在网上买好装备，其间，各种无知，表过不提。甚至，在出发的前一天，我的帐篷防潮垫才到，风风火火啊。因为年轻，所以无畏。还好我的队友们在路上无限地包容我。

自行车是网上买好邮寄过来的，把手、前轮、脚踏得自己装，我对照着网上成型的车，各种搜索，装好了，加之各种群里套近乎，问各种问题，然后花了三个下午，蹲宿舍走廊

调变速,但我没调好,于是又利用社交网络,找学校骑友,群发短信,有回之,遂见之,忐忑上前,学弟帮调之。学弟扫一眼被我组装起来的车,酷酷地说:"前轮卜反了,看花纹,这个冲前,钢珠在快拆这,一边一个,把手歪了。"看他行云流水,一气呵成就把我的车回归正道。

后来我就乐呵呵地一个人在学校周边乱窜。最远是一个人骑到市里看朋友,不走错路的话是六十多公里的距离,可是路痴的我绕着大街小巷到处问人,到处晃,居然骑了8小时。有一天,曲柄滑丝了,新车啊,心疼。脚踏没拧紧,在网上各种求助,转转一直耐心地回答各种菜鸟问题,又是买新曲柄,又是买拆曲柄的工具,各种折腾。我踩着只有一边脚踏的自行车,去往距离八公里的户外店,找人帮我换好,心花怒放。那时候还不知道去找自行车的车店,其实自行车车店的师傅会帮忙调好。这样瞎折腾的过程,也让我学到了很多有关自行车的知识。

转转说你先横跨在自行车中间,然后踩住一边的脚踏,利用惯性上车。转转说停车的时候,先让速度慢下来,然后屁股离开坐垫,一边的脚踩地,停下来。转转说看变速,前面是三挡,分别是一、二、三。后面是七挡,一、二、三、四、五、六、七,大对大,小对小。前面一,对后面的一、二、三、四。中间的二,对中间的二、三、四、五、六。前面的三对后面的四五六七。平路用中盘或者大盘,爬坡用中盘或者小盘,超队友的车不能从右边,只能从左边。超车之前先回头看看后面是否有车辆过来,下坡时的弯道,一定要提前变速;小毛说上坡要保持踏频,不能在踩不动的情况下变速毁链条。要估计地形,

提前变速……林林总总慢慢从陌生到熟悉。见到老男人的时候，他说："毛球，你这还是新车啊？"某人自豪，"可不是！"老男人无奈状："新车你就要骑长途，你就想骑新藏？你骑了多久？"某人弱弱地说："一个月！"小毛语重心长地说："毛球，自行车的链条是要上油的，有机会要洗洗车，你爱护它，它才会听你的话。某人点头如蒜。"

我的车曾陪伴我走天涯，上山下乡，也被扛上过高速，推下过长河，迎来一个个日出，送走一个个落日。晒过袜子，挂过油条、馒头、大饼，绑过柴米油酱醋茶，山高海阔，仗车走天涯。所以他们问很多照片中谁是毛球，骑友们总喜欢说那个在车把上挂着吃的就是。一度还有过一个外号——"油条妹"，太难听，被我追着打着改口了。

远方很远，那就骑车吧。

人物专题

骑行路上 风雨人生

我开始骑车纯属一次偶然的机会,大概3年前我刚到固安工作不久,接触到质量监督局的一个人,我们在一起吃饭的时候他说起骑车的事情(他没事经常骑车),闲聊中我才对骑车有了另一种认识,一想到自己每天几乎没有任何锻炼,心想确实不行,生活是该有所改变了,当时就觉得该去尝试一下,我当天下午就去把车定了,第二天就拿到了我的第一辆车。

我是2011年6月买的车,开始骑车的时候是在固安,每天晚上和骑友们约好时间出去骑一圈,大概30公里左右,骑了一段时间后骑友越来越少,后来就自己骑了。我大概2年前加入了风云,现在我几乎都在北京骑车。

说到骑车对我的改变还真是不小,以前只是工作,出门办事有车,没事在办公室上网,工作之余几乎没有任何爱好,现在完全不一样了,自从爱上了骑车我的生活完全变了,每天的工作仍然是重点,但工作之余几乎完全围绕着骑行展开,我会合理地安排好工作为骑行创造更多的机会,我现在也上网,不过不是玩游戏,而是看论坛学骑行知识,看地图设计适合自己的骑行路线,以前回家(我住在北京朝阳,在河北固安工作,距离70公里)都是开车,每周最少回去一次,现在回家几乎都是骑车,除非天气原因和需要带东西没法骑车,可以说骑行完全改变了我的生活。

骑车是我现在生活中非常重要的一部分，我把工作之外 80% 的时间用来骑车和做骑行相关的事情，我爱人还是支持我骑车的，不过有时候也发牢骚，我骑车多了陪她的时间就少了，不过她说归说，这改变不了我的计划，慢慢的我们也就适应了相互的做法。

自行车的贵贱和我们日常生活中的所有物品一样，为了迎合不同的消费群体必然会有不同的产品定位，几百元的车能骑，十几万的车也飞不起来，物有所值，贵的必然有贵的道理，好车无论从设计到用料等都做到尽可能合理的优化，有些因素便宜车是不可能做到的（成本因素），所以好车骑起来比较省力舒服，也就是说在做功相同的情况下好车你会骑得更远，会更舒服一些。

关于骑行知识和经验我真的很"菜"，知道的一些多数是在风云论坛里学来的，每天上网看论坛是必不可少的事情，我很愿意和大家一起交流和分享骑行知识和经验，关于新手首先要了解自己的身体状况和骑行目的，骑车不要操之过急，要循序渐进，最好有个合理的锻炼计划，说实话我现在很想有个专业人员给我制定一个锻炼计划，有了适合自己的计划会少走很多弯路，也能达到很好的锻炼效果。我真不知道什么样的状态是体力透支，过去的几次强度较大的骑行都很累，特别是到最后几乎要崩溃，我也曾想放弃，那种滋味只有经历过的人才能体会，但是当你咬牙坚持下来了，所有的痛苦都化为了乌有，骑长途关键是把握节奏和补给，节奏是关键，补给是基础，补给不能等饿了渴了再补，要少量多次，如果时间允许尽可能坐下来吃饭，零食补得再多也不如坐下来吃的饭管用。

我觉得与骑车相关的体能训练主要有两方面，一是心肺功能，通过锻炼增加心肺的摄氧量进而提高运动的持续性，据说游泳最好，运动强度较大且膝盖几乎是零损伤；二是腿部力量及相关肌肉的锻炼，主要的锻炼降低乳酸堆积的速度（这方面专业知识太强我说不好）。

在我的记忆中我摔过4次车，前3次都在骑车的一个月以内，主要是因为我经验不足和刹车使用不当造成的，所以对于新手来说特别要注意前后刹车的使用，刚开始骑车要以后刹为主，慢慢总结和适应向前后同时刹，前刹车力度大但极易摔车，当你骑行经验积累到一定程度的时候应该前刹使用略多于后刹。

踏频就是每分钟曲柄回转的圈数，我平路踏频一般在80~100之间，爬一般的坡踏频在70-90之间，陡坡会低一些。

说到挑战自己的极限，其实没人知道自己的极限有多高，骑过200km/h甚至是300km/h以后没人会觉得轻松，最后都靠毅力去坚持，所以对大强度的活动来说体能是很重要的，但关键是信心和毅力。当你根据自己的能力制定好路线后，还要计划好关键点的时间，根据总用时在加一点休息吃饭的时间你的骑行总用时就有了，之后就是你去衡量你能否完成了，标准的108~109里程不会超过300km/h，我觉得很多人都能完成，之所以很多人不敢尝试主要是信心不足，个人认为平时骑200公里不是很累的都能完成，平均速度20km/h以上，平路25km/h左右都没问题，只要你有毅力。当然也不能太蛮干，毕竟身体更重要。

说到九字其实我很惭愧，当时有人在论坛说到关于"字"的话题，我当时一点概念都没有，不知道代表着什么，后来私下里问朋友才知道是怎么回事，后来看到了几个关于九字还有十一字的帖子，那时便有了尝试的冲动，没几天计划就成型了，还约到了骑伴，九字也升级到了十一字，虽然计划仓促，但还是完成了。关于九字没有想象的那么难，关键是绝大多数人都是以骑游为目的，很少有人去自虐，所以完成的人比较少，骑九字先不要被九字吓到，九字没那么难，想骑九字心里又没底，你不妨先从3字，5字，7字起先感觉一下，骑行时要控制好节奏，爬坡是用小齿比高踏频，减缓乳酸的堆积，还有合理的补充。

我骑车时间不长，可能是我身体素质还行吧，骑车没多久进步较快，再有我也非常喜欢骑车，也喜欢挑战自己，所以我骑车几乎不会考虑身体的情况，只要能骑就不会停下了，我可能比较极端，但也不是盲目的。

我第一次参加骑行比赛纯属偶然，当时我不知道该怎么去准备和调整心态，而且还比较紧张，固安太小，多数人我都认识，彼此也了解一些，当时我没想能骑第一，毕竟也有几个水平较高的，不过取得名次还是没问题的，最后居然得了第一名。

我第二次参加的是巴布巴比赛，我对巴布巴相关的赛事一直关注着，巴布巴中国区的选拔地点就在成都，由不间断骑行网的负责人武世凌负责，这次活动就由他发起，所以我对这次活动很感兴趣，也想去高原骑一次感受一下是否会有高原反应，映秀到卧龙40多公里我用了五个半小时，大多数路可以勉强骑行，有7

公里左右都是扛着车走过去的，肩膀都压破了，速度就不用提了！那次是我第一次高原骑行，脑子里对高原骑行知识一片空白，我的高原反应还是很严重的，3000米以上开始不舒服，特别是4000米以后特别严重，腿一点劲都没有，头特痛，根本骑不快。所以建议广大骑友们如果要进行高原骑行，最好看看身体是否能够适应当地的环境，有没有高原反应。

　　关于法国巴布巴比赛在中国知道的人并不多，在这里我不多说有关赛事的发展，我只想说说中国人和赛事，中国有13亿人口，号称骑行王国，但骑行文化却很少，真的有些惭愧啊！据我了解上届比赛有8000多人，中国有13名选手参加，但没有选手按时完成，最好成绩就是60多岁的黄仁义，相信明年比赛中国参加人数不会少于100人，制约国人参赛的原因很多，这种比赛没有商业推广价值，企业不愿意参与，国家体育部门不重视，个人参加经费又比较高。要想改变这种现状，首先政府部门要重视，把这种民间赛事纳入到全民健身的范畴，给予适当的宣传和经费支持，鼓励企业也参与进来，骑行界也该加大宣传力度，多组织类似的活动，进而提高全民对骑行的认识，使之成为一种产业，我想用不了多久现状会有明显的改变。

PART 3

骑行基础训练

骑行：是染上就戒不掉的瘾

骑友们都很热爱大自然，不管是南方随处可见令人心情舒畅的青山绿水还是北方有棱有角的嶙峋怪石，走出城市感受不一样海拔下清新的空气，明了世界不仅是车水龙马，还有鸟语花香。

每年去西藏的线路上一拨又一拨的人如赶集一般热闹，各大骑行论坛上的作业介绍美景的居多，说心得的居多，可是很少有提及出发前的训练，其中不乏刚买车就上高原的菜鸟，反而赢得宅男宅女的羡慕和夸赞，谓之为勇气。这些人中体能上可能只有很少人能达标，我们要的不是眼睛在天堂，身体却在地狱，为什么不做好相应的准备，让身心皆更舒适呢？

有多少人第一天买车，一路上凭借意志苦苦支撑，然后到拉萨后卖车或者束之高阁，从此再不碰自行车，自行车仿佛成为在朋友圈哗众取宠的工具。可是，骑行是一项健身运动，不应该是痛苦大于快乐。它是带着我们去到不一样的地方，看不一样的风景，看不一样的人的生活方式。

骑行不仅仅是一段时间内的心血来潮，我们可以一个人在路上享受孤独，遇到最真实的自己，也可以一群人一起去到远方。其他运动可能有一定的年龄限制，但是在骑行的路上，很多银发苍苍的老爷爷老奶奶还在继续骑车。我们享受骑行的乐趣，不止在一天，一月，一年，更是伴随一生的运动方式。要想保持持续的动力就少不了训练。

在我们的日常生活中，人们会为众多的活动制订计划，并且发现通过制订专门的计划能够使这些活动进行得更加满意和顺利。比如，我们周末要进行短途的骑行，会首先发起活动召集帖，确定报名人数，并商量最佳的集合地点，根据大家的体力情况和路上的经典景点，设计骑行途中的休息点和休息时间。若有必要提前预订中午的饭店，这些都是计划。这种情况具有的特征包括：有明确的最终目标、能够确定中间环节、达到最终目标的方式。

为什么我们要进行周期训练呢？很多骑友可能有这样的经历，对于骑行的新手来说，如果你每周都只喜欢骑150公里，可能开始的几次有点累，重复几次之后就感觉很轻松，你的身体就学会了如何有效地完成任务，但时间一长，肌肉就不会再增强，因为身体是很"聪明"的，它会让你用最少的肌肉来做相同的工作，但是很多你没有运用到的肌肉就会更弱。

不断的同样的训练会让我们的体能不再进步，所以我们要提高，增加强度，休息，再增加强度。慢慢地，我们的实力就会越来越强。这也是燕云骑行部落每次发布活动都是同日期报名人数最多的车队，每个人内心有懒惰，但是更多的是追求进步的心，去到更远的地方看更美的风景。燕云的活动目前有两种，一种是带新买车的新手，一天控制在100~150公里之间，等大家适应之后，每天的公里数就控制在150~250公里之间，中间间歇发布两天游——约300公里的休闲活动。这种活动的周期也符合周期训练法，我们的身体会回应不断变化的挑战，并在休息之后变得更加强壮，增加我们肌肉的力量，速度，爆发力和耐力。这些对于骑行，缺一不可。

骑行基础训练

第一阶段：基础训练期

类型：长距离、慢速骑行

如果你想要去到更远的远方，关键就是要慢慢来。骑过长途的都知道，长途骑行每天的里程数，一般是100~150公里，并没有像周末那样动辄150~250公里。对于新买车的骑友来说，一开始轻松慢慢地骑，再逐渐增加距离和提高速度，每周增加的最好不要超过10%，不要在冲动和不服输的情况下突然增加速度和提升强度。不乏新买车的骑友对自己的体能估计不足，买了车就报名参加150公里以上的日行程活动，一下子就被打击得再也不愿骑车。

基础训练需要的是低强度的大量训练，不要让骑友一开始就超过身体的负荷，这样的冲动对骑行毫无帮助。骑行的时间和距离要循序渐进，目的就是要让身体慢慢适应，心理上对骑行更有信心。

基础训练能提升有氧代谢的能力，让心脏、肌肉、骨骼、微血管更加强壮。而对于一个平常不锻炼的人来说，突然的剧烈运动，身体处理氧气的速度不够快，就无法燃烧脂肪，于是成为无氧运动，就达不到我们运动锻炼的效果了。

训练当中，休息也很重要，休息可以让身体和心灵都得到更好的缓和。休息不一定是赖在电脑面前，或者躺在沙发上什么都不做，你可以保持有氧运动的习惯，慢跑，游泳，打羽毛球都不是不错的选择。新买车的骑友可以选择在晚上刷街，或者周末去城市周边没有坡或者缓坡的地方转转，公里数控制在100公里左右为宜。

附路线一：

北京刷街路线：

龙潭湖公园、长安街、二环、奥林匹克公园等。

附路线二：（入门、休闲强度）

A级活动：行程不远，基本平路，无坡或缓坡。

1. 十三陵，路线：昌平 — 绕行全部13个陵，无坡。
2. 十三陵水库，路线：昌平 — 绕行水库，基本无坡。
3. 慈悲峪，路线：兴寿 — 下庄 — 慈悲峪，缓坡。
4. 怀柔水库，路线：京密路或京密引水渠，无坡。
5. 凤凰岭或者鹫峰，往返至市中心（故宫）70公里平路，路还算不错的。
6. 通州，大平道，来回大约70公里。
7. 燕郊，大平道，稍微枯燥点，来回70公里，可以看看潮白河。
8. 铁壁银山，和慈悲峪是一条线，不爬坡，风景还好，据说还有个免费游泳池。

第二阶段：建立期

有了第一阶段的适应和体力之后，接下来要进一步提升有氧能力，建立速度和爆发期。这个时期主要训练的是耐力，时间可以机动，主要看个人的体质。这个时候可以逐步增加每天的里程数，而我们身体产生的废物（乳酸）开始在体内堆积。很多骑友在运动后会有腿酸痛的现象，其实就是乳酸菌堆积。乳酸阈值是乳酸开始堆积，肌肉开始酸痛的临界点，我们要尽最大努力提高乳酸阈值。

经常骑车的骑友可能有这样的感受，如果你连续一个多月每周都骑车，慢慢体力增加，能挑战约200公里的单日路程，但是如果你中断一周，你的体力会明显下降，再完成200公里会明显感到吃力。这就是不进则退，体力耐力的逐步提高是一个长期的过程，但是也要注意不能运动过度。

附路线：（低强度）

B 级活动：行程稍远，基本平路，缓坡或中等坡度。

1. 羊台子，路线：阳坊或南口 — 响潭水库 — 羊台子，基本无坡。
2. 佛岩寺，路线：阳坊或南口 — 响潭水库 — 佛岩寺，基本无坡。
3. 黄花城，路线：兴寿 — 九渡河 — 黄花城，缓坡。
4. 黑山寨，路线：昌平 — 长陵 — 沙岭，2公里陡坡。
5. 戒台寺，路线：门头沟 — 戒台寺，缓坡4公里。
6. 东方红，路线：（略），4公里中等坡度。
7. 驼岭隧道，路线：兴寿 — 九渡河 — 黄花镇，5公里缓坡。
8. 白羊沟，路线：阳坊 — 流村，缓坡，其中有几百米陡坡。
9. 菩萨鹿，路线：阳坊 — 流村 — 高崖口村 — 13公里处，中等坡度。
10. 神堂峪，路线：怀柔 — 雁栖路口 — 神堂峪，缓坡。
11. 黑山寨慈悲峪，路线：昌平 — 长陵 — 沙岭 — 九渡河 — 慈悲峪 — 兴寿。
12. 天津，路线：103或104国道，全部平路，无坡。
13. 戒台寺、赵家台，路线：门头沟 — 戒台寺 — 潭柘寺 — 赵家台，原路返回。
14. 九龙山，路线：门头沟 — 九龙驾校 — 九龙驾校绿化基地 — 啦啦湖 — 圈门 — 门头沟。
15. 大杨山，路线：兴寿 — 下庄 — 上庄 — 大杨山景区，缓坡。

第三阶段：巅峰和交换期

当前期的训练能一步步进行，这时候很多骑友的状态都已经很好，可以试着挑战强度较高的线路，然后下一周换路程较短的路线。或者采用"4+2"的方式出行，用四轮自驾车走城区的路，到山脚下，拆下自行车开始爬山，这种方式也受很多骑友喜欢。

附路线

C 级（中强度）

C 级活动：行程较远，中等坡度或较陡坡。

1. 八达岭，路线：昌平 — 南口 — 居庸关 — 八达岭。
2. 解字石，路线：昌平 — 长陵 — 解字石，9 公里缓坡，7 公里中坡。
3. 妙峰山，路线：（略），7 公里缓坡，14 公里中坡。
4. 禅房，路线：下苇甸 — 禅房 — 妙峰山路，禅房前中坡，过禅房 2 公里陡坡。
5. 高崖口，路线：阳坊 — 流村 — 高崖口，12 公里中坡。

6. 阳台山，路线：牌楼 — 涧沟村 — 阳台山，与妙峰山强度类似。
7. 四海，路线：兴寿 — 九渡河 — 黄花城 — 四海，15 公里中坡。
8. 云蒙山，路线：怀柔 — 青龙峡 — 云蒙山，10 多公里的中坡。
9. 珍珠湖，路线：东方红 — 芹峪口 — 珍珠湖，来回要爬两次东方红。
10. 十渡，路线：周口店 — 房易路 — 张坊 — 十渡，离市区较远，全部平路。
11. 云居寺，路线：周口店 — 周张路 — 云居寺，比十渡近，但要爬 10 几公里缓坡。
12. 驼岭怀柔绕圈，路线：九渡河 — 驼岭 — 慕田峪 — 怀柔，远点，坡不多。
13. 东方红、菩萨鹿，路线（略），两个 B 级活动组合。
14. 戒台寺、雷达站，路线：门头沟 — 戒台寺 — 潭柘寺 — 雷达站。
15. 香山，路线：海二 — 鬼笑石 — 新望京楼 — 四棵树 — 太舟坞。

以下活动为 C + 级，比 C 级活动强度稍大，但未达到 D 级强度。

1. 永宁柳沟绕圈，路线：解字石 — 永宁 — 柳沟 — 110 回城，解字石加大庄科，中坡。
2. 东大高，路线：东方红 — 大村 — 高崖口，18 公里爬坡，基本中等坡度。
3. 高大东，路线：高崖口 — 大村 — 东方红，21 公里爬坡，基本中等坡度。
4. 高崖口、白羊沟，路线：阳坊 — 流村 — 高崖口 — 白羊沟 — 流村，强度大于只骑高崖口。
5. 高崖口、大村、菩萨鹿，路线：阳坊 — 流村 — 高崖口 — 大村 — 芹峪口 — 菩萨鹿 — 高崖口村 — 流村，强度类似高大东。
6. 碣石村，路线：东方红 — 芹峪口 — 碣石村，与珍珠湖类似，但爬坡稍多点。
7. 东方红、爨底下，路线：东方红 — 雁翅 — 青白口 — 斋堂 — 爨底下 — 原路返回。

D 级（高强度）

D 级活动：行程更远，中等坡度或较陡坡，大多为绕圈路线（或部分绕圈路线），正反方向绕圈强度基本差不多。

1. 永宁四海，路线：昌平 — 解字石 — 永宁 — 四海镇 — 黄花城 — 兴寿。
2. 四座楼，路线：顺义 — 平谷 — 四座楼 — 平谷 — 顺义，平路超过 150 公里，绕圈 70 公里，缓坡 + 中坡，爬 6 公里砂石路上坡可到四座楼。全程超过 200 公里。
3. 玻璃台，路线：顺义 — 平谷 — 玻璃台 — 平谷 — 顺义，平路超过 150 公里，绕圈 70 公里，缓坡 + 中坡，比四座楼强度低。全程超过 200 公里。
4. 四合堂，路线：怀柔 — 云蒙山 — 琉璃庙 — 四合堂 — 黑龙潭 — 溪翁庄 — 密云 — 怀柔。全程超过 200 公里。
5. 四海山吧，路线：兴寿 — 黄花城 — 四海 — 东北口关 — 三岔 — 八道河——山吧 — 怀柔。
6. 四海云蒙山，路线：兴寿 — 黄花城 — 四海 — 东北口关 — 琉璃庙 — 云蒙山 — 怀柔。
7. 八达岭官厅横岭，路线：昌平 — 八达岭 — 官厅水库 — 横岭 — 高崖口 — 阳坊。
8. 天津往返，路线（略），无坡，300 公里左右。
9. 东大高 + 高大东。
10. 碣石村、沿河城，路线：东方红 — 芹峪口 — 碣石村 — 沿河城 — 斋堂东上 G109 回。
11. 镇边城、八达岭，路线：东方红 — 大村（或高崖口，或白羊沟）— 镇边城 — 横岭 — 东花园 — 八达岭 — 南口。

E 级（超强度）

E 级活动：单日骑行超过 300 公里，并有 50 公里以上的爬坡。

1. 九龙镇，路线：周口店 — 十渡 — 野三坡 — 九龙镇 — 斋堂 — 芹峪口 — 菩萨鹿（或东方红）。
2. 青松岭，路线：怀柔 — 密云 — 兴隆 — 青松岭 — 黄崖关 — 金海湖 — 平谷 — 顺义，缓坡。

F 级（QS 级）

（友情提示：该级别路线由 QS 级车友开发，水平一般者勿轻易尝试！）

1. 108-109 绕圈，路线：戒台寺 — 潭柘寺环岛 — 河北镇 — 霞云岭 — 河北九龙镇 — 斋堂 — 芹峪口 — 东方红。
2. 永宁、白河、宝山镇、四海。
3. 永宁、白河、汤河口、四合堂、密云。

（北京周边的路线来自网上，整理）

　　用循序渐进的方式锻炼身体，中间搭配适当地休息，理论上来说会使肌肉更加强壮，能更好地面对压力。但是如果身体承受不了训练的强度，时间一长，身体可能会累垮。这就是过度训练的状态。

过度训练的原因：

　　1. 负担太久，没有足够的休整期。
　　2. 感冒骑行。有骑友感冒发烧，依然坚持骑车，这个时候的身体比平时更容易累，如果还按照健康时的行程安排，身体负担会加重。
　　3. 太多太急。没有打好基础就剧烈运动。
　　4. 不吃早餐和骑行途中能量没有及时补充。吃早餐很重要，一个晚上的睡眠时间过后，身体的能量已经所剩不多，再去运动，身体的营养得不到及时的供应，必然导致骑行时无力。

如果出现以下症状就应该好好休息：

　　1. 表现越来越差，速度越来越慢。
　　2. 肌肉和关节长期酸痛。
　　3. 腹泻或者便秘，长期的疲劳会导致营养不足。
　　4. 安静时心率上升，如果心跳过快，说明身体太疲劳，心脏必须输送更多的氧气和养分。
　　5. 经常生病，身体虚弱的时候是无法抵抗病毒和感染的。

骑行技巧

骑行是一种带有危险性的运动方式。意外有时就在你没有想到的情况发生了。我们必须掌握一些骑行技巧，让我们在面对危险的时候能尽量减少伤害。

每年的进藏路线，总会有人发生意外，有的是冲进悬崖，有的是被卷入车轮，大部分意外都发生在下坡的时候。西藏的山，海拔很高，在高海拔地区，人的大脑容易缺氧，很多人在下坡的过程中甚至会睡着。

骑行的技巧很多时候是有经验的骑友口口相传，或者在网上看资料，更多的时候是在骑行的过程中自己摸索。

一、刹车

1. 随时刹车

在骑行的过程中，骑友坐在车上时，双手自然扶车把，手自然握把，食指和中指自然伸出搭在刹把上，以便遇到紧急情况时可以第一时间捏刹车。刹车时用食指和中指捏刹把。

2. 弯道前提前减速

非紧急情况，决不可以突然捏紧抱死刹车，如果这样，很有可能会前空翻。在弯道中，轮胎对于地面的附着力已经很小，稍微用力地刹车都会造成侧滑，摔车。走属于自己车道的弯道，避免前方未知的车辆突然出现，绝不要在弯道超车，你看不见对面弯道的行车情况，这样非常危险。

3. 控制重心

准备放坡时，提前将坐垫座位放到最低，遇到紧急情况时，尽快将臀部向后移，这样的低姿态，使重心向下，增加后轮和地面的摩擦，避免摔车。

4. 前刹和后刹

很多骑友在骑车时，可能全程都用后刹，前刹车基本不用，实际骑行的过程中，前刹的使用概率要大于后刹车。在拐弯减速用前刹，在直道减速用后刹，停车时用后刹减速，前刹停车。

5. 紧急刹车

刹车时，一般多用前刹点刹，后刹处于减速，缓慢刹车。前刹车永远可以提供最大的制动功效。如果遇到特别紧急的情况，需要秒刹，则需要用力刹住前轮，控制力道约为：前轮2/3，后轮1/3；雨天则前后轮力道各半。

6. 心理建设

在骑行过程中，注意力要高度集中，不要走神。随时关注周边可以避开危险的方向或者停车点，如果一边是悬崖，一边是沙石路，专注于沙石路，危急情况下宁可摔倒在沙石路上，专注于相对安全的地方，你的车子会随着你的目光移动。

二、如何跟车

1. 熟练骑行手势。在骑行的过程中，大声地交流不太现实，骑友们一般都会做一些简单的手势，比如前方有障碍物往哪个方向避让，减速，紧急刹车，往哪个路口拐弯等。

2. 维持速度

选定一名速度稍微比多数人快一些并且骑车稳定顺畅的骑友，让大家依次紧跟在他身后，保持一个车轮的距离。不要冲得太快，不然很容易疲劳，精神涣散。

3. 不要轻易超车

用刹车来控制自己的速度，不要减慢踏频或踩踏的力道。若需要超车，确认车道前后左右的骑友距离以及大小型汽车，保证安全的情况下，从前方骑友左侧超车；不要从右侧，我们的行进习惯是靠右侧行驶，如果突然从后方右侧超车会很危险。如果速度跟不上前方队友，希望后方的车友超过你，也可以打手势。

4. 风向因素

跟车时，如果是逆风，则可以跟在车友的正后面，前方的车友会帮你破风。如果是侧风，就骑在车友的侧面，车友会帮你挡风。当有风时，第一个领骑的人体力消耗相对较大，需要体力较好的车友轮流领骑破风。

人物专题

蓝云的单速情结

骑车让我的生活变得简单而快乐，心灵变得单纯而美好，身体变得更健康。总之，在注意安全骑行的前提下，收获是很大的。

5岁时，妈妈给我买了一辆三轮儿童车，前轮驱动，脚踏曲柄和前轮轴是一体的，无链条。接着到7岁时，我已经开始学会把腿从大梁下面伸过去骑28大杠了，我天生有较好的运动协调性，学会这么骑28大杠只用了半个小时，而且是自学成才的。

我把骑车当成一项运动的契机是在2008年奥运会，奥运会期间机动车单双号限行，加上在奥运体育精神的激励下，我当时也就萌生了用骑车这种有氧运动减脂的强烈愿望。

骑行在我的生活中占有较大的比重，上下班骑车代步、接送小孩儿骑车，郊游锻炼还骑车，我基本算是把自行车融于自己生活中的那种人。我的家人支持我骑车锻炼，但不主张花过多的时间。所以我一般只骑单日的活动，很少骑两天的活动。每个周末我要抽出一定时间做家务，陪陪家人，带着孩子学习、锻炼和游戏。

目前自己最贵的自行车是荷兰Koga品牌的入门级全碳公路车，价值1万多元。自己最便宜的自行车是永久弯梁26（单速菜车），这辆车是6年前以180元从朋友那里收的二手自行车，后经牙盘、飞轮和中轴的改装，以及局部焊接（氩弧焊）加强。另一辆用永久24弯梁改装的牛角把单速XC公路车投入比较大（比永久26单速要贵得多）。

实际上以骑同样的速度来比较，毫无疑问价位高的自行车肯定要轻松些，这是由车重轻、刚性好、发力传导效率高、三轴润、风阻小等因素共同决定的。但我原来走的单日较强的活动，几乎全是由改装加强后的单速菜车来完成的，始于一种难以名状的菜车情结。

更贵的自行车一般会有更快的速度（在路况允许、确保安全的前提下）或者更短的爬坡时间，也就是说骑更贵的运动自行车，你的强度也比较大（这个跟里程和持续时间无关，而跟心率、肌肉紧张状态有关）。

骑菜车跟骑贵的运动自行车的追求不同、骑法不同。选择更贵的自行车是要为了体验更轻的重量、更好的刚性、更优良的设计和制造工艺，更好的套件操控感、更优异的骑感、更快的速度和更短的爬坡时间。

单日天津往返我只骑过一次，因为觉得骑平路比较枯燥，风景也缺少变换，另外就是觉得尘土比较大。全程平路的话，对于中等以上体力的业余骑友来说，单日长距离的骑行巡航用 28km/h 的时速比较合适（耐久力好，风阻小），体力好的可以提高到 32km/h 的巡航速度，体能稍弱的可以降到 25km/h 的巡航速度。（备注：以上不针对专业骑手。）

京津公路 G103 路况还可以，就是局部尘土比较大，而且有时路边有玻璃碴、铁钉等易造成扎胎。体力稍好的骑友完成京津单日往返不是太难的事情，关键就是在平路上要持续保持一定的巡航速度，比如 28km/h 的巡航速度。如果能维持 25km/h 以上的平路巡航时速，加上休整、补水、吃饭的时间，总共 14 个小时能完成（以国贸桥为起点和终点）。

我的体力透支过，不过是小概率事件。一般出现在 1 个月以上没骑过车后复出时就突然骑得过猛或者干"大活儿"。浑身无力、身上一阵冷一阵热，头冒虚汗，眼冒金花，这些症状都是体力透支的症状。预防体力透支主要就是要及时补能补水，不要突然骑得过猛，还有就是要循序渐进。

我今年 43 周岁了，因为拖家带口，至今没有骑过长途，今后孩子长大了，并且自己有大把的时间时再考虑骑长途。从体能上说，骑车的黄金年龄在 25~40 岁；从空闲时间上说，骑车的黄金年龄在退休后，当然年事已高的老者除非是训练有素、身体特别健康的，一般还是要谨慎对待户外骑行运动，因为这时更容易因身体和年龄原因发生意外。

我曾经有过的自行车加起来一共有 10 辆，现在还有 6 辆自行车。在自行车上我的投资不算大，除了两辆公路车需要投入稍微多点的资金外，其他的折叠车和单速车都是入门级的，比较实惠。

我骑过单速车、山地车、公路车、折叠车四种车型。在铺装路面上骑行，公路车无疑是主流车型。折叠车的优势主要在于旅行时的便携性。山地车的优势在于比较全面的路况适应性和通过性，以及更好的刹车性能。个人偏爱单速车的原因在于简约的魅力不可挡，而且单速车维护简单，调试简单，另外经过多年的磨炼我在骑车技巧上可以较好地驾驭单速车，包括攻克一些长距离的连续爬坡。从安全考虑，个人始终对"死飞"敬而远之。

我学生时代的体育成绩是比较优秀的，短跑经常拿校运会冠军，20 岁以前的百米测试是 11.8 秒，达到国家三级运动员的标准，中长跑也拿过校运会的冠军。大学时代是系

足球队靠速度突破见长的主力边锋。毕竟岁月不饶人,我现在的体能只能算中偏上吧,在业余骑手里算相对较好的,但也不是特别好。对于业余爱好者来说,体能训练简单地说就是要量力而行、循序渐进,可以去逼近自己的体能极限但最好不要去超越它,因为经常那样做对健康不利。

自行车运动的基础是有氧耐力运动,主要是看肌肉的力量及耐受力,心肺的承受力和耐受力,所以在跑步、游泳上的系统锻炼对骑车的体能提高是有直接帮助的。

我摔过三次车,但幸好都不算严重,只是破了点皮而已。

紧急情况下,应该是前后闸同时捏下,但尽量前后轮都不要"抱死",这样才能提供尽可能大的刹车力度而又不至于摔车。专业选手前后闸的刹车力分配多用前7后3,业余选手可用前6后4。新手刚开始练习使用刹车时用前5后5也是可以的。

我现在不太骑山地车,根据以前骑过的经验看,骑山地车的齿比相较公路车要偏小一些,缓下齿比3.0左右,平路齿比2.6~2.8,缓坡齿比2.2~2.4,陡坡齿比1.5~1.8,中级XC道齿比根据坡度和路况不同,齿比在0.8~1.5之间选择。

踏频就是曲柄每分钟转动的圈数。平路踏频我一般90以上,有时100,长缓坡的踏频一般85。陡坡一般70左右(可能会用摇车)。

日行过250公里,平均速度23km/h以上的骑友可以尝试下G108—G109。G108—九龙镇—张马路—G109(小圈)的难度小于G108—九龙镇—S241(孔涧)—G109(大圈,40多公里)。

北京的"九字"最先提出可能是陶菲雁,我应该是第一个"九字"的践行者吧。"老九字"("经典九字")是指东大高—高大东—禅妙阳;"新九字"是指戒台寺—潭王路—菩萨鹿—高大东—禅妙阳;"九字"的爬坡强度很大,有挑战和超越自我的意味,需要量力而行,早点出发,最好能在天黑前放坡出山进入门头沟城区有路灯路段。完成"九字"后人比较疲倦,这时的放坡尤其需要减慢速度、注意力集中、小心操控。"九字"过程中,如遇体力不支或身体不适，应果断放弃，不要硬撑。

摇车属于较高级的骑车技巧，摇车是一个全身核心肌肉群参与的动作（腿、臂、臀、腰、腹、背），加上身体重量的下压力，能发出更大的扭矩和功率。对于身体协调性较好的选手来说，正确的摇车并不会比坐骑更伤膝盖。不是所有人都适合摇车的，体重过重者摇车反而不省体力，还有就是先天运动平衡感和协调性欠缺的人也不太适合摇车。

（转）公路车摇车技巧

1.摇车的时机：切记摇车是一种手段而不是耍酷给别人看。

以下时机适合摇车：

起步：踩踏力量大，起步较快；

上坡（含短上坡冲刺、长上坡）；

会阴需要休息：坐久了会阴血气不通，适当时间要站起来活动一下筋骨；

发夹弯上坡：此时速度可能会慢下来，如果坐踩的话效率不高或者需要降低齿比导致速度更慢。

以下时机不适合摇车：

沙石路面：车辆重心控制不好容易摔跤；

旁边半米内有车友：车辆轻微碰撞都可能导致摔跤。同理其他车友在摇车时不要近距离从他身边超车。

2.摇车的姿势：车摇人不摇。

最开始体验摇车的感觉时手不要用力去拉车把，速度放低，当右脚要踩的时候，车往左边倾斜；反方向同理。在较缓的长上坡比较容易练习，平路其次。

要加速冲刺时可以用手拉车把的同时去摇车，这样会更大力，但一般不持久。

3、用力方式：

站立踩的时候因为是单侧受力（坐踩因为有 PP 坐着卡住坐垫，所以感觉不明显），此时自行车是会有单方面倒的倾向，为了克服这个倾向，方式一是用手提车把，二是将车往反方面倾。

摇车的开头几脚可同时提拉车把，加大踩踏力度，后脚可勾住脚跳往上提，这样可以迅速把速度拉起来，但容易疲劳。后面是否同时做提拉动作就看个人的体能状态。

4.摇车的齿比：

冲刺时摇车齿比较大，长上坡需要小齿比。

摇车的时候，大约需要比正常坐踩增加 1~2 挡齿比。因为摇车相对坐踩的作用力增加，如果保持原来的小齿比，会有踩空的感觉。一般摇车的踏频在 60~70（即 1 秒踩 1 圈）比较合适。

5. 摇车的结束：

当爬完一个急陡坡，就要考虑停止摇车，然后加大齿比。

若有一块心率表则更好，心率达到一个位置就该停止摇车，因为这时身体已经疲劳了，但疲劳感往往会晚几秒到来。如果继续奋力摇车则容易过了头，导致"爆缸"，不得不放慢速度，甚至下车休息，得不偿失。

平时需要多感觉动作和施力技巧，至少要能连续摇车200米以上才能达到实用的效果。

新手摇车容易出现的问题及原因：

问题1：摇车十几秒后腰酸

原因：车摆动还不到位就往下踩，导致腰部侧向受力，引起腰酸。正常的姿势中腰是几乎不受力的，连续几公里摇车也不会腰酸，从一侧往另一侧摇车时幅度大，动作要迅速，而踩踏过程中车把幅度变化较小。

问题2：膝盖酸

原因：分前脚膝盖和后脚膝盖（踩踏的脚为前脚）

如果是前脚膝盖酸，体现为踩踏时觉得酸。可能仍然是摇车不到位造成发力不干脆，有"蹲马步"嫌疑。

如果是后脚膝盖酸，体现为脚在后面往上走时觉得酸。表示用力方式不正确，正常来说后脚几乎是不用力的。

问题3：摇车时方向不易控制

原因：摇车不够熟练，应多加练习，因为摇车时车左右摆，容易造成车把不稳。平时可用较低骑行速度和较大配比（即：小踏频）去摇，有充分的时间仔细体会脚、手、腰的用力情况。

人物专题

寻找梦想 骑行上路

上大学的时候应该是我第一次骑行,没有什么契机,因为没太多的生活费,我买了一辆廉价自行车,和几个同学骑行去了漓江,从此我就和骑行结下不解之缘。有时候骑车旅行,根本不需要理由,背上行李就出发的行程反而走得很远。不论远近,能出发就是一件很美好的事情。

我并不仅仅只喜欢骑车旅行,只要是旅行,不论什么方式我都喜欢。小时候我和爷爷一起生活,爷爷是一名地理教师,在我还不识字的时候,他就把我放在中国地图上爬来爬去,然后告诉我这是哪那是哪,哪些地方他去过,所以很小的时候我就对地图上这些名字充满憧憬。

骑行本身就是一种改变,在骑行过程中你或许不会察觉,但是行程完成之后你就会感觉到变化。当出发的那一刻开始,特别是长途,就注定你要背负很多东西,家人的态度,朋友的关注,面临的行程等等。在长途骑车的朋友中,每个人都有自己的想法,有的人想去征服而有的人想去享受这一路的美景和故事。对于我来说,骑车给我最大的改变就是,让我的性格变得更坚毅,也让我更喜欢骑车旅行。

我从最初什么都不懂,到慢慢地会补胎,会修车,自学的很多,也问过很多人,我觉得经验都是自己去积累,别人能给予你的只能是建议,但我们也不能闭门造车,不去向别人学习。有些经验,特别是安全方面的,借鉴前辈们用血换来的经验非常值得。我也非常愿意去和所有骑行的朋友分享,骑行是一件很惬意的事情,但是必须是在安全第一的条件下。

对于修车和骑行中遇到的问题，偶尔几个骑友的经验不一定适合所有的人，所以我一般会告诉他们遇到问题后该如何去思考多一些，具体的技能我并不去指点太多。因为这些东西如果我去告诉人家，到时候遇到的实际问题可能千变万化。骑行和做人一样，我把它当成修行，至于是否能得道升天，还要看自己的造化。

单骑和团队骑行是两种不同的感觉，就像一首歌，它有高音和低音，高音高亢激昂，低音凝重深沉。一个人骑行，是享受孤独，特别是长途骑行，更多的是自己和自己对话，会天马行空地想象，所以很容易出神，当你面对困难时，你只能靠自己，一个人骑行也比较随意，想走就走，想停就停。而团队骑行，则是另外一种感觉，一队人马浩浩荡荡，气势和心态则完全不一样，有的时候一个人骑会有一点淡淡的孤单。但是一队人骑完全不会有这种感觉。大家在路上相互照顾和聊天，也给彼此深入了解的机会，学习到你所不曾接触的领域，当面临困难时，大家相互鼓励相互扶持，虽然有的时候也会产生分歧，这个时候就要学会协调。所以单独骑行大部分时间面临的是人和自然的关系，而团队骑行更多的则是人和人之间的关系处理。

无论是哪一种骑行，其实都各有魅力，我或许喜欢单独骑行多一些，因为我骑车的速度不是很快，有时候我干脆停下来静静欣赏路边的风景，这样很随意，不过团队骑行也有团队骑行的魅力，当你遇到跟你默契很高的队友，整个行程会让你变得非常轻松愉悦。

我个人觉得，在做任何一件事情之前，你都应该去准备，包括物质的和心理的，长途骑行更是如此。长途骑行之前，需不需要做体能训练，得根据自己的身体素质来决定，如果平时经常运动，那么做一定时间的准备即可出发，要是经常宅在家里或者久坐的办公族，还是需要一定时间的体能训练的。长途骑行看起来很美，但是要面临很多东西，包括经济来源、家庭压力等等，所以我觉得其对心理的要求更多一些，体能可以通过训练提高，物质可以通过努力争取，但是没有一颗强大的心，很难走出去或者走得太远。当你开始骑行后，遇到很多未知的你从未面临过的难题，有时候不是体力所能解决的问题，这时候就需要你有一颗强大的内心，帮你扛过折磨和摧残，一旦你扛住之后，你将会有新的蜕变。

我没有刻意去选择要走新藏线，只是当初大概计划这样走，根本就没考虑到它是所有进藏线路里最难的一条路，对于我来说，它只是一条骑行之路而已，因为当时已经骑到新疆，不走新藏线没办法进藏。一旦你爱上骑行这条路，你会越走越远，所以将来有机会，我会选择各种不同的方式进藏，而且不仅仅是进藏，会去越来越多的地方，看不同的风景。谈到这个话题，目前网上掀起一股骑行西藏的风潮，我个人对这个事情非常不感冒，大部分人已经失去骑行的本质，他们的重点不在骑，而是到达西藏。其实无论是高山还是平原，只要你用心去体会，这个世界到处都有你想要的美景。

体力透支——我想骑过长途的人都应该遇到过，但是怎么去判断我并不知道，如果你骑了十几二十几个小时，感到头昏眼花，四肢无力那肯定已经透支得很厉害了，我记得骑黑龙江到浙江的那趟旅程中，为了跟牡丹江的一个网友见面，我从早上六点出发，然后沿着很崎岖的山路出发，还是雨后的山路，所以那天体力消耗很大，中午我对朋友说下午一定赶到，就为这一句承诺，我吃了很大的苦头。由于下午的时候走错路，所以下午很晚才出山，最后到牡丹江已经午夜一点多，当时从车上下来，整个人都快瘫了，那是我第一次体力透支，接着第二天就感冒，还好有这个朋友照顾，在牡丹江休整两天才恢复。至于怎么去预防体力透支，通过我的故事应该不难看出，就是不要赶路，计划好每天的大概行程后，根据自己的身体情况做出适当的调整，不能继续前行的时候一定要休息。

如果要说骑友们的相通点，肯定是有的。首先就是热爱大自然，不喜欢当宅男宅女，性格比较活跃。然后都比较喜欢自由自在的生活。

我们每个人的生活都脱离不了柴米油盐，也逃避不了现实生活，所以骑行只能是生活的一部分，我曾经想过一直骑下去，骑遍世界。但是作为一个中国人，你面对的很多东西，不太容易让你过自由自在的生活，所以我在寻找一个平衡点。当初我准备环华的时候，父母不支持，我母亲知道我骑行的事情后，每天都睡不着觉，每天都打电话问我情况，当时我就在考虑，如果一件事情让自己的母亲感到很难过，那我还有坚持下去的意义吗？或许我应该换种方式，换一个观念去对待这件事情。我的爱人非常支持我骑行，我们并不因骑行相识，但是我们每人都有一辆自行车，周末或者假期我们都会计划一些骑行旅行。有时候想想，一个人要去做一件事情，需要面对太多的阻拦和压力，当你跨过这些东西，你就能得到升华，但是带来的负面影响也会伴随着你，也许我就失败在这一点上，如果我迈出那一步，或许我就能得到我想要的生活，然而我还是选择了放弃，有时候只能安慰自己——暂时的停留只是为了走得更远。

人物专题

张树桥：只是骑车

张树桥简介：
1973年1月25号生于内蒙古鄂尔多斯
自幼酷爱体育，田径5000、10000米成绩曾获省运动会冠亚军。
2000年 开始骑车；
2002年 兰州 — 鄂尔多斯 1000公里 ，用时4天；
2003年 鄂尔多斯 — 北京 800公里，用时3天；
2004年11月鄂尔多斯 — 西双版纳 ，用时30天；
2005年 鄂尔多斯 — 拉萨 青藏线 3300公里，用时18天；
2006年、2007年 举办两届鄂尔多斯山地自行车赛；
2007年8月获内蒙古环多伦湖公路自行车赛冠军；
2009年7月率队第二次骑行青藏线；
2011年4月底挑战川藏线路遇大雪挑战失败；
2013年，挑战川藏线，总时间为8天13小时；
2014年，再次挑战川藏线，总时间为8天23小时。

【编者按】：那段时间骑行圈铺天盖地都是张树桥再次挑战川藏线的新闻，彼时我还没有去骑川藏线，有迷惑，这样的极限骑行有什么意义呢？一路上的美景也可能没有精力去看，只是我们在踟蹰，有人却在做。后来我也去了川藏线，路上三次搭车，用了二十多天的时间，一路上无数次的偷偷抹眼泪，无论遇到什么情况，所做唯有"坚持"二字。可能川藏线不是所有人想象的那么艰难，也不是自己想象的那么容易。可是这种挑战极限的，我们唯有围观鼓掌加油。

当我们满怀热情地去做一件事情，这件事情本身就有了意义。在身体即将崩溃时，坚持枯燥又无聊的重复踩动双轮运动并汗流浃背，所有的疯狂，背后的用心，一路上的风吹日晒，不是享受的奢华，却可能收获精神的盛宴。

川藏线上变幻莫测的天气，大雾，暴雨，暴风雪，泥泞，塌方，泥石流，大堵车。连续的高海拔盘山公路，十座四千米以上，两座五千米以上的高山。一路上可能会遇到自行车故障，爆胎，可能会体力不支，高原反应，受伤。所有的一切都是未知，可知的是很多人都在路上。

【长跑和骑行】

小时候练习中长跑，所以我对速度快的东西很感兴趣，2000年我开始骑行，有过很多自行车，现在留到手里有6辆，公路车居多。我的第一辆公路车才700元，六速，后来我骑了一年多就换了。我当时对骑自行车一窍不通，单纯觉得有这种弯把的车肯定就很快，我那是在兰州驻站工作，也是在兰州开始接触意大利手工制作的自行车等高档车。

我是纯粹的民间骑手，我的骑行知识只是十几年慢慢总结出来，实践的多，书本有一部分。

【骑行是健身修心】

山地车容易入门，公路车难度大，需要趴着骑，对路况的要求苛刻。我们在骑行的过程中，山地车遇到一块小石头可能没事，但是公路车一块小石头就可能让你翻车，存在一定的危险性。

这说明越是快的、本事大的越危险。时间久了，真的很危险，对于我自己来说控制能力比以前见长。

自行车运动越来越普及，骑行对教练的要求特别高，但是现在骑行的人就会觉得自己从小就会骑自行车，现在骑的话跟小时候没差，一般都不会去请教练，其实呢，这个东西是有必要的，这是目前中国自行车界上层的东西过于滞后。

会受伤吗？还需要膝盖保养？大多数的人把骑行看成是身体上的行为，其实不是的，骑行是心理活动。不能过于急躁，不能只追求速度，欲速不达。越着急越变形。老外大多数都是技术型。自行车不仅是两条腿重复枯燥的蹬踩。骑车的过程中，一踩一拉，细节都非常讲究。这个很详细的东西，很多骑友都有错误，过大的力量或者踏频和节奏不合理。

我和很多老外骑友比赛过几次，发现他们骑行都很讲究，他们的骑行方式可能更科学，踏频不能高不能低，车手需要很好的力量支撑。

骑川藏线不过是个形式，这对于普通人来说很难，"一个人开始看山是山，当有一定境界，看山不是山，再过一段时间，看山还是山。"严格来说，骑得很快，无恐惧，白天黑夜无所谓。当一个人内心休养极其深厚的时候他的问题就能解决。体质和心理越来越强大，就可以解决之前没有解决的问题了。

在骑行的过程中，我可以听到大自然的声音，闻到大自然的味道，小鸟也会随着气流跟着我跑，我可以全身心、立体地感受大自然的美妙。骑行时是最美好的时刻。我在骑自行车的时候是最真实的。

休养要达到一定程度。一般生活中比较贪心，总想着多挣钱和漂亮女孩套近乎的人，这样的人生活都不会稳定，他们认为享受才是生活根本。这种生活方式，体质会变化。当一个人有奋斗目标，心静，没有贪念，做好人，做好事，他的心理思维的框架会很完整并且稳定。心理稳定了，该得到的会来，失去的不能挽留。成熟后，心理稳定，肝肾脾胃都会一天比一天好。骨质自然就好起来。

冬天的时候，我看到我身边20多岁的男生穿得很薄，说不冷，其实会冷。就是为了面子和美观，男生为什么要装酷，只知道自己骗自己，抵抗疾病的能力只会越来越差。

无论多么有天赋的人，只有百分之百的努力了才有可能成为社会精英。

骑车不骑车，去哪里骑，这些不是最重要，重要是做人。在父母身边，陪他们聊天，帮他们干一点简单家务活，和讨厌的人建立和睦的关系，不一定是骑车，不贪吃不贪睡，勤勤恳恳地面对工作，这就是比较好的，在这个过程中一样能收获幸福感。现代社会，每个人都好像很不幸福。我们需要磨炼自己的内心，只有在现实中磨炼好了，再去川藏线做实验，战场其实在生活上。

我是一个普通人，只有把普通人的优点贯彻到底，一门心思认真去做一件事情，严于律己，宽以待人。自己可以吃苦，有吃苦的态度就好。我骑得很好，没有躁动，身体很好，很安稳，我骑川藏线成功了，这就是实验的验证。我家里人少，有一个17岁女儿，她不学骑车，怕摔跤，一直不骑。她有自己的价值观念，我不会把我的强加给他，骑车只是一种形式。

【川藏川藏】

2013年，在川藏线上骑到觉巴山，上午我看到好多车友在爬坡，我在路上遇到两三百个，非常震撼。坡很陡很长，车友各种各样的，快慢不一，没有人搭车。音乐播放也是千奇百怪的，六七十岁的听戏曲，中年人听朴树的，年轻人的没听过。每个川藏线的人都很英勇，每个人都很努力，不管快慢，很快乐。那时候是最真实的自己。

2011年，我第一次骑川藏线，骑到巴塘的半路上膝盖疼得骑不动了，又下大雪，我开始怀疑自己应该不应该继续，怀疑自己的能力，我以往比赛的成绩挺好，在香港也赢过。国内的高手也赢过。那次骑行失利，我开始怀疑自己的天赋，后来想想还是不甘心，还是要去，那一年我开始看《黄帝内经》和佛家、道家学说，后来我的态度慢慢转变了，开始觉得天赋不是最重要的，努力才最重要。

2014年，我又来川藏线了，是从理塘开始，我在芒康吃东西没有注意，拉肚子，后来想如果当时小心一点，应该没关系。

最有印象的就是在成都新都桥，我骑过420公里后，路过折多山只能推上去，很浪费时间，晚上1点45还在推，我连着26小时没休息。睁着眼都不知道自己在干什么了，只能大声说话，不能停下来休息。早一点赶到早点休息。停下来，很冷，只能往前。

我目前的状态是一年骑20000公里。骑车上班，四五公里，很自由。

我的川藏线拉力赛，没有依靠本地政府，纯粹民间的力量，没有赛段，没有服务，独立自主地完成。

骑行是一种生活态度，努力去做。只是骑行。

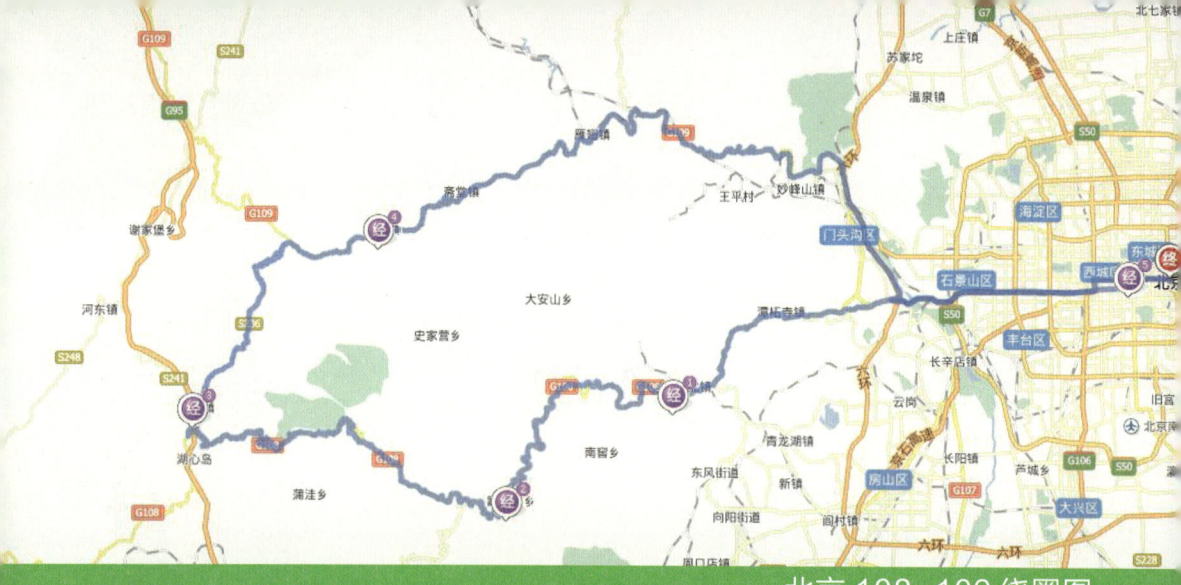

北京 108-109 绕圈图

PART 4

作 业 游 记

北 京 篇

骑行亦修行

　　在路上，身体会累，却能让你在累到极限时，发现你忽视的细微感动。也许你会在半夜三更发现大马路上悠悠爬行的小蛇，突如其来的手电筒强光，它便不动如山。原来是正在修炼的小青，大家会仔细研究了一下它有几颗牙齿，皮肤的颜色，得出的结论是——这是一条毒蛇。待大家全部通过，小青还是呆呆的，不知道这群路过的人中谁前世和它有过一面之缘，才换得今生的擦肩而过，不知道这次他们和它的擦肩而过，下辈子它修炼成仙后是否还会和他们中的某个谁再续前缘。

　　也许在某个阳光灿烂的午后你会突然邂逅惊慌失措的狐狸，它很瘦小，全身是黑色，就只尾巴尖是白色的，你会不由自主地猜测是不是当它的尾巴全部变成白色就能幻化成美女。当你保持着匀速骑行，看到从马路中间这边的草丛窜到那边，踩着小碎步的小松鼠，它们是在忙着屯粮过冬吗？小小的交集也是一种缘。亲爱的小动物，若有打扰请见谅，原谅我们这群冒失的过客。

　　我们都是如何开始的骑行，也许有一天有个还不算陌生的骑友经过你的城市，你心血来潮地说："来了请你吃饭"，等真正看到对方的装备，听他说他在路上的见闻，也许你会觉得骑行也不是想象中那么难。或许很多时候我们低估了自己的潜力，高估了别人的经历，你不亲自去过河，怎么知道河水是否湍急，水温是冰凉彻骨还是暖人心脾。

　　旅行的意义，骑行的意义，想多了便有点上纲上线，很多事情在做之前如果一直去想是否有意义，这件事情本身便已经失去了意义。不知道从什么时候开始，每个周末去野外看看便成了生活中一件非常值得期盼的事情，生活可能对你来说有了更多期待的意义，你永远不知道在路上你会遇到什么人，会发生什么事情。因为未知，所以骑行，骑行是染上就戒不掉的瘾。

　　骑上单车去远方吧，经历所有你想到、想不到的，意料之中意料之外的事情，经历过才是你自己的人生。

六百里燕云和月
——108~109绕圈

下班后我出发的时候，起风了，天凉好个秋，吹得冷飕飕。大部队刚集合，老天爷口哨吹响，一声令下开始下雨，等着等着，我们就等来了一场雨。雨小点后大部队出发，地上已经湿了，自行车行过时，泥水不客气地往身上溅，速度一点儿没有慢下来，穿着雨衣骑行，所有衣服也全部汗湿，小狼说他讨厌夜骑，更讨厌下雨夜骑。其实夜骑也是很爽的，车少，人少，车灯划破黑幕，天地孤影任我行。

天边突然毫无预警地炸开闪电，像松花蛋上的花纹。看到闪电，我一个激灵，大家都不用人催，必须继续加速，淋雨骑行真的不好受。速度30km/h上下，不知道是不是发力太狠，第二天着实受罪了。晚上11点，大家到达农家院，商量着是不是也给爱车们洗个澡。一夜无梦，秒睡。

次日早晨收拾好出发，天还蒙蒙亮，青龙湖边水雾起，朦朦胧胧地笼罩在身边，空气很好。大家找了一个早餐摊，馄饨大饼豆腐脑都上。出发后的路一直在缓上，上次去十渡也是这条路，想起来这里是上次拍合照的地方，后面是红色的大字，那次捡了水吉和她朋友。水吉还分了很多牛肉给我们吃。我们在那里下去洗了洗脚，这里是微笑捡小狗的地方，那里是上次快被晒晕的地方……哦，对，最重要的是，我上次是30+km/h紧跟队伍，这次是20km/h落在队伍后面。

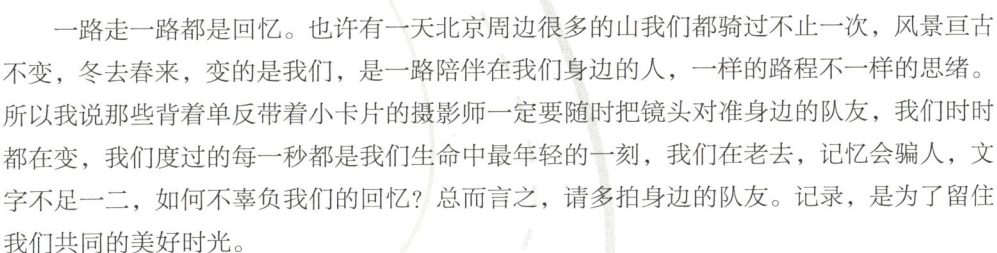

一路走一路都是回忆。也许有一天北京周边很多的山我们都骑过不止一次，风景亘古不变，冬去春来，变的是我们，是一路陪伴在我们身边的人，一样的路程不一样的思绪。所以我说那些背着单反带着小卡片的摄影师一定要随时把镜头对准身边的队友，我们时时都在变，我们度过的每一秒都是我们生命中最年轻的一刻，我们在老去，记忆会骗人，文字不足一二，如何不辜负我们的回忆？总而言之，请多拍身边的队友。记录，是为了留住我们共同的美好时光。

已经看不到前面队伍的身影，木头陪着我在后面走，太阳出来，有点晒。其实现在的太阳已经不是很晒人了。顶风，不知道为什么骑不动，速度已经降到17,18km/h了。有的路10km/h上下的速度。事后采访说他们的速度是25+km/h，因为顶风，25+也km/h相当于30km/h了。我这才刚出发，怎么这么没有状态，想起活动贴里面有一个人说他们的108~109绕圈的匀速是23km/h，没有人拖后腿，这才刚是小坡，如果我拖后腿，晚上几点才能回？

下车和木头换车骑，他的车要轻点，可是我还是累，感觉全身都软掉，要晕的感觉，我很少出现这种状况。也不知道他们在前面等了我多久，我不能停，停下就感觉全身都在抖。到一个小卖店，他们都在等我了，下车我说我不行了，骑不动。大家马上拿东西给我吃，老刘的果冻，逆风的大白兔，阿怪的牛肉……我就专心致志地开吃，他们问我话也没力气回答了。白哥说："行不行啊？怎么回事？是不是昨天没有休息好？"大家开始讨论我的状态。大家都在等我了，我挺惭愧，总是他们在等我，可是就这么回去我又不甘心，如果这次回去，也许108~109这条路会成为我的一个心理障碍，其实总是落在后面心理负担很大，想骑快点又骑不快。在山顶吹着冷风等人的滋味很不好受，休息时间太长，肌肉一倦怠再出发，对于先头部队来说是很难受的。

两三公里后，我又饿了，我是不是应该等等木头呢，他有吃的啊。思考间看到一个房子，上面歪歪扭扭地写着小卖部，我双眼立马放光，下车，一看是个破房子，骗子啊！刚好看到笨笨，马上嘶吼笨笨救命啊，有没有吃的啊，笨笨说他包里有吃的，让我翻一下，我翻上翻下只有一个小号士力架，吃起来非常美味，士力架以后我再也不嫌弃你的甜和腻了。

　　这要是有救援车，我早就上车了。以前有几大原则：除了车坏了，身体因素，客观不可抗力因素才上车，怎么这会儿骑不动就要上车，哭啊！这都要拖后腿了，我们是一个团队，不能连累大部队啊，再说都骑得全身发软了，上车不丢人。恩，我想多了，没有后援车，所以只能咬牙继续骑。

　　于是我就噌噌噌一口气骑到了山顶，我吃点东西又生龙活虎了，各种拍照各种嗨。

　　得瑟完毕，准备放坡，听说一路顺坡下去就是吃饭的地方，于是大家全部装扮一下，即使艳阳高照，雨衣防风衣也全部拿出来，这是因为一会儿下坡一会儿上坡，一上坡全身就会被汗湿透了。

　　吃饭的地方据说以前分量足，味道好，后面还有菜园，方圆好多公里仅此一家。现在也还行吧。我问白哥如果现在返回能少走多少公里？白哥说30公里，好吧，只少走30公里，那就继续往前吧。吃过饭，逆风直接就躺在地上睡觉了。呃，我认为坐在椅子上或趴在桌子上睡觉好点儿，地上多凉啊！

　　吃过饭就是放坡。有点小小的上坡，可以忽略不计，放到一个小亭子，没有看到老刘，难道老刘是因为以前放坡摔跤了，所以现在放坡这么慢了吗？事后采访得知，老刘身体不舒服，被风吹感冒了，但她依然坚持骑。伏鹰好同志一直陪骑，鼓掌。白哥说上次他们反骑这条路，看到这个亭子以为到顶了，我们哈哈大笑，笑他们真是太傻太天真。

　　在亭子里坐了一会儿，我突然来了一句："我要先放坡下去，三急。"一边放坡一边勘测地形，看到一片小树林，钻进去，竟然看到一条大狗赤裸裸地躺在地上一动不动，我忍住尖叫退出来。最后选了一个山清水秀的好地段，微风习习，天蓝得跟海水似的，云白得跟棉花糖似的，还能蹲一会儿换个地盘，只听见马路上队友们呼啸而过，有的过去就吼："毛球我看见你了啊，哈哈哈！"猖狂大笑。姐姐我选地形非常有经验，从无一次失手。拉肚子，白哥总结可能昨天下雨，受凉，这影响了我的体力。

　　一路放到九龙镇，亲们在一家小店买东西吃。上午那会儿老刘骑一会儿回过头来看看我，骑一会儿回过头来看看我，示意我跟上她，我说："老刘不用等我的，你按照自己的节奏骑就好了。"老刘说："没事啦，球球骑车需要有人在前面带的。"下午瞅准了水吉，又准备跟着了，水吉包里一直背着两三瓶水，好沉的感觉，反正我是不能背一点东西，背着又沉又累的。我就盯着她的背包上那个五颜六色的挂坠儿看，编得真好看，后来水吉送给我了一个。水吉发现我后也是骑一会儿回头看看我，特意放慢速度等着我，鼓掌。

　　这段路感觉不是平路，应该是缓上，速度为17~18km/h。我正悠哉游哉地骑着，小狼和木头在后面贱贱地说超车喽，我默默地伸出手比出一个手势，他们哈哈大笑。超过我之后小狼让我跟在他身后，好给我挡风。好吧，有点逆风，跟骑能省力很多。于是跟着小狼的音乐，踩着鼓点默默地保持17~18km/h，倒也不累。

　　小狼没事就甩手,一甩就播放下一首,好高端的感觉。我保持着踏频速度,竟然一路秒了众多人,顿觉扬眉吐气。等秒过去,我就感觉一口气憋着瞬间松下来,赶紧下来喝水。前前后后,夕阳西下,快五点了,不知不觉,在没有阳光的山影里感觉到了凉意,秋天,果然已经到了么?脖子一直梗着,停下来才发现不对劲了,不能动弹,歪一下就疼。我让小狼帮捏捏,他手劲真大,捏得我直想跳脚。小狼说他要灌水,我就先走了,刚拐一个山头,就听见伏鹰和老刘在后面了,他们说:"毛球在前面呢,太难得了。"我竟然不是最后一个!于是他们一群人就说说笑笑,听着他们的交谈声,我就屏住呼吸,保住踏频,不能被他们追上,追上我估计就又脱力了,好在很快就到顶了,大家欢呼雀跃,前后脚,所有人登顶的时间都差不太多。前后脚是河北和北京的交界处。

　　继续放坡到109国道,大伙儿在一个餐馆停下,餐馆小桥流水很有意境。白哥说他们经过这家店7次都没有座位,这次终于吃上了。上菜速度好快,有一道菜是蒜末土豆,味道很不错,人均40元。天已经完全黑了,还有100公里到家,好远啊!

　　水吉和诺言在饭点冲过去了,就没有跟我们一起吃,后来在雁翅会合。吃完饭,大家补充好体力,打开车灯尾灯,开始在山路间飞奔。夜色茫茫只有我们小小的灯光,偶尔大车迎面而过晃我们的眼睛,晃过去好几分钟就啥都看不见了。于是就用手在挡住眼睛,有的司机会及时变换车灯,有的司机一直晃过去,希望司机看到骑行者能变换一下车灯。

　　队伍分为三路,骑行独仕、白哥、骑有此理、水吉等人是先头部队,毛球、老刘、小狼、伏鹰等人在第二部队,木头一会儿陪我们在后面,一会儿冲前面,第一、第二部队时有穿插,

第三部队是笨笨。山路弯弯，稍一松懈就看不到前头部队的尾灯。小狼和伏鹰的车灯比较亮，一直在后面给我们照路，至于前面好几个禽兽，转个弯一会儿就看不到尾灯，追得我上气不接下气，依然追不上。下坡和平路还差不多，只要一上坡，我就必须变速，他们直接站起来摇车上去，我不想站起来，站起来骑觉得更累。

大部分路程我是趴在休息把上骑的，事后，手肘有点趴青了，肩膀痛得不知如何是好，趴一会儿骑，坐一会骑儿，可还是疼，于是就在寂静的黑夜中大声地吼国骂，木头说这种情况下我就不说你了，他们就一直给我打气。

到雁翅火车站，大家说用手台呼叫笨笨都听不到，笨笨可能离我们有10公里，甚至说到要笨笨找个旅馆住下来。刚休息一会儿，笨笨就出现了，笨笨说就离我们一两公里，白哥说笨笨是一个神奇的人，一会儿就不见人了，一会儿又出现了，忽近忽远。笨笨膝盖受伤很长时间没有骑车，这次的绕圈大家都在担心他的状态，怕他身体受不了，笨笨说他骑车膝盖能好得更快！

下车后我的脑袋一下都不能转动，本来想让他们给我按按，可一碰就疼，这个时候大吼大叫都不足以宣泄我的心情，其实踏频时我的体力还是能坚持跟上，就是这个肩膀，再骑上就在琢磨一个事情，要不我哭一会儿，没准哭一会儿就不疼了，事实证明没用。没有爬东方红，因为那里显示施工，我们绕过去的。小狼看到K某快餐店就开始嚎："我要吃这个，我要吃那个。"这时候可以脑补他一边打滚一边说。

老刘身体更加不舒服了，到首钢东门，我们商量去处，决定晚上就去水吉家住了，老刘坚持要骑回家，骑回家还有至少50公里，她身体又不舒服，这个倔强的小妞哟，最后还是被塞到车里，车给木头了，事后采访木头说他早上才骑着两辆车回到家。我、水吉、诺言到家11点多，12点多才睡觉。洗澡的时候我在浴室发了一会儿呆，不知道该做什么。他们吃完快餐继续骑回家。至此108~109绕圈完满完成，鼓掌。第一天晚上约50公里，第二天250公里。

细雨湿流光
——京北绕圈

关键路线：解字石，四海

早上出门走错路，在立交桥把自己转得晕头转向，急得想哭，都想说要不你们走吧，我不去了。见到亲们时我已经耽搁了二十多分钟，只好低着头表现出乖巧状。不管任何理由，迟到，让所有队员等你，就是不对的。如果不认识路，一定要提前出发。天空阴阴的，到一个小镇，大马路上很明显地出现分割线，一边是干的一边是湿的，开始下起淅淅沥沥的小雨，大家纷纷表示这种小雨可以忽略不计，继续前行。我就是想念以前装着驮包和挡泥板的车，不管多大的雨都没有担心过白色的衣服会变成泥巴色。雨越下越大，于是大家吆喝着到桥底下躲雨，顺便等两个走错路的人。

再次出发经过一个小镇，大家决定吃早餐，吃不完的打包带走，少吃多餐。沿途白哥去商店问有没有一次性雨衣，都说没有，于是就买了一件雨衣，25元。我问老板有没有凉鞋，也没有。我感觉鞋子里面慢慢有水累积，这是要养金鱼的节奏啊，心里默默地想回去就要买一双溯溪鞋。

中途看到大家聚在一起，有人扎胎了，小狼说你先走你先走，于是我就不停地踩着往前冲，隐约听到有人说："她还真是一刻不休息。"好像是夸奖的话，我内心在咆哮，我也想休息的啊，骑得本来就慢，休息时间一长，会严重拖组织后腿，这样是不对的，所以只能压榨休息时间了。

这时木头说:"毛球快点,我包里有吃的啊,追上我都是你的了。"我一惊,瞬间精神了,说:"只要追上你就都是我的了?"木头说:"是啊是啊。"于是我就加快踏频开始追,木头一回头,看到我在追,他马上就疯踩,早知道是这样我就偷偷地追了,几分钟后我就大吼:"不追了,你赢了。"后来木头在路边候着,看到我骑上来就奖励我芒果干。我要好好贿赂一下木头,他有好多好吃的,嘎嘎。

大家开始爬解字石了,没有烈日当空,这样的路,这样的天气,我们好似闲庭漫步。白哥的小折爬坡就换给我骑,平路和下坡就骑山地,小折换了公路把,我就不会用刹车了。起雾了,明显看到雾气慢慢地飘散,十米之外不见人,看不到山顶,这样的天气,真是一个骑行的好天气,除了衣服黏糊糊地贴在身上。

这时听到山顶有人在吼:"有人登顶了。"白哥突然尖叫:"救命啊救命啊!"我一下就爆笑,说:"他们听不到吧。"于是我也加大分贝喊:"救命啊救命啊!"白哥说看看这帮没良心的会不会下来救我们。好吧,我们的表演白费了,他们压根就没有听到。

爬解字石,裤子全湿透了,心里碎碎念以后下雨还是不要骑了,体内湿气本来就重,回去用姜片泡脚祛湿。我停下来把裤腿卷起来,一边骑一边把往下滑的裤边卷紧。这时我看到好多人在跑步,我骑到一个美女边上问:"你们这是玩啥啊?"美女说他们是铁人三项的,刚在十三陵水库游完泳,我立马就冒心心,铁人啊,美女说山顶还有他们的人,在腐败呢,我说加油。我骑她跑,一段路后,美女说:"我下山了啊,你加油。"一抬头,原来到山顶了。

登顶,有人卖干果,我要了碗2元的粥,就着早上的半个驴肉馒头喝了。下雨了,大家坐了好一会儿,想等雨停,可雨老不停,那就出发吧。我和白哥换过来山地,一推车,发现前胎扎了,休息了这么久,出发才发现扎胎了,那就继续休息一会儿吧。

我穿的是木头借我的雨衣，木头说他不冷。怎么可能不冷，都淋湿了，一冲坡冻得瑟瑟发抖，我穿着雨衣还颤抖，木头说他已经感冒了，给我穿，防止我感冒，木头你真是好人，为了报答你，你做的菜肯定会放变质，我帮你吃，试试好不好吃，不用谢……

冲完坡又上坡啦，我懒得脱雨衣，被捂得雨衣内汗如雨下，雨衣外小雨淅淅沥沥。再上坡就看到一个大石头，嗯，白哥的小三（挑350）又扎了，呃，于是我就在一边忙着拍照，忙着拉伸，忙着吃东西。然后就是下坡啦，一边捏着刹车一边把裤腿拉下来，虽然湿漉漉地粘着不舒服，但是光腿真的好冷啊。今天我是戴着墨镜出来的，白哥说我这种天气还扮酷，嘎嘎，我镜片没有带。下坡我就戴上墨镜和头巾，因为一冲前轮的泥点子全往脸上飞，免费洗脸。头巾全是泥点子。后来休息的时候有人说为什么他们脸上都是泥水，我脸上干干净净，我马上摆出害羞的表情，哎呦喂，天生丽质难自弃。

到永宁小镇，看到一个楼，大家纷纷合影，白哥骑上车去找吃的，我们继续得瑟。一会儿白哥回来说看到一家店生意特火爆，大家走起。16个人的大桌子被别人预订了，于是大家分两桌坐。大家坐着等菜，我就想趴着睡会儿，其实也没有多困，但是有这个时间就不想浪费，抓紧时间休息啊，我还真睡着了，后来被他们推醒吃饭。在我们用膳的时候，雨停了，吃完看到有个人躺在椅子上睡着了，于是我也躺下来……

白哥吆喝大家起来准备出发，我的速度不快，可还是落在后面了，伏鹰一直陪着我慢慢骑，我说："你先骑吧，这一条大直路不会迷路的。"伏鹰说："那不行，万一你扎胎咋办。"我的左侧肚子开始疼，他们说可能岔气了，后来是右侧疼，伏鹰说或许是阑尾疼。我实在忍不下，车子一停，让伏鹰看着，去了小树林，蹲得脚都麻了，无果。继续走，走一段又开始疼，又去小树林拉肚子。伏鹰说："我有药，吃26粒。"我拿着瓶子看了看，26粒，天啊，然后伏鹰说："那你就折中吃4粒吧。"我说："不是26粒吗？"伏鹰黑线，"是2至6粒啊，亲。"

亲们在四季花海等着啦。我发现很多人在这里拍照，女孩子们长裙子白色上衣，飘飘欲仙。再看我头发散乱，衣服宽大，鞋子里都是水，差距啊！

反爬四海，空气非常好，大家一窝蜂地全不见了，我腿酸，一边踩一边酸，好想下来休息啊，不过我知道只要停下来休息，我就会不想动弹了，要是不动弹，今天就别想回家了。就这样慢慢踩着吧……我让伏鹰跟大部队别等我了，让他们上四海了直接回家把，要是等我晚回家了不好。伏鹰说没事，等到了四海再说吧，在四海拍一个集体照，后面的慈悲峪什么的就不要他们等了。

到四海顶，四海坡顶啥都没有，太失望了。白哥说下面一两公里处有一个观景台，那里好看点。在四海观景台，远处的山雾气飘散，跟人间仙境似的，阳光冲破云层洒下来，一整天天阴沉沉的天都不算啥了,夕阳无限好,即使近黄昏。下坡我又套上雨衣,他们说都不下雨了,我说no!下坡多冷啊。返回黄花城,想起第一次和白哥他们一起骑到黄花城,爬个慈悲峪我都累得气喘吁吁,那时候白哥还和我换车骑来着。那时候我还说那天是骑行史上最累的一次,记忆中那天的返程是下午三点,现在返程是都六点多了。还有八九十公里才能到家,下山路越发长,我问木头这山咋就下不完了呢!山里天黑的一刹那,刚还是光芒普照,马上就暮野四合。有的汽车的灯都不调一下,一晃我眼睛就啥都看不见了,很有当年骑夜里的感觉。我这时疲劳劲儿都过去了,慈悲峪爬上去一下都没歇,真是一个好大的进步,他们总说慈悲峪算坡吗,该不算坡,可是就是这不算坡的坡,我也骑得很慢!

我趁着休息时间把士力架拿出来吃了,很美味,以前我怎么那么讨厌士力架,觉得太甜太腻,现在一吃,觉得很美味,看来是真的有点饿了,体内缺糖了。白哥给我买了罐红牛,其实我一直觉得喝红牛对我没啥作用,但没作用也要来点心理暗示,喝完我就一路对自己催眠,红牛好啊红牛棒,红牛呱呱叫,喝完红牛就能一路横冲直撞。

于是回程估计得30km/h,到城里有红绿灯啊,这样就能在等灯的时间休息一下,不然我这冲得是汗流浃背啊。后来一路绿灯,我就嚎,为什么不等一下红灯啊,还能休息几秒钟啊。

有两个骑车的,暗地里跟我们较劲,大家一窝蜂超过他们,这两只就来超我,一只超过我就在路口等另一只。我跟伏鹰说:"让他们也骑个200公里再来和我们飙。"哼,是可忍孰不可忍,于是我就趴在休息把上,狠狠地踩,非得超过他们不可,不要惹我,嘎嘎……好吧,秒过了,很有成就感。

除了肩膀疼我没啥其他感觉,以前夜骑还有过骑着骑着就要睡着,感觉轮子像压在棉花一样的虚。这会儿感觉还可以,我这是越晚越兴奋吗,都是红牛的功劳啊,嘎嘎,欲订购红牛,请联系123456789,我这广告打得真是不遗余力啊,就是没有广告费,唉。

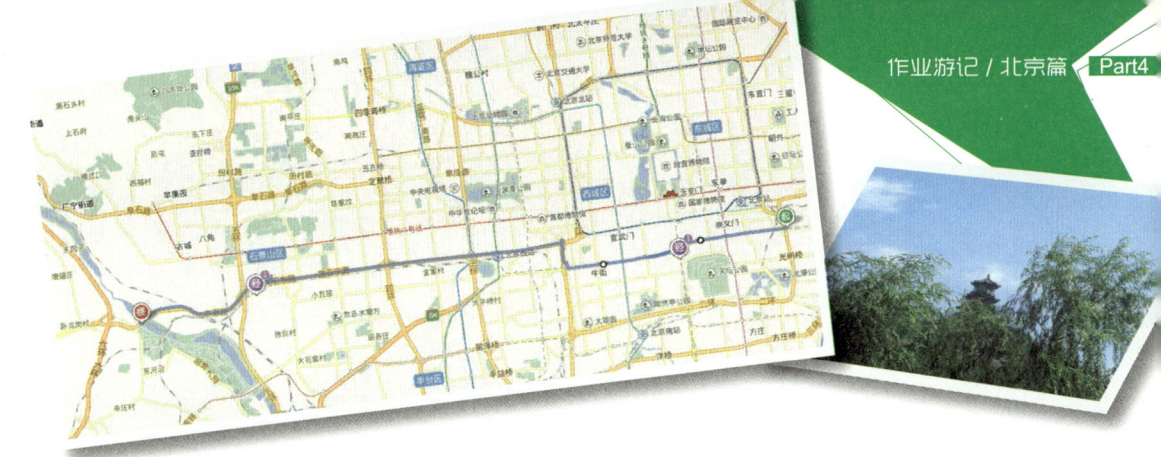

幽速乐骑漫水桥
秋游烧烤畅欢笑

如梦令骑游漫水桥

相约漫水廊桥。休闲腐败烧烤。
三两或比翼，却是月圆花好。
欢笑，欢笑，骑行最美味道。

漫水桥畔风景如画

金光映水水含笑，风拂垂柳柳弯腰。
天拥绵云云遁逃，花团簇人人更娇。

活动帖子发出之后，缺爷问我怎么改专供腐败路线了，我说大活与腐败同抓，自虐并休闲共舞。其实，前段时间我曾就这个问题思考过，并问过圈内朋友的一些意见，我们骑行的目的是什么，难道只是为披星戴月地赶路，然后马不停蹄地错过吗。骑行一年多来，就我个人而言，京畿周边的经典线路去过不少，但仅是匆匆过客，从未真正驻足停留，与美景与天韵进行心与心的交流。我们拼命地想去近距离接触美景，但竞技的味道沾染了欣赏的心情，我们在不知不觉中成了美景的点缀，成了别人眼中的风景。亮哥也说过，对于双轮吻过的土地，他就没真正认识几个。于是乎，英雄所见略同，我们为了探寻骑行真正的意义，发起了此次福利骑行。正如报名帖所言，刷街升级版，无坡路程短。新人送福利，骑友小联欢。河边溜一圈，乐享烧烤宴。不求战极限，只为乐天翻。举目尽欢笑，出入皆平安。更多好活动，诚邀幽速玩。

为了组织好这次活动,周五晚上,管理组就以讨论的名义聚会,当然腐败是必不可少的科目,特别感谢小米赞助的大闸蟹,现在回想依然口水横流。当天晚上,我们梳理了报名人员,确定了准备内容和食材数量,分配了第二天的任务,就在我们刚商量好的时候,发生了小插曲,少爷接到一位骑友的电话,说是错过了报名时间,想参加周日活动,经过商议,我们同意了报名,并重新修改了之前准备的内容。然后,然后就是风卷残云的腐败,哈哈。

周六下午,亮哥、少爷和我三人,驱车奔赴王四营,开始了大采购,肉串、牛仔骨、鱼丸、调料、蔬菜、木炭、餐具等,三个人六只手,空着去,满着回,整整一车,满满当当。当天晚上,我们又在犟犟家穿串、洗菜、腌肉,准备了大半宿,直到月上中天,我们才各自回家,收拾车子准备第二天活动。

周日早上八点,双井车店。我赶到时,大家已经鞍上战马宝剑出鞘,一副随时出征的状态,我提上一笼包子,还没来得及往嘴里送,大家已经把尾灯留给了我。无奈,只好"吃不了,兜着走",把包子挂在车把,边骑边吃。由于今天的主题是休闲腐败,所以大家铆足了劲,在复兴门集合点前好好发泄一下,走到建国门桥前,我看到懒洋洋在打电话,我和少爷便在建国门桥西北角等他,十多分钟后,毫无动静,打电话一询问,原来懒洋洋家中临时有事,无奈只好取消行程,我们嘱咐了几句后,便和少爷开始了追赶前队的飙车之行。天不作美,迎面起风,我们开足了马力,速度也仅仅能在33~34km/h,一到35km/h就是一种爆缸的感觉,及至复兴门,足足两分钟,我俩方才把三魂七魄找齐。这时,大部队正式集结完毕,各路人马在复兴门胜利会师,以腐败的名义,奔向漫水桥。

由于是休闲腐败的主题,路上自然尽是放松与欢笑,在一路走走停停、打打闹闹之中,很快就到了漫水桥。离中午还有好一阵子,公园里已是游人如织,车无虚席,好不容易找了一个理想地点,选定位置,支灶开工。亮哥和少爷高风亮节,确切地说是少风亮节,表示烧烤的任务交给他俩,让我们尽情地欣赏风景。

此令一出,大家立即交口称赞,随即三三两两结伴而去,我交待了一番后,也带着小虎去体验自然美景。微风把天吹的一尘不染,整个公园如雨后青山一般清新艳丽,入目尽是风景如画,满眼尽是怡然自乐。沿着公园内自行车的专用车道骑行,慢节奏的生活相当惬意,如诗的风景醉了我们也醉了时光,不知不觉就过了两三个小时,再回营地时,炉火正旺,牛羊飘香,席子上摆满了各类零售,一些吃货们因忍受不了五脏庙的煎熬,提前消遣起了零食,欢笑不住地在营地萦绕。

酒足饭饱之后,吹着微风打个盹,三两围坐聊聊天,看着夕阳映照下的自行车,好一派世外桃源的画面。日薄西山,我们打点行囊,收拾营地,打道回府,依然是休闲慢骑,依旧是欢歌笑语,没有竞技,没有疲惫,没有风在耳边呼啸,没有数字在海拔计上跳转,只有休闲,只有欢笑,别样的风情,同样的美好。

海到天边天作岸
山登绝顶我为峰

时间：2013年8月10日、11日；

总行程：第一天骑行约170公里，第二天骑行约100公里，累计爬升骑车2200米，徒步爬升800米；

线路：第一天：建国门 — 二环 — 德胜门 — 八辅路 — 西关环岛 — 昌赤路 — 长陵 — 解字石 — 大庄科 — 永宁 — 延琉路 — 延庆 — G110 — 张山营 — 古崖居 — 阎家坪 — 大海陀；

第二天：大海陀村 — 大海陀乡 — 雕鹗镇 — S353 — 后城镇 — 冀家窑 — 滦赤路 — 白河堡水库 — 昌赤路 — 旧县 — 八峪路 — 沈家营 — 延四路 — 延庆归春广场 — 北四环健翔桥 — 各回各家。

江城子·骑游海陀

燕云儿女强中强，赛木兰，胜霸王。十七勇士，笑征海陀乡。纵有山高路漫长，浑无惧，从容闯。

暮至松山森茫茫，为朝阳，背行囊。徒步夜爬，云巅架彩帐。试问天下谁人敌，傲八方，威名扬。

我们踩着暮色走来，
集结在建国门等待。
我们沿着二环北上，
直奔德胜门外。
呼吸着帝都慵懒的睡意，

挥手作别京城朝霞云彩。
霓虹闪烁的车队,
如游龙般将混沌的黑暗划开。
花鼓沙沙的奏鸣,
似激昂的乐唱响了勇士出征的豪迈。

一路向北,
轻松的踏频见证着心情的愉快。
一路疾飞,
只为快点逃离都市的阴霾。
西关环岛旁驻足,
大快朵颐地把五脏庙来灌溉。
水足饭饱后小憩,
兴奋携手愉悦在每个人的脸上写满了期待。
告别了都市的喧嚣,
一头扎进大自然的胸怀。

解字石上,
贪婪地呼吸着属于原始林木的气息。
永宁垭口,
挥汗如雨中享受着太阳神的青睐。
我们不是苦行僧,
苦行只为感悟生命孕育的存在。
我们都是骑行者,
骑行源于对自然的无限热爱。
汗水浇灌过的道路,
才能融入奋斗的历程。
车轮丈量过的高山,
才能开阔人生的情怀。
每一个骑行的生命,
都是一个可歌可泣的存在,
每一段骑行的历程,
都值得我们用灵魂去膜拜。
看那百折不挠的大北,

不论平路山路都默默跟随,
永不言败。
看那坚韧不拔的老刘,
带伤征战海陀,
尽展巾帼气概。
看那爱岗敬业的毛球,
蹲趴爬躺只为一个最佳姿态,
留下瞬间的精彩。
看那娇弱无比的豆豆,
人比黄花瘦,
依旧傲然云霄好不豪迈。

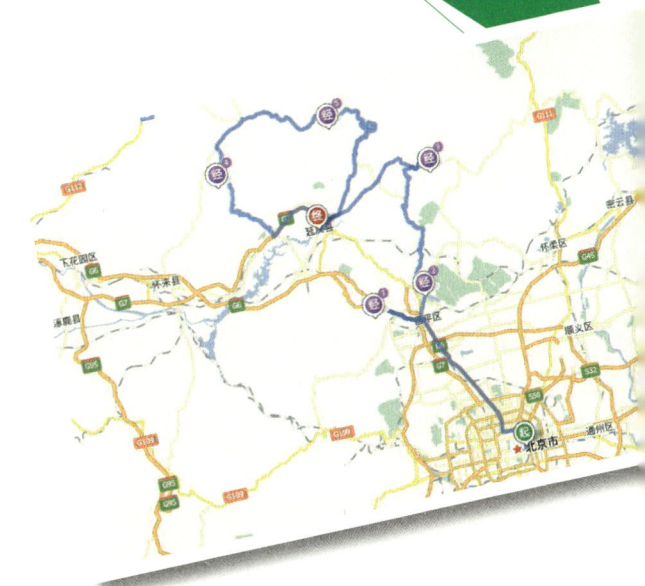

经历过爬坡的艰辛,
才能体会到放坡的痛快。
听疾风在耳畔吹着欢乐的口哨,
看美景在眼角中尽情地变换色彩,
什么生活琐碎,
什么忧愁无奈,
顿时都会被抛向九霄云外。
只剩下激动与兴奋的心,
甚至想让自己化为天地间的一粒尘埃,
融入这如诗的画卷,
浑然一体永不分开。

路过永宁古城的静谧,
透过旧时城楼把厚重的历史积淀撩开,
我们欣慰地看到,
古老灿烂的文明尚未完全被现代文化所淹埋。
玉皇阁上"文献明邦"四个大字,
似乎在诉说,
把我们的思绪又带回到那个金戈铁马的年代。

我们马不停蹄地路过美景,
却从未走马观花的错过精彩。

当永宁、延庆一个个在车轮下来了又走、走了又来，
海陀的气息正向我们扑面而来。
纵使面前还横亘着一座千米屏障，
我们微笑着再上征程，
心中满怀期待，
我们坚信，
胜利已经是触手可及、指日可待。

目光在天堂里游走，
身体在烈日下暴晒。
道路在车轮下延伸，
灵魂在自然中净白。
咬紧牙关，永不懈怠。
挑战突破，永不言败。
终于，
沐浴着落日的余晖，
我们齐聚在海陀村里大笑开怀。

来不及回味路途的艰辛，
黑暗已经悄然袭来。
出征的号角再次吹响，
勇士们重披铠甲，
一往无前地杀向森森林海。

享夜风沁心，听林海涛音，
看天幕繁星，如波光粼粼。
此情此景，
端的一幅大美天籁。
历经两小时的艰难跋涉，
十七勇士成功突破重重障碍，
伴着篝火与歌声在小海陀山上安营扎寨。
凌晨五点，
一片红霞穿出天边暮霭，
山顶众人自发的一字排开。

时间在等待中稍显漫长，
但大家都耐心地注视着天边这位顽皮的小孩。
不久，他慢慢醒来，
也许是因为羞涩，只是探出一点小脑袋。

霎时，
欢呼声、尖叫声、快门声在人群中炸开，
山顶顿时成为一片欢乐的大海，
青春在这里尽情释放精彩。
然而，
美好的时光总是那么短暂，
热情还未挥洒尽兴，
天边已经泛起了鱼肚白。
打理行囊，
拔营撤寨。
如猛虎下山，
似蛟龙出海。
高唱着凯歌，
雄赳赳气昂昂地走下山来。

出征是兴奋是期待，
凯旋是喜悦是豪迈。
因为年轻，
我们敢于挑战敢于突破，
因为相信，
我们勇于拼搏，
勇于创造一个属于自己的骑行时代。

乱花翠围伴莺啼
蔚盖清风醉骑迷

通州运河，一个传说中绿柳成荫，天高云淡的地方。对于一个自诩为文人的骑行爱好者来说，这种文化底蕴和骑行底蕴的双重诱惑，无疑是巨大的。早从2013年开始，我就对其向往已久，十分之想一去，无奈天不遂人愿，本已敲定的行程，因出发前一天自己临时有事，未能成行。想着有时间一定要去补一次，谁知各种杂七杂八的琐事，使得这一路线竟成了一块心病，一拖就是一个春夏秋冬，一季草木轮回。

当时间的脚步来到2014年，对通州的向往并没有随着时间的流逝而消减，反而是不减反增，且与日俱增。终于在草长莺飞、生机盎然的5月，寻得了通州一游的机会。虽说我也算是见过了大活大场面的资深骑行人了，但想到通州60公里组的平路拉练，还是兴奋得像孩子一样。有人说快乐像瘟疫一样传播扩散，对于我而言，骑行的疯狂一样感染了身边的人，在我的影响和带动下，一个从未骑过大活的同事，推着一辆菜车，仅带着一腔激情就毅然决然地加入了我的通州之行，当然，一些骑行必要装备还是我友情赞助的。

2014年5月16日晚，我早早地把车擦净调试完毕，把码表、音箱、尾灯、队旗、气筒等装备和自行车进行了"六神合体"，耳机手台充电、工具备胎入包，一切准备就绪，只待次日一飙。

次日早上5：30，生物钟响，大脑从睡眠模式瞬间转入清醒模式，大约半分钟后，闹钟响，我不得不感叹自己生物钟的精准和闻通州则兴奋的狂喜。一如既往的高效率，起床、洗漱、打点行囊只用了十分钟，5：40准时推车出门。虽已入初夏，但炎热尚浅、寒威犹在，一阵甚至连微风都算不上的气流拂面而过，一股寒意立即侵入肌肤，身体本能打起了哆嗦，看来取暖基本靠抖的时代来过从未离开。

清晨的帝都，饶是周末依然略显清冷，马路上不见了平日里的铁流滚滚，只偶尔飞骋过几辆小车和飘忽的零星行人，街道上冷清的像极未名的边陲小镇，及至三环前，潘家园的鬼市里倒略显热闹，方才能感受到帝都的气息。因急于赶路，只能想象着一墙之隔的旧货市场里面的熙熙攘攘，但也只匆匆一瞥就直奔国贸集合点北上。这一路分不清是兴奋还是驱寒的本能，马力开足一路狂飙，见电动车就秒，见小汽车就追，至于自行车，呵呵，你们懂的，估计他们只能看到一道影子掠过，此处有吹牛成分，哈哈。

待到了集合点，发现只一部分人抵达，原来白哥率领的大部队还在赶来的路上，这帮不靠谱的家伙又玩迟到，干等着也不是，就利用这点有限的时间把早餐的问题解决了一下，十个小笼包，一碗豆腐脑，八分饱，刚刚好。水足饭饱，白哥来到，简单寒暄几句，白哥立马就点齐人马，正式启程。昔日顶着女禽兽、女汉子等众多光环的老刘，在蛰伏了一个冬天之后，身上的兽性逐渐退却，取而代之的是略显柔弱。还未出发就开始减轻负重，连哄带骗的就把一个背包挂在了我背上，可怜我人善被人欺啊。

再次启程，迎着朝阳，整齐的编队一字排开，浩浩荡荡绵延数里，队旗随轻风招展，音乐伴车铃共鸣。行进在京通快速路上，看着旁边的成排林木唰唰后退，视角里的大千世界不断地变换色彩，偶然因红绿灯驻足，看到小路缝隙里一朵未名小花，抬头望见飞鸟划过天际留下些许感怀，一条平淡无奇的路，用心去观察就能品出不一样的感觉。

早上的京通快速辅路，车多人多，路线较直，但路况不是特别好，逆行的、抢道的时不时地会给编队带来一些小插曲，生怕久而久之的编队索然无味，总是会在单调的无线谱上添上几道惊魂的音符。由于是平路，对于一群禽兽云集的队伍来说，自然是张飞吃豆芽，小菜一碟，想着七点半前要签到，所以整个队伍就排山倒海般一路狂飙，汗意刚起，目标已近，在铁流滚滚的马路边上经历了一番极度烦躁后，通州城区的都市气息扑面而来。

早上的通州，虽说是周末，但熙熙攘攘的人群把本以为冷清的街道渲染的人声鼎沸，好一派热闹非凡。骑界盛会，八方豪杰云集，路上不时有各个俱乐部的车队擦肩而过，我们共同点缀了通州的风景。偶尔，在红绿灯前，我们会瞥一眼路边的行人，看神色匆匆或是怡然自得，骑行中感悟人生百态这怕是骑行间隙最令我着迷的一件事。同样，街上的行人也会时不时地驻足注视我们，窃窃私语的谈论或是举起手机拍照，仿佛我们是今天闯进

他们生活中最靓丽的风景线。就像卞之琳《断章》里的意境，我们驻足在路上看风景，看风景的人在旁边看我们；我们点缀了路人的视觉盛宴，路人装饰了我们的骑行梦想。

及至桥头，队伍小憩，一方面缓解下赶路的疲惫，准备全力以赴接下来的60公里，另一方面可以清点人数，顺便集结一下在通州直接集合的朋友们。当然，队内的自恋狂们绝不忘记拍照，有的甚至直接微博朋友圈。大约一盏茶的工夫，陆陆续续的人员到来，就剩下我的一个二货加菜鸟同事人称船长，怕被拉劈，果断地选择了4+2，然后，进了通州发现不是交通管制就是堵车，大费周章把车停好之后，这个路痴又找不到集合点，有一种智商叫做无药可救，有一种二货叫做无懈可击，有一种表达叫做无可名状，同时也有种生气叫做无能为力。最后，不知道是警察叔叔帮忙，还是其他骑友的热心，在大部队出发前一分钟方才赶了过来。

再次出发，通河的清新水气和道路的炙热人气相互交织，一河之隔的楼林与森林两重天地。沿着河堤公路的指示牌，蜿蜿蜒蜒地扎进丛林深处，大约两三公里后，隐约可以看到梦中密集的人影和喧嚣的声响。当是时，车队折下公路，辗上一段莫名的土路，这可苦了队中的公路党，一个个纷纷推车而行，大叫坑爹。长期被公路压迫的山马党终于扬眉吐气一把，此时不嚣张更待何时，我们故意从公路党的身边掠过，而且把飞轮踩得飞快，看着公路党们一个个神情沮丧，我们大呼过瘾。很快，我们停在一片草地上，望着临时广场上密密麻麻的签到人群，我们只好退而求其次，在外围集结，拉起队旗，分发报名表，然后分拨签到，剩余的人员则原地看车，我当然很大度地放弃了先行机会，扛起了看车的任务。

5月，春末夏初，风轻云淡。和煦的阳光透过树冠洒下来，扑在身上，暖暖的，偶尔还有一丝微风拂过，爽爽的，真有一种说不出的畅快。天赐好时节，骑行莫辜负，看着眼前成千上万的同道中人，实乃人生一大乐事。很快，第一拨签到的队友已经归来，交换任务后，我带着新奇和船长一同钻进人群之中。主办方可能考虑到了人员的参差不齐，所以各种指示都十分明确，而且分了多个签到窗口，像我这样证件齐全的，整体签到过程不到半分钟，相当高效和顺利。对于船长这样的菜鸟和忘带证件的邋遢大王来说，主办方也考虑得十分周到，专门开设了专用通道，只不过前面的队伍排的让人有抓狂的感觉。在排队的过程中，我顺便查看了下今年主办方准备的物品，一个骑行背袋，两瓶矿泉水，一个证书，一件黄色套头骑行衫，据说因为赞助商少的原因，今年的赞助用品少了许多，不过还好，以骑行的名义集合，我们寻求快乐不求物质。这次的志愿者普遍效率较高，看着一眼望不到头的队伍，向前推进很快，没过多久本在十米开外的我们就到了台前，办理过程一如既往的简捷高效，十秒钟，船长就报好了名，在处理了下个人事务后，我们再次集结在草地上。此时，广播里已经传出"因此次活动人数较多，各队可自行组织出发"，再一望去，出发处已经人头攒动。这边，我们点齐了人马，也加入了滚滚人流之中。

出发之初，还能保持一字的编队骑行，可是由于这次是纯休闲，队员们实力实在相差悬殊，第一个路口过后，大家就三三两两各自为战了。既然不是比赛不是挑战，我没有开足马力，把踏频保持在一个较为轻松的合理输出，这样既不会耽误时间，也还能欣赏沿途的美景。

沿河的公路没让我失望，传说中的天高云淡、绿柳成荫比比皆是，骑行在林荫庇护下的公路上，享受微风拂面，听着动感歌曲，好不畅快地说。因为有美景、美曲和朋友的陪伴，虽是漫长的行程丝毫感受不到单调，看着路旁不时有驻足合影的队伍，感受着属于骑行人的年度盛会；看着车流中偶尔出现的飞鸽、永久甚至是大二八，体悟着骑行无界限的真谛；看着垂髫孩童、弱冠小儿和花甲老人共道同行，品味着老少皆宜的运动乐趣。

空气中充满着欢乐的味道，对于骑行人来说，每一次呼吸都是吐纳天地间的灵韵，每一次蹬踏都是轮转生命的芳华。

CYCLING IN CHINA　骑行中国

牛刀小试幽速游山吧
酣畅淋漓乐骑不夜谷

上联：天高秋高山高，高士高唱有高趣
下联：通幽空幽清幽，幽速幽逸写幽韵
　　　　　　　　　　——题记

　　光阴流转，岁月消逝，骑龄在码表上的数字中增长，从此，我多了一个倚老卖老的谈资，叫做"资历"。资历这种东西，往好里说是底蕴、内涵，是无形的厚重感；对于像我这种自诩的武夫粗人而言，就是一件华丽的外衣，一层高仿的伪装，或是一种吹牛的资本。有了这"资历"，可以在别人大谈什么三字、六字或是108~109绕圈时，"牛气"地插上一句话；可以在别人大谈踏频、心率或者上锁时，"内行"地指点江山；可以在别人迷惑于佳能戴尔、闪电或是崔克时，"高深"地评价解析……反正是有了资本，就有了底气、霸气、豪气、胆气，像日行百里这种以前的遥不可及变得轻松无比，就像一个多久没骑车的人，因为资历一样得到大家的认可。

　　废话不多说，言归正传。在静海蛰伏了一个多月后，经历了各种翘首企盼和望眼欲穿，终于在8月9日这天等来了遛腿机会。周五晚上开始，心情就激动得久久不能平静，像个少不经事的孩子，一趟趟地检查着车况，检查着装备，生怕第二天的复出首秀出什么纰漏。

　　第二天一早到了集合点，发现亮哥、擎擎、老王等一干众人已经在早餐铺前大快朵颐，听着腹内交响区的指引，我毫不犹豫地停车，坐车，果断地要上一笼包子祭奠我的五脏庙。一顿风卷残云之后，摸着五分饱的肚皮，油已加半，准备上路。

考虑到少爷他们先我们半小时出发，且还是近我们出发，准备后来者居上的我们，个个马力全开，以十二分精神备战平路竞速。一上路，我顿时傻了，这不是欺负人吗，五辆公路车，两辆山地车，我与另一个山地的哥们相视一笑，罢罢罢，好马达不怕架子差，拼了。于是，在禽兽亮的带领下，一路以35+km/h的速度飞速驶向集合点。可能是心理作用，也可能是真的减轻了负重，在卸掉了后货架、驮包和休息把等一干负重后，本只能以33km/h或者34km/h巡航的我，一路35+km/h无压力，甚至偶尔还到40km/h的领域小转一把，套用大张伟的一句歌词，倍儿爽，爽、爽、爽。

话说我们就这么一路飞驰，正当我们在京密路上爽爽的飞着时，手台里不合时宜地传来了少爷的声音，几经确认，这家伙竟然在我们身后，大伙儿本打算在枯柳树环岛集合的，我们竟然在刚过大山子时已经反超，好吧，无奈的我们只能停车驻马，等待后军。

大约过了一盏茶的时间吧，在凯子、亮哥等烟鬼抽了有两支烟后，一队美女方才姗姗来迟，从我们身边掠过，我当时心里还在想，这要是我们队友的该多好啊。思绪尚未落地，但见少爷那经典的黄马褂出现在视野中，一点黄慢慢铺开成一坨黄。竟然是他一个人，什么情况，手台一问，原来众人YY的一队美女正是少爷的"夫人军团"，众狼一听顿时来了精神，纷纷掐掉烟头，披挂上阵，嗷的一嗓子，犹如群狼围羊般向前扑去。待我不紧不慢地整理好头盔和三角巾后，哪还有众狼的影子，我心里大骂一声这群不仗义的家伙，还得无奈地追吧。

少爷的"夫人军团"应该是新人出道，一路上骑得波澜不惊，任凭我们风吹浪打，她们自却闲庭信步，按照自己的节奏休闲地"漫步"在京密路的林荫中。一路上走走停停，禽兽们在前面开路、等候，美女们在后面踱步、文艺范儿，就这样我们来到了枯柳树环岛，预定的最后一个集合点，准备会合小米和少爷的"夫人军团"中最后一员。

清晨的枯柳树环岛，已经褪去了清冷，裹上了繁忙的外衣，说什么铁流滚滚、车水马龙、川流不息都毫不为过。我们驻足在枯柳树环岛，一方面缓解着紧绷的肌肉，另一方面翘首最后两位成员的到来。过了好一会儿，我们用实际行动解释了什么叫"望眼欲穿"之后，终于等来了他们的消息，小米说从昌平直接赶赴山吧与我们会合，少爷的"夫人军团"最后一位估计是觉得少爷有点跌份儿，索性放了鸽子，哎，害我们一场空等。

言归正传，再次出发，我们分为前后两队，前队依然是亮哥领衔的公路禽兽党，上演追风，后队是少爷带领的"夫人军团"生动诠释"只羡鸳鸯不羡仙"，一路的休闲骑游，在每一个休息点都可以充分地放松，在一个加油站边上，还偶遇了煎饼摊，以我为首的一干人等，纷纷补给加油，备战即将到来的山路。

再次前行，怀柔城区扑面而来，在迎宾环岛，我们做了进山前最后一次休整，众人利用这难得的时间放松的放松，拍照的拍照，烟民们自然是急不可耐地吞云吐雾，好一派众

生相。俗语有言,老虎也有打盹的时候,禽兽亮哥竟然露出疲态,完全不顾老大形象,天为锦被地作席,自顾自地席地而躺、闭目假寐。单纯的凯子欲作偷袭,老奸巨猾的亮哥虚晃一枪,以一招骏马扬蹄轻松化解了攻势,一来一去,胜败已分,凯子败走,再也无人敢打扰他的清梦。当然,螳螂捕蝉、黄雀在后,我在确认其深度约会周公之后,对其一通恶搞。

众人齐,征途起。京密尽,京加继。一路编队追风疾,锐势直冲指范琦。拐进了范琦路,车队小集合了一下,交待了后续乃一路缓上,为自由发挥时间,无收无领,山吧集合。一声令下,众人纷纷开启爬坡模式,嗖嗖地向山谷进发。

爬坡模式刚启动,我们还没爽上两分钟,就进入施工路段,大约有两公里的坑坑洼洼,可苦了这群公路党,一个个叫苦不迭,小心翼翼地缓慢通过。这时,少爷、我以及另两个山地,用一句歌词来形容那是"我得意地笑",哈哈,三十年河东,三十年河西,英雄终于有用武之地了。我们嗖嗖地从公路旁边秒过,甚至还故意加速,那叫一个痛快。

美好的时光总是短暂,超过他们没多久,施工路段结束,山马党执政时期结束,众公路一个个又反超回来,哎,我忍了。不过,失落立马被进山的喜悦所取代,随着映入眼帘的雁栖不夜谷,一抹浓重的绿意扑面而来,钢筋混凝土的楼林气息瞬间全无,取而代之的是林韵、山韵、清韵。

往前推个三五年,我相信这条路必定是骑行圣地,但随着山吧的名声大噪,现在的谷里可真是游人如织,各种汽车把本就不算宽阔的山路堵成种"栓塞",现代与原始激烈碰撞的火花,在这里一览无遗。

牢骚归牢骚,论风景、坡度和路况,这条路还算是比较好的骑行路线,对于新人可以锻炼,对于老人或者禽兽完全可以休闲漫步,轻松加愉快,像凯子等人一路拍照,小强等人则是几上几下,一条路,多种趣,无拘无束,乐由心生。

在不知不觉中,就到了莲花池,擎擎驾驶的救援车停在路边招呼着我们进去吃饭,坡在眼前,岂有不爬完就吃饭的道理,交待完后,我和少爷就奔着三道梁而去。离了莲花池,坡度就有所改观,两旁也没有商业气息,取而代之的是完完全全的自然,空气里混合着阳光和森林的味道,每一口都是那么清新。少爷和我一前一后地与地心引力做起了斗争,12点10分,我们登上了垭口,除了一个农家乐,无任何标志性的东西,不过因为之前来过,倒也在印象之中,没有过多的失落,想着底下一大帮人等我们吃饭呢,就没过多停留,各自拍下照片就打道放坡,奔饭店而去。

午饭在队友推荐的一个农家院里,用4条虹鳟鱼来祭奠我们的五脏庙,除了等待有些漫长之外,大家吃得也算酣畅淋漓。饭毕,原路返回。

我们把城市的烦躁丢进山里,带着山里质朴的气息回归城市。幽速乐骑,快乐相随。

骑行，灵魂的旅程
勇士的风情

骑行是骑行者的生命，旅行是旅行者的人生。
——题记

时间：7月13日，14日
总里程：第一天140公里，第二天175公里
活动人员：白哥（刚强），伏鹰，毛球，猪丽叶，阿怪，阿呆，大乌龟，骑行草原，小鱼儿，波波，小米粥，笨笨，骑士独行，独钓寒江，萝卜

一、雨辞公主坟，夜探青龙湖

华灯初上北京城，寰宇氤氲雾蒙蒙。
公主坟前小聚首，十三勇士踏征程。
夜黑雨急路泥泞，苦中作乐伴歌行。
纵有前途路漫漫，笑面荆棘胆气增。

虽然已时隔多日，但那天的情景，现在回想起来依然历历在目，清晰宛如昨日。犹记得那天，我从下午一上班开始便在心中把九天诸佛不论是在职的还是退休的，不论是值班的还是赋闲的，不论是东方的还是西方的，反正是能想到的全部拜了个遍，就是希望晚上别加班，不要影响我梦寐已久的绕圈。不过还真是怕啥来啥，临到下班，来了个活，悲催得只能加班，小宇宙燃烧到1000%，效率杠杠的，电脑键盘敲打得如同弹钢琴般行云流水，终于赶在6点半完活，然后火速回家，收拾装备，打理坐骑，七点准时从潘家园出发，此时离公主坟的集合时间只有半小时。可能一个星期没刷街了吧，积攒了一身的力气，霎时集中爆发出来，看着雾蒙蒙的天，多少有点下雨的担忧，但一想到即将到来的绕圈，冲动战胜了理智，沿二环向北，建国门向西一路以30+km/h的速度狂飙，东单、王府井、天安门、新华门、西单，路标如同胶卷快进般向后闪逝，过了木樨地地铁站口手台有了反应，依稀能听到大部队的回应，尽管车多路窄，但为了不影响大部队的进度，速度再次飙升，终于在迟到十三分钟后赶到了公主坟城乡贸易中心门口，失望并且欣慰的是我不算太晚，集合点只有白哥和骑仕独行二人，仔细一问，才知道木头、笨笨、毛球众人慰问五脏庙去了，一向以食神著称的我，五脏庙早就奏起了交响曲，于是前行北拐找了家包子铺，随便买了几个包子垫了垫，然后等齐了一干众人，雄起赳气昂昂，剑指青龙湖。

也许是好事多磨，也许是天公不作美，刚要出发细雾连成了珠串，豆大的雨点倾盆而下，激打着地面，在昏暗灯光的映射下跳着欢快的节奏，我们出师未捷先避雨，一同躲在屋檐下嬉笑打闹，畅想着第二天的巨大工程。老刘可能因为许久未参加活动的原因，此次出征有点嗑药了的感觉，东打西闹，叽叽喳喳地说个不停，名人就是名人，没过多久，她就成了众人攻击和讨论的对象，什么八卦绯闻什么闺中秘事，现在的以前的，真实的杜撰的一股脑儿全部被翻了出来。也许是这个女禽兽天见犹怜的面孔欺骗了老天，正当她应接不暇的时候，雨小了，攻击自然停止，打理行囊，拍集合照，正式出征。

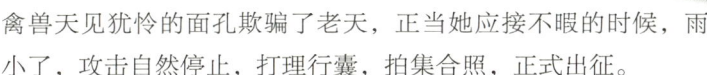

  我们当时选择的市区去往青龙湖这段路实在是不敢恭维，各种"坑爹"，各种状况，好在是距离不长且是大活前热身，征途的喜悦掩盖了对路况的不满，就这样，一路因避雨走走停停，深一脚浅一脚地摸黑找到了提前预订的农家院。在灯光下，从相互的身上终于看清了这一路的泥泞，车是泥裹的，人是泥堆的，连高高飘扬的战旗都写满了泥染的风采。爱车如命的我们，先顾不得旅途的劳累和身上的脏污，不约而同地推车到水池边，为坐骑沐浴。洗净了车，擦干上油并妥当停放后，方才一个个打理自身卫生。

  旅途是集体的，集体是欢乐的，欢乐是短暂的，短暂是永恒的。我们枕着希望进入了梦乡，相约为共同的征程圆梦。

二、霞云岭小狼有奇遇，堂上村邓邓走麦城

  话说 14 日一早，天蒙蒙亮，闹钟声、敲门声、洗漱声此起彼伏，我们挣扎着告别周公的热情款待，强行叫醒沉睡的大脑，打理行装，朝辞青龙湖，踏雾访茫途。

  也许是前夜下雨的缘故，空气中弥漫着泥土的芬芳，让我们忍俊不禁贪婪地呼吸，一种舒服畅快的感觉延伸至每一根毛孔。未及深秋，京郊的早晨已然带有一丝凉意，本来还半睡半醒的大脑被这凉意猛然一激，顿时困意全无，一个个神灵附体般呼啸而去。刚走没几步，队伍被拦了下来，白哥停在一早餐铺前召唤众人打尖吃饭，我们出发得可能过早了，早点铺才刚开摊，好多东西尚未准备好，我们一人要了一碗馄饨两个烧饼，以两位湖南妹子为首的南方派吃不惯面食，各自要了豆腐脑等小吃，大家都明白前面有大活在等着，所以各自也不客气，放开了肚皮吃将开来，我风卷残云地将两个烧饼和一碗馄饨解决之后，觉得意犹未尽，便又吃了一个。古语道，一失足成千古恨，再回首已是百年身，此一小小举动，成为众骑友的话柄，日后被他们嘲笑多日。哎，凡人们不懂，大马力需要大油耗来支持啊。

  填饱了五脏庙，此次征程才算真正拉开序幕。我们编队快速行进，在九曲回肠的各种穿行后，终于绕到了 108 国道上的河北镇。补水，放水，前进。

刚出发时，微风拂面，吹在身上凉丝丝的，极为惬意，可是过了一会儿，一路的缓上，加上一路的逆风，前进速度直线下降，再迎微风拂面时，厌恶感便油然而生。现在回想，一样的风，不一样的感受，变的是我们的心情，而不是风本身。人生本也如此，好多时候，我们的主观决定了我们心情，生活就像一面镜子，你报以微笑他还你开心。

队伍在长操隧道前小停了一下，大伙儿再次出发时，实力上的差距便真真切切地反映到了不断拉伸的战线上面，当战线过长时，收队的烦恼也接踵而来，是收最后的还是应该收最弱的，最后我选择了两者兼顾，在队伍最后两个方阵间来回追赶。各位看官，没有金刚钻，千万别揽那个瓷器活，我前窜后跳没多久，体力就开始告警，两条腿软得跟面条似的发不出力，速度一掉再掉，好在身上背有一收队的面具，可以体面地走在最后，要不然我的一世英名恐怕就要毁于此役了。

这一段路上，毛球有点"菜菜的"，好像灵魂出了窍，完全不在状态，我从后面看着她两条小腿飞快地踩着脚踏就是不见速度起来，有种仓鼠滚笼的感觉。她肩膀上的伤又不合时宜地犯了，一路上不停地扭动变换姿势。到了霞云岭地区时，一辆汽车打着双闪一路尾随我，跟了一会儿之后车上一人从副驾驶上探头出来问道，你们是燕云的吗？我一时没有反应过来，以为是燕云的粉丝，便骄傲的回答，是的，看我们的队旗。车跟了我一会儿后，便扬尘而去，我正纳闷这是怎么回事呢，手台传来了笨笨的呼声"小狼，有辆车，车上有美女找你"，顿时恍然大悟，原来是小狼的粉丝，不远百里出城追随而来，这次第，怎一个羡慕了得。

到了霞云岭的休息点，发现大家纷纷神采飞扬地谈论一个共同话题，我似乎错过了一幕好戏，仔细一听，原来是小狼的粉丝小轮十哥刚刚拜访并离去，大家正对小狼羡慕嫉妒呢。话正浓时，毛球追了上来，肩膀的疼痛似乎已经耗尽了她的力气，连下车都略显困难。毛球的御用按摩师笨笨立刻投入工作，在毛球的肩膀上施展少林失传多年的易筋经盖世神功。不一会儿，毛球的生命值和战斗力已经恢复了近半数，但考虑到真正的考验尚未开始，白哥等众人担心毛球的伤势对其劝退。这个倔强的女孩许久一言不发，我似乎都要看到她眼眶中打转的泪珠，过了好一会儿，她平静地说道，我尽力跟上你们，实在不行我自己原路返回。有实力才会有尊严，那一刻我们真真实实地感受到了，她的作业真的是凝聚了她的血与汗，致敬，向每一个坚持梦想的勇士！

众人刚饮马霞云岭，随即便剑指堂上村。这一路，不得不提及一个名字，石板台，一个让人熟悉而又陌生的地方。半年前，你若问我石板台，我怕是首先联想到的不是地名而是石板搭建而成的台子，如今，这个名字已经伴随着骑行融化在我的骨子里，渗透在生命中。犹记得首访石板台要爬六石路的喜悦，再访石板台是从红井路放坡回来的惊讶，如今三顾宝地，故地重游，则更多的是期待，期待他会给我带来一个什么样的未知前程。Y字路口的小卖店老板依旧热情，只是相比第一次到访，少了一个热心肠的粉丝（那是上次骑游十渡时，在此地偶遇一位大哥，对我们骑行人好是崇拜，强烈要求与我和毛球合影，还传到他自己的微博上，毛球当时感叹道：这是要火的节奏吗？呵呵，我也生平第一次感到自己也有粉丝）。

　　提及石板台，就不得不提及它的地标性建筑绿海红歌广场。我们休息得差不多准备启程时，老刘可能因初次到石板台，对我们置美景于不顾表示强烈抗议，率先策反了一票人马去广场合影，毛球和水吉二位女禽兽欣然响应，弃车直奔广场。好个釜底抽薪的歹毒计谋，无奈之下，我们不等也不是，干等也不是，只好与她们同流合污，一起"嗨"起来。虽然我们人多势众，奈何这三位小主个个都不是吃素的，始终占据着最高点，摆出各种姿势来谋杀着我们的相机内存，等合照完毕后，三女侠方才意犹未尽地走下神坛，让我们这些膜拜了许久的凡夫俗子也上去体验一把一览众山小的豪情。

　　辞别了霞云岭，马上就要迎来此次征程的第一场攻坚战役，飞夺堂上村。经过一上午缓上拉练，大家都已充分热身，听闻堂上村十公里坡，一个个摩拳擦掌跃跃欲试，好吧，果真是禽兽本色。爬坡第一阶段，队伍基本上只分为两个方阵，先锋前队和护卫后队，待第一次休息之后，禽兽们就开始八仙过海，各显神通了，战线也拉伸至前不见古人后不见来者，只有手台里偶尔的嘈杂应答，才昭示着队伍的存在。我是一个爬坡狂人，见坡就撒欢，在收队的位置上交待了几句之后，就一路狂飙起来，好个畅快淋漓。待追到老刘时，发现这位往日的骑行铁娘子今日不在状态，仔细一问原来是昨晚淋雨有些感冒，此时正带病出征。荒山野岭，劝退也不是，加油也不是，只能一路跟随好生照料。骑了一会儿，老刘说饿得心慌，我给她一块压缩饼干，这个倔强的女孩，竟连吃东西的时间也不肯浪费，边吃边骑，好胜至斯，何不让人折服，好吧，我承认，那一刻对你的敬佩之情又多一分。

　　屋漏偏逢连夜雨，船迟又遇打头风。老天似乎和老刘开起了玩笑，本来就状态不佳的她，车又出了小问题，有几个挡位变速不畅，沙沙的打击着链条。我们停下来捣鼓了半天也没弄好，老刘看到众人等她，有些过意不去，就让我们不要弄了，并放出狠话，那几个挡位不用了，据说堂上村后来一段她就那么一路硬磕下来了。

　　经过一上午的连续征战，到了山顶之后大家普遍腹中空空，纷纷拿出各种吃食来进补，同时进行另一重要科目——照相。方才还奄奄一息的老刘，几片牛肉下肚立即容光焕发，转眼间就跳到了山边，大喊一声："伏鹰，快过来，大爷要拍照。"我十分配合地回答道："喳，小主稍等，小的这就来。"一唱一和，引得大家开怀大笑。

　　玩正嗨时，手台里传来木头的声音，邓邓主义体力不支无法完成全程，我们通过手台再三确认他没事之后，让木头将其妥善安置好，再来追赶我们。古语道，莫以成败论英雄，虽然没有完成全程，但是邓邓主义一样是勇士。

三、老刘伏鹰九龙双飞，诺言水吉清河离队

在垭口上集合了众人，我们就开始启程奔赴中午吃饭的地方，这个是大家最感兴趣的科目，所以一个个精神抖擞，大有俺老猪来也的气势。因为上午临时的小状况，我们原拟在九龙镇午饭的计划只能临时改变，白哥、骑仕独行和骑有此理三人，先行一步赶去订饭，还好只放坡两公里就有一酒家，于是我们就决定拿他来祭奠五脏庙。

中午饭比想象中要差许多，无论是数量还是质量，更要命的是偌大一个饭店竟无米饭，这可苦了两位湘妹子，无米岂能成席？我们再三和老板交涉，终于从后厨要来一小碗米饭，好吧，这已经是最好的结果了，两位女侠只能将就一下了。虽然这饭菜实在让人不敢恭维，但是这荒山野岭我们也别无选择，只能风卷残云般先解决饿的问题，然后，就是各自休息，逆风为我们现场表演了睡梦罗汉，水吉则端坐一旁练起了内功心法，揉腹理气，荡气回肠，好不热闹的场景。

午餐结束后，万里长征才刚走了一小步，大家抖擞精神，重新上路。此时，白哥再次上演孟德故计，引诱我们望梅止渴，忽悠道：前面一路二十公里下坡直到九龙镇。话音未落，出门就是一个小缓坡，好吧，白哥，我们什么也不说，事实胜于雄辩。由此，对于后面的路我们也不敢抱以太大希望。只是一步一步寻找着自己的节奏。

再出发的老刘，俨然灵魂出窍，完全不在状态，战斗力由花木兰迅速降低至林黛玉，一副弱不禁风的样子，仔细一问，原来是感冒加重，头疼发困，甚至自己说刚才放坡时睡着了两分钟。放坡睡觉，这四个字如平地惊雷，听得我顿时脊背发凉，立刻让她打开音箱并不断和她说话，生怕她再次睡着。就这样，我们一路以龟速在108上行进着，我心里不禁犯嘀咕：老刘，你这状态，后半程该如何是好啊？

行至一凉亭，众人已在此等候多时，见到我们安全归来，他们悬着的心也终于放了下来，老刘人虽生病，倔脾气却依然不改，害怕耽误大家的进度，坚持要队伍先走，她自己休息一会儿再去追赶。我们商量了一下，决定还是以大局为重，由我留下来照顾她，大部队直取九龙镇。告别了大部队，老刘二话不说，拿起防潮垫，寻一阴凉僻静处就地小憩。

任山风拂面，凉意阵阵，自却不顾的约会周公。本说好了只睡五分钟让我叫她，可是看着她熟睡的如婴儿般甜美，实在不忍心打搅，让她睡足了一刻钟，方才将她从美梦中拉回现实，继续百余公里的挑战。

经过这一小会儿的休息，又补充了一罐红牛，再次上路，前阶段出窍的灵魂正在慢慢归拢，昔日女禽兽的风采也在一点一点地找回。前进，不断地前进，自凉亭至京冀分界的数十公里，她一口气拿下，不得不让人敬佩之意再添一分。

言归正传，由于迟出发了十五分钟，再次启程时，一路上只有我们两个人，不断地追赶，却始终不见前队的影子。在九龙镇岔口，

遇到了给我们指路的骑仕独行,但只一会儿这个骑着公路的禽兽便摇车绝尘而去,只把背影留给我们。茫茫天地间,又只剩老(刘)(伏)鹰组合,不断地前进,向着未知的前程。

横穿了九龙镇,便开始了新的爬坡之旅,此时的老刘,已经找回了迷失的状态,保持着稳定的踏频输出,一路追赶,没过多久,就遇到了笨笨,谢天谢地,总算是看到队伍了,斗志再次被点燃,继续向前秒杀众人。十几分钟后,看到了木头、诺言、水吉等人在路边休息,哈哈,再次秒过。

阳光,暖暖地洒在身上,山风,徐徐地吹在身上,温暖畅快,好不惬意地骑着。看到小狼时,他告诉我们:"毛球这姐们满血复活了,秒杀了众人,刚把我也秒了"。抬眼望去,毛球在我们前方约五百米处,徐徐爬升,踏频丝毫不见紊乱,果然,毛毛虫破茧化蝶,战斗力已不可同日而语了。我对老刘说道:"走,秒毛球去。"并故意把音量提到高分贝,向远处的毛球正式挑战。老刘没有回答,但腿上却明显发力,速度也逐渐起来,300米、200米、100米,终于在距离垭口前十米成功反超,此时,等候的仅有四名禽兽。老刘,从末尾带病征战直追进六甲,众人无不对其佩服加赞叹。

没过多久,后队人马也陆续上来,甚至最让我们感到不可思议的笨笨也没落下多远,成功登顶。勇士,无须惊天动地的壮举,敢于超越敢于挑战,你就是勇士。此次大绕圈,行至109切入点,除一名中途退出的外,至此无一人掉队,再次向勇士们致敬!

夕阳已然垂暮,路程却仍只半途,简单的休整,想想百余公里的归程,众人横刀立马,再次披甲出征。

从垭口放坡下来,路宽车少,一泻千里,好不刺激。也许是归家心切,也许是一路缓下,车队整体行进速度竟始终保持在35+km/h。诺言、水吉因为放坡放得过嗨,竟然没有听到手台里在清水镇停下的指令,一路绝尘而去。后通过手机联系,二人表示归家心切,要先行一步,与大部队就此别过。在征得大家同意后,我们剩余十人,在清水百花人家开始了晚宴,为了前方百余公里的归程补充体能。

四、（完结篇）残奥勇士只身夜骑，燕云禽兽百里奔袭

夕阳已然西下，在天边留下一抹火烧红霞，将这寂静的清水小镇映照得金光闪闪。各地的游客纷纷在此驻足，或河边漫步，或对坐畅饮，或相依远望，一切是那么静谧，那么和谐，古朴中透着温馨。甚至连空气中都弥漫着爱的味道，深吸一口开来，沁人心脾。

我们选择在据说是清水最有名的百花人家饭店打尖，应该可以去掉"据说"，从饭店里熙熙攘攘的人群中不难看出，这家饭店的火热和受追捧的程度，甚至我们落座好久，都不见服务员过来点菜，一个个忙得如陀螺一般，很多东西我们只好自己动手。不过抱怨仅几分钟，迅速上齐的菜品堵住了我们的悠悠众口，细细品来，这最火热的饭店还真不是浪得虚名，饭菜味道的确美味至极。众人又是一顿风卷残云，顷刻间便杯盘狼藉，来不及享受静谧的古朴村落，来不及回味恬静的质朴生活，前路茫茫，我们只能打理行囊，再次出征。

此时的夜，已然黑透，路两旁林木茂盛，鲜有路灯，时值农历八月初十，月如咬了一口的苹果，皎洁的月光洒在路上，将两旁斑驳的树影映在路面上，猛然间多了阴森森的感觉。虽是秋初，但山里的夜已然是透骨的寒意，我们纷纷增加装备，什么抓绒衣、冲锋衣、防风衣全部披挂上身，即便这样，冷不防的一阵阴风，仍然能吹得人透心凉。

大家把手电、尾灯凡是有亮的几乎全部打开，灯网交织在一起，愣是从黑暗吞噬的空间中照出一片开阔来。从远处看车队闪烁的尾灯如一条游龙般将混沌的黑暗划开，好不壮美。

由于行进速度过快，笨笨不知何时掉了队，待我们发现时，相距我们已有一公里左右，好在手台尚能联系，就这样隔空与其联系。难以想象这样一条漆黑幽森的山路，笨笨只身闯下，该是多么大的勇气、胆气、豪气、霸气，向残奥勇士笨笨致以燕云最崇高的敬意！

行进到王平时，一天的旅途奔波，加之山里的寒气侵蚀，老刘的感冒加重，一路上不停地咳嗽，虽然夜漆黑如墨，但我能想象到她当时痛苦的表情，女汉子就这么一路硬扛，强忍着咳嗽的痛楚，腿上丝毫不松劲，一路飞奔，老刘，你还有多少震撼要带给我们！

在京西十八潭时，我们又遇到了此前先行离队的诺言和水吉，顺势决定在此休息，少顷，笨笨追来，至此，十二勇士殊途同归，胜利会师，再次齐聚。列队，再出征；目标，北京城；燕云，在路上；明朝，新篇章。

后记：大部队约晚上十二点左右在首钢东门最后一次集合，然后沿长安街一路东去，各自离队归家。凌晨，十二名勇士全部安全返回，后通过电话得知白天先行返回的邓邓主义也安全返回，圆满的结局。

秋游香山骑马道
车迷美景人醉天

骑遍京畿数十川，行至马道终觉难。
香叶幽林无暇顾，山中但闻深气喘。
燕翔贵地犹胆战，云聚峰顶现愁颜。
最险不过此间路，棒叱骏马惧回还。

  猛回首，遁入骑行世界已百日有余，久闻京西香山乃骑行爬坡之圣地，有马道难，难于上青天之绝喻，心向往之已久，奈何天不遂人愿，曾两次拜访未尝得行。
  概愚痴诚，始动上苍。燕云教父偶感风寒，初定之京北绕圈被迫缔消。然周六良辰，秋高气爽，实为骑行之不二佳日，燕云禽兽不安者众多，遂邀约白哥共聚香山，腐败小游，白哥欣然应之。因临机而决，未曾广发英雄帖，仅召寥寥数人，独享爬坡盛宴。
  晨起，天阴无雨，微风拂面，甚感舒爽。上午九时，白哥、好人、伏鹰、顺金四人齐聚建国门，一路西征，于复兴门彩虹桥处会师笨笨，燕云五人队胜利集结，高举低碳出行，骑游香山之义旗，直奔海淀，剑指香山。
  行至山脚，笨笨掉队，遂队伍就势休整补水，以待笨笨。少顷，笨笨至，众人只留片刻，

便马不停蹄直杀向香山马道。爬坡伊始，顺金神灵附体，好不生猛，一马当先，有万夫不当之勇，见路飙路，见坡降坡，愚尾随其后，但见尾灯，终不能过之。行之一岔口，顺金就势而下，未尝犹豫，愚首探马道，人生地陌，思索再三，故停车以待后队，再做商议。旦夕间，好人至，白哥唤，掉头折上，直指新马道，因无手台通联，呼回顺金之愿只能作罢，但祈殊途同归，于山顶聚首。得知此路前去无岔路，便再无顾虑，率先摇车而去，甘做开路先锋。

香山马道，果然名不虚传，坡度之陡，生平罕见，遂收起轻视之心，打起十二分精神，小心应之。初尚能十余迈直线爬升，不及半程，蛇走之字犹觉胆战。好在心中底数充足，稳定节奏，一路爬升倒也顺利，一鼓作气，未推车而将其克之。陡坡尽，岔路现，再次驻足，以待后队。

久坐无聊，恰逢越野马拉松之赛事，便于之工作人员攀谈，好不畅快。半小时后，白哥好人相继赶至，白哥因伤寒未愈，故不做前行打算，指明路后，好人伴愚再上征程，直指望京楼。

烽烟再起，战事已然大不如前，一路狂飙，轻松取道岔路。拦路人问之，得闻左行为新望京楼，右行为老望京楼，未曾得闻望京楼有新老之分，急煞人也。思忖再三，罢罢罢，新老通吃，不留遗憾。遂先向左行之，连克众坡，于一开阔地，见路中有铁将军把门，前路不通，右侧小坡，坡顶有小楼，疑为望京楼，故咬牙直上，一探究竟。登顶后，见院内建筑土木杂陈，空无一人，楼内隐有菜香传出，四下一转，再无他景便放坡离去。下行一二百米有余，遇好人至，邀愚再上共影留念。

楼前影毕，掉头折返，打道老望京楼。老望京楼较之新望京楼，实则一马平川，约一盏茶时光，成功登顶。念及山下白哥等候，故仍未过多停留，合影毕，放坡回。下至半途，偶遇先前失散之顺金，遂结伴共向半山岔口。

行至岔口，只见白哥一人，问及笨笨，摇头长叹，告之其仍未上来，已存退却之心。本欲取道老马道归，现只能原路回，以捡笨笨。话未毕，笨笨至，众人见其无大恙，故坚持旧计，不走回头路。商议定，即成行，白哥身先士卒，众人相继从之，行至一拱形门，众人喜其特异，遂合影之。影毕，再续前程，行至坡底，偶遇山地车手及其同伴，故寒暄片刻。

继而前行，再无奇遇，一路行至一肉饼店，腐败后归家。

纵观全天之行程，无日行千里之远征，无几上几下之刺激，无山山水水之繁景，唯只一川、一路，然兵贵精而不贵多，一坡之难足以笑天下，今此全程无推车，愚心甚慰，故述以拙文，邀众骑友共勉。

牙璋辞凤阙 铁骑绕龙城

活动背景：燕云骨干成员大漠胡杨因工作原因调往内蒙古鄂尔多斯，与众骑友一别数月之久。大漠苦寒地，无车无友更无京城众多美女，胡杨日日对影独酌，夜夜孤枕难眠，遂思索再三，毅然辞官封印，弃金刀驸马之虚名，千里赴京城，一为重回大千花花世界，二为与众骑友游览京畿名山大川。为庆祝胡杨回归，燕云董事会一致通过，以京北东线绕圈为胡杨接风。一人提议，众人响应，众禽兽闻大活而喜，四方云集，遂一场"休闲腐败"的活动即将拉开序幕，8月24日早，天晴无雨，集结号响，禽兽集结……

话说接连两周大活，先是大海陀骑行加爬山户外，后是十渡两日转了下六石、红井二路，随即直接就来一单日号称240+公里（以潘家园桥为起始点，码表实测265+公里，码表在归程时没电罢工了，最后数据只记录到265公里）的"休闲腐败"大活，且一个星期以来运动不断，周二周四晚上接连刷街，周三晚上羽毛球，周五中午篮球，感觉自己就像上了发条一样，高速地带动着运动的陀螺旋转，怎么也停不下来。周五晚上摸着微微有些发酸的膝盖纠结了很久，要不要去，最后只能问计于苍天，果断扔一硬币，正面朝上，得，天意如此，那就去吧。

周六早上5：30起床，果断先把两袋吃的放进背包，没办法，大马力需要大油耗来支持，不带副油箱不敢出大活啊，然后迅速地穿衣洗漱整理装备，5：40准时出门，自我感觉效率还比较高。五分钟后赶到潘家园桥集合点，看到木头已经等候多时。闲话不多扯，不久我们在早餐店陆续等来了小狼、牙医，四个人风卷残云般地解决了四笼包子、三碗豆腐脑、一碗小米粥和两个鸡蛋。大家虽然觉得意犹未尽，但一看时间不够了，八分饱刚刚好，出发吧。

谢哥，江湖人称牙医，不愧为禽兽中的战斗兽，一上来就是30+km/h的速度巡航，大早上的刚吃完饭，都不给发动机润滑的时间，可怜的我、小狼、木头三个山马党，硬着头皮紧跟，好在早上路况较好，只能咬着牙说，跟得还算比较轻松。在双井桥与白哥带领的众人胜利会师，此次北伐大军算是初具雏形。随即，白哥领队，带领燕云众人浩浩荡荡杀向北去。

到了安慧桥北，谢哥把队伍召集起来，交待了几点骑行注意事项。牙医不愧为牙医，一口的伶牙俐齿、铁齿铜牙，愣是把枯燥的内容讲得一是一，二是二，思维缜密、条理清晰、内容全面、语言诙谐，颇有点领导台上讲话的范儿。可惜舞台太小，如果让他混迹官场，这口才加上这酒精考验的能力，现在怎么也得一处级以上领导吧。

在休息时，我看到了阿怪同学，标志性的背着一抹朱红色的背包，怎么看都透着一股唯美的小清新，阿怪你要是去趟泰国，多少男儿要为你疯狂啊！言归正传，我们继续北伐行程，一路上不停地捡人，甚至到小汤山时，队伍浩浩荡荡，作为收队我都不知道有多少人。到了慈悲峪爬坡起始点，我和另一收队小凯简单进行了分工，他负责捡最后的一个美女，我就从队尾一路狂奔，追赶大部队，顺便查看下队伍爬坡情况。慈悲峪一路十几公里的小缓坡，使得原本整齐的编队立即拉开了战线，好多见坡死的新骑友，一点一点吃力地与地心引力作起了斗争。就我个人而言，是比较喜欢爬坡的，有点儿无坡不喜、无山不欢的自虐倾向，所以一到坡底，喝口水打开音箱，嗷了一嗓子后，挂着大盘就开始飞奔了。看着码表上海拔的不断升高，大都市的气息越来越弱，带着原始气息的绿意扑面而来，阳光暖暖的，绿意融融的，速度嗖嗖的，套改李清照大词人一句话，这次第，怎一个爽字了得。

虽然我一直被他们称之为禽兽，但是平心而论，我一直以新人自诩，本来也是，从五月底接触这项运动以来，至今也就一百多天的经历。可能之前有过运动的底子，在骑行这个领域入门比较顺利，所以在接连经历过高大东、东指壶、四座楼、大海陀等一系列的洗礼与考验之后，再爬慈悲峪就有种五岳归来不看山的感觉，一路大盘加摇车，不知不觉中就上到了垭口。此时，以白哥为首的一干禽兽已经等候多时，哎，我不禁感叹，姜还是老的辣，酒还是沉的香啊！

大家在垭口休息的同时，顺便讨论了下一步的计划，由于新人爬坡能力实在有限，导致我们的行程比原计划推迟了一个多小时。经"燕云董事会"临时协商，达成三点共识：一是原地等所有人聚齐后，放坡到黄花城，新人路线结束，原路自行返回，老队员爬四海放坡到四海镇午餐；二是摄影师大乌龟先于大部队五分钟放坡，寻找一合适地点选择最佳角度，架起长枪短炮，准备留下禽兽们冲坡的风采；三是命牙医与山河两员虎将为先锋，攻下四海山后直取四海镇，联系驿站犒赏三军。

放坡之后，大家就开始八仙过海各显神通了，高踏频的、磕大盘的、摇车的，千奇百态、各式各样。我和小凯站好了最后一班岗，把所有人领到了黄花城下，圆满完成了我们收队新人的使命，稍作休息就一前一后相继奔四海出发了。初秋的太阳不甘心地散发着他的淫威，肆无忌惮地炙烤着我们，尽管是保持着自己最舒服的踏频与节奏，仍然像狗一样大口喘着粗气，汗水从初始的地表渗透到岩石滴漏，再到断线珠帘，继而演变成溪水潺潺，尽管胃里已经是翻腾着各种水的味道，但还是抑制不住由内而外的燥热。随着海拔的升高，蹬踏也变得越来越沉重，但是我给自己定一个规矩，不到万不得已不下车。我一边爬一边想，这群禽兽都哪去了，为什么这么半天一个人影都没见到，以前那种秒人的快感全无，心中空落落的，正当我极度失落时，看到了水吉木头两人，继而又看到小米草原等休息的众人，顿时一种97号汽油加满的感觉，踏着音乐的节奏就呼啸而去。哈哈，随后经历了与大乌龟的你追我赶，又相继秒了三四个人，终于在海拔计到达800时看到了四海观景台，果断下车拍照，然后迅速上车继续，终于在正午12点40分首次爬上四海垭口。兴奋立即战胜了疲惫，本来还半死不活的身体立刻就脉动回来，各种姿势的一通拍照，顺便还利用有限的时间天天爱消除了几把，哈哈，天为锦被地作席，清风绿意醉人迷，席地而坐，边玩游戏边畅谈人生，好不惬意。

在四海垭口，集合了众人，稍作休整，便放坡而下，一群饿狼直奔饭店而去，清凉大哥原路放坡到黄花城与清凉大嫂及一干新人共进午餐，并带新人原路返回。再访四海镇，不同的境遇不同的感受。相比上次雨中的匆匆而过，这次则有大把的时间来一窥她的真容，在群山环抱中的四海镇，静谧略显古朴，人为与自然的碰撞，旧古与现代的融合在这里交相辉映，一山之隔，京城京畿两重天地。我们午餐选择的这家饭店，可能久居世外桃源之地，没见过这么大的阵势，三十二个人，整整霸占了四张桌子，后厨估计是忙得不可开交，饭菜过了好久才陆续上齐。众禽兽此时才显露出一点人的本色，一个个疲态毕露，躺着的、趴着的、仰着的，在上菜和休息间隙尽情地展现各式睡姿，将一套睡梦罗汉展现得淋漓尽致。木头这个腐败分子，享惯了清福，竟然要求单间休息，在我们的一致鄙视下，他一人找了个单间清静地，独自约会周公去了。话说回来，我们吃完饭，白哥召集众人合影并准备出发，由于木头藏得过于隐蔽，我们众多人没找到他闭关清修的地方，所以导致我们的四海合照里没有木头。木头啊木头，在全国大兴群众路线的时候你脱离群众，搞享乐主义，行奢靡之风，没有合照这就是惩罚。

中午拍完集体照，骑有此理还为我们采集了燕云英雄谱的视频素材。随后我们再次分兵两路，大部队继续东进，向东北口关发起冲锋，小熊、旺苗车友一干人等则组成特遣分队，反爬四海、慈悲峪拟原路潜回帝都，杀个回马枪。不过，理想总是丰满的，现实往往都是骨感的，后来得知，小熊在出发后不久就上吐下泻，出师未捷就倒在了出征的路上，旺苗车友等众人将其妥善安顿一农家院后继续南下，小熊则留下静养，准备择日再战。分工完毕，简单寒暄几句后，两队人马便分道扬镳。送走了特遣分队，我们大部队开始进行水源补给，我灌满了两个运动水壶，又背了三瓶矿泉水和两罐红牛在包里，满满的安全感油然而生。这时，手台里陆续传来两声让我帮带水的指令，由于信号不好，我愣是没听出是同一个人呼叫了两次，结果我又买了两瓶，后来我就悲催地背着一书包水向东北口关发起了冲锋。万事皆要有度，适量即可，千万不要过度，安全感也是，本来一包水带来的安全感在爬坡到一半时就完全被肩膀和腰上的酸疼带来的压迫感所取代，骑行在东北口关的路上，感觉自己就像一只行走在丝绸之路上的骆驼，驮着重物忍受着炙烤，你们随意感受一下，此处省略N个字。也许是体力下降的原因，也许是坡度陡然上升的原因，东北口关最后几公里的坡是真心难爬。我本身就是一重量级坦克，还背了好几个副油箱，这样一来，与地心引力的斗争每一下都是举步维艰，音箱也十分不配合的因为没电而哑火。霎时，天地间仿佛一下子静了下来，苍茫寰宇就只剩下我。突然的寂静，一下子把我带进了这如画的山水中，能够更好地用灵魂来体验大好河山的瑰丽。一地一天、一山一林、一车一人，鸟鸣与蹬踏齐和，绿林共长天辉映。

东北口关有几段路像极了高崖口，在神情恍惚中有种穿越的感觉，不知是我们穿越到了高崖口，还是高崖口穿越到了东北口关，由此也引出了小狼在手台里的一阵惊呼"同志们，我穿越到高崖口啦"。东北口关的战斗惨烈异常，众勇士战高温斗酷暑，与海拔斗、与身体极限斗，鏖战数十分钟终于成功将其攻克。登顶之后，白哥忽悠大家"根据我的经验判断，前面应该不会有什么坡了，最多有些起伏路，现在开始就一路放坡到怀柔城区"，听到这句振奋人心的消息，刚才还疲惫不堪的众禽兽立即就跟打了鸡血一样，兴奋合影，收拾行装，打理车辆，整套动作连贯迅速，可谓是一气呵成，然后一个个信心满满地杀向山下。

我们一行人带着归城的喜悦和兴奋一路放坡下来，路两边不断变换着各式景色，从"会当凌绝顶"到"小桥流水人家"，从"古树参天"到"睢园绿竹"，景色的美丽在愉悦心情的衬托下显得格外多姿多彩，让人心旷神怡、流连忘返。正当我全身心享受风啸耳畔、物换星移的快感时，看到前方周舟略显狼狈地站在路旁，面上还微露一丝痛楚之色，显而易见是摔车了。我、木头以及小凯等人急忙停车查看，不幸中的万幸，周舟人车均无大碍，我们用清水帮他清洗了下伤口，又简单地给他调了调车，然后继续我们茫茫未知的行程。

到了山下岔路，雁栖湖的路标赫然在目，我们仿佛都闻到了怀柔城区的味道，此时的雁栖湖路标是那么亲切、那么可爱，每一个字都透着喜悦的味道。

　　天色渐晚，我们在路口未做过多的停留，待众人集结后便再次披挂出征，一道弯拐过后，一条蜿蜒如长蛇般的小路披着金黄的阳光一头扎进茫茫的深山之中，看着码表上的坡度，一路缓上，心里安慰着自己，翻过这座山应该就进城了吧。也许大家都这么想的，顿时，禽兽们集体爆发小宇宙，将战斗值燃烧到了极点，一路缓上仍然保持着30+km/h的速度狂飙。一段时间过后，队伍中陆续有人因体力不支相继减速与大部队脱节，战线再次被不断拉长，作为收队，我只能减速陪着落队的队友慢慢骑，眼睁睁看着禽兽们一个个绝尘而去，只把背影和尾灯留给了我们。前队的身影越来越渺茫，只剩下手台里几声嘈杂的应答，穿越了时空给我们感受一下前队的气息。

　　再过一会儿，眼瞧着距离越拉越大，我只能用手台提醒前队减速。既然快不了，就索性放慢节奏，好好欣赏一下这满山的美景吧。这一瞧不打紧，刚才被兴奋和喜悦冲晕的头脑现在冷却下来，看这地形地貌和丛林植被，计算了一下码表行程和路书上标注的距离差，我突然有一种很不祥的预感，特别是一段缓上之后，又一路缓下，看着不断下降的海拔，套改一句歌词，我是越骑心越冷。眼看着这一片群山，如同当年诸葛武侯的八卦阵一样，进得来出不去的感觉。果然，没过多久，手台里的应答让我的预感变成了现实，从兴奋的加油声逐渐变得沉默，到最后一个个破口而出国骂"**，怎么还有坡啊"。此时，应该配上西游记续集的片尾曲"刚翻过了几座山，又越过了几条河，崎岖坎坷怎么它就这么多"。牢骚归牢骚，路还是要走的，我们现在已然是上了贼船，只能一条道走到黑了。走了一小会儿，意外地发现众人在一个小商店门前集结，我们以为追上了正在补给休息的大部队，仔细一看才发现只是白哥、阿怪、老周等众人。原来，以谢哥为首的一群公路党（其中有几个禽兽级的山马党，例如山河等），已经飙得无影踪了，手台已超出连接范围，无奈之下只能再次改变计划，再次兵分两路。

　　吃饱喝足之后，众禽兽纷纷表示又是满血的状态，一个个傲气十足，剑指残阳，决心要在日落之前冲出重围。整装，披甲，加油，上马，杀气腾腾地扎进深山密林之中。二道梁横卧在前，禽兽们咆哮着把马达开到最大引擎，登顶，只在旦夕。看来，人的潜力都是无穷的，你不逼自己一把，你就永远不知道自己有多优秀。登顶之时，已是日薄西山，森森大山之中仿佛只剩下我们一行众人，望着未知的前路，我们互相鼓励，插科打诨缓解气氛。人员齐整后，合影，放坡，继续前进。三道梁山高路远，到达山脚之时，已是接近六点多了，众人都困倦得如棉花一般，每前进一下，都是在向一个新的极限挑战。此时的我，双腿也有种面条的感觉，胸有万钧力，可惜面条腿不给力，果断打开红牛，给自己加了一点助燃剂。前进，不断前进，蹬踏，不停蹬踏，大脑不断地重复下达一个指令，双腿机械般重复同一个动作，过了好一会儿，红牛的劲上来了，战斗值迅速提升到满血状态，一路摇着车成功登顶海拔1200米的垭口，此时已是华灯初上，众人纷纷补充能量，曙光就在前方，大家反而没有想象中的那么兴奋，一个个极其淡定地谈着爬坡的体会，交流着后续行程的注意事项。借用鲁迅先生的一句名言，此时的我们已经困倦得像一团棉花，而且全部是饥肠辘辘，大家互相分享着自身携带的美食，速食品也吃出了满汉全席的味道。吃完了山顶上的盛宴，刚才虚脱的身体慢慢生出了些许气力，想想遥远的归程，不得不再次打起精神，准备出发。天色已晚，虽未完全黑透，但已经被盖上了灰蒙蒙的一层，我们打开了所有的光源，从漫天混沌中划开一片明亮，保持编队，保持车距，放坡。

  虽然车速不是很快，但坡度大的原因致使高度下降得很快，没过多久，耳膜就有了压迫感，赶快张大了嘴巴平衡一下气压。路两旁的树从眼角疾速闪过，如鬼魅般，夜中放坡别有一番风情。一段急速地下降之后，就开始了缓下，可能是归家心切，可能是顺势的原因，车队整体一直保持着较快的行进速度，如同一把尖亮的匕首直插进茫茫黑暗，起初在黑暗中高速行进还多少带有恐惧，但过了一段时间之后，就只剩下紧张和兴奋，注意力高度集中在行进前方，无暇考虑顾及其他。经过了一片虚无的黑暗，车队突然来到一片火树银花的光亮地，各式霓虹彩灯将这片山谷照得通透明亮，好一片世外桃源。后来得知，这就是大名鼎鼎的山吧。山吧的空气中弥漫着诱人的烤肉味道，夹杂着阵阵欢歌笑语，一切是那么令人陶醉令人向往，要不是归家心切，真想停下来好好感受一番。出了山吧，未及多远，城市的灯火扑面而来，深山的气息已然不再，一日光景，我们仿佛隔世，有种冲破混沌、重见天日的感觉。在一块夜市边，我们停了下来，收拢后面的队伍并稍作休整。人员齐整后，奔着怀柔市区一路狂飙。俗话说心急吃不了热豆腐，越是着急赶路，越是状况不断，刚看到大城市的影子，老周竟然激动得扎胎了，一行山路无事，柏油路扎胎，这胎扎得有点匪夷所思，我只能认为是激动的，哈哈。好在老周是个细心人，带有备胎，我们后面的人七手八脚地帮他换了备胎，然后继续上路。行进到怀柔市区已是晚上九点多了，众人找了一家饭馆打尖吃饭，为最后的六十余公里储备能量。饭后，骑仕独行因第二天有事提前离队，剩余众人重新抖擞起精神，一头扎进回京的茫茫归途。凌晨一时左右，众人除水吉外全部回家，凌晨三点左右，女汉子水吉只身骑回门头沟的家中，单日里程破300公里，至此，所有人员全部安全返回。

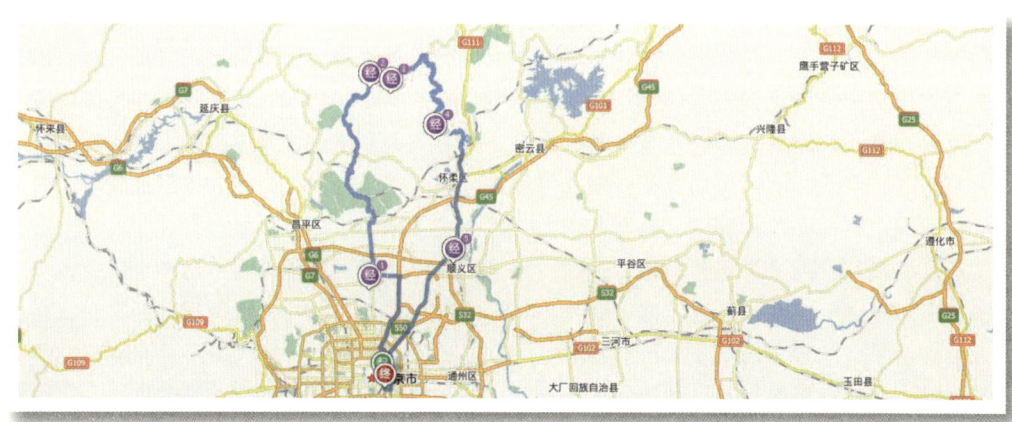

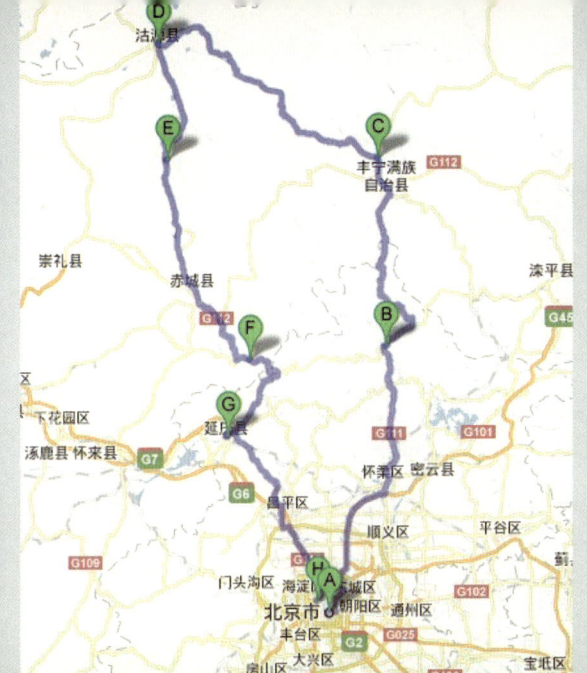

PART 4

北京—坝上篇
（5~6 天）

江月何年初照人

（第一天）

D1：北京市区 — 怀柔 — 云蒙山 — 汤河口 120km
D2：汤河口 — 喇叭沟门 — 帽山 — 丰宁 — 土城 97km
D3：土城 — 窟窿山 — 坝上大滩 60km
D4：大滩 — 闪电湖 — 沽源 — 独石口
D5：独石镇 — 赤城 — 后城
D6：后城 — 白河堡 — 延庆 — 北京

2012年9月30日 北京 — 汤河口

  其实记忆是最会唬人的东西，不记录便会遗忘。太多的东西承载，留住的就是一个个反复呈现的画面，也许我们在敲打文字的间隙里，本来很多遗忘的小细节，会变得更加的鲜活感人。在路上的感觉，让人有时候会怀疑是不是真的经历过，且如酿酒，越发的凝香。这个城市，有着灰蒙蒙的天，深呼吸也都是尾气的浑浊。走吧，外面的世界有动人心魄的美。

几个人在三元桥集合完毕，恣振是佛学院的弟子，所以即使是出来骑行也是僧袍加身。让路人不自觉都看他几眼。阳光穿透树的间隙，光影叠翠，我们排成一条直线，飞速前进。

离怀柔还有十公里，这时候我觉得腿很沉，踩起车来感觉非常困难，这就是平时不锻炼的结果，还让我一度怀疑是不是车扎胎了。我中途停下休息打电话，两个妹妹说她们到怀柔还有好多公里呢，于是我就心安理得慢吞吞地踩了，反正到了也是要等。中午到达怀柔，平路，无风，路况非常好，在骑了六十多公里后，我决定在一片空旷的草地上等最后的两个队员，大家或坐或站地交谈，开始初步的认识了解。我走到一边，在树间来回走动，给外婆，妈妈，姐姐，爸爸挨个打电话，话题是：中秋快乐！其实最开始我是想回家的，并且很认真地想了如何排队如何买票，但最后还是没有成行。假期，不短；家，却在远方。

两个小妹妹到达集合地点，她们的装扮像是出来逛街的，穿着牛仔裤，最重要的是没有头盔。后来在一个小镇，一个队友带她们找到附近的车店买了头盔，头盔是骑行必备的，是为了安全起见。自此所有的队员集合完毕。

下面介绍一下队员：

毛球：组织者，对每一个准备参与的队员，第一句话就是，你来当队长吧。每次都被无情地拒绝，于是毛球就咬咬牙，跺跺脚，上吧。后来明天对我说："毛球姐姐，我发现你在队里主要做的事情就调配。"我点头。

王立民：摄影师，拿着一个五公斤的大炮，在路上忽前忽后找地点给我们拍照。妹子们纷纷举了举相机，结论是——真心沉啊。

石头：账房先生，旅途开始，大家会传阅一下菜单思考吃啥，最后就由我们的先生做决定，他负责点菜付账住宿等一切事宜。

落花：研究路线，压阵，体力很好。背包里装了好多吃的，巧克力豆，糖。

笊篱：研究路线，经常一晃就不见人影，然后骑到某个山头，你会发现他跷着二郎腿抬头看天，听着小曲睡着小觉。

明天，叶知鱼：两个90后小妹妹，昨天买车，今天就和我们出发了，不可小视。

连风：偶遇。经典台词是：闸坏了闸坏了，说话很搞笑，很会活跃气氛。

二大爷：偶遇，带着鱼竿，说要在某个鱼塘钓鱼。和我们骑行2天。

我们常说的一句话就是天下骑友是一家，能够聚集起来一起骑车，真的是一件很有缘分的事情，有的人可能就这么一次的相聚，此后的生命长河，再相聚，很难，缘深缘浅，来来去去。

中午吃饭，大家开始说点六个菜，毛球想了想以前队友们的餐桌礼仪，说："还是人均一个菜，骑车体力消耗比较大，比较能吃。"上菜的速度很快，口味却很一般。大家初次聚餐，如吃猫食一般，最后剩了好多菜，虽然最后毛球发挥吃货精神，一直在坚持不懈的想多吃点，抹着眼泪在那挑挑拣拣了很久，还是剩了很多，心肝疼，浪费可耻。这真的很不科学，这不符合骑行驴的就餐风格。经验告诉我们，骑行后一般都是狼吞虎咽，风卷残云，大快朵颐。

二大爷说："告诉你们一个秘密，大家都去买碳酸饮料喝，里面有糖分，能快速补充体力，实乃旅行必备之良品。"众纷纷点头称是，各自买了碳酸饮料。其实骑行途中喝这个不是特别好，那里一般都含有咖啡因、二氧化碳和磷酸等。运动前后饮用碳酸饮料，会让碳酸饮料在体内产生更多的酸性物质，破坏体内的酸碱平衡。还会造成体内钙质流失，造成牙齿和骨骼的损坏。

这时我一抬头，看见好大一个坡啊。事实证明，远处看着很陡很陡的坡，走近了看，其实坡没有想象中那么陡。所以不要害怕，慢慢踩，你踩一圈，这座山不会长高一米，不要心焦，总会到达。阳光正烈，大家都是精神头十足。你追我赶的往前，我也是闷着头骑。路上遇到五个从保定出发的小孩，都是学生。他们在一个大石头前拍照，我开始以为是自己队员，晃悠着过去抢镜头。一个男生惊讶地指着我的拖鞋说："你就穿着拖鞋出来的？你就穿着拖鞋爬山的？"我黑线："是呀是呀。"其实这次最大的失误就是没有穿运动鞋出来，以为现在还是夏天，一路在路上吃尽了苦头。

到达琉璃庙，王大哥说周围都是山，想去前面15公里的镇上拍月亮，于是大家就一起往前冲，好在路是两车道单向的，是很安全的起伏路。

看到房子的时候，邂逅两个徒步的妹子，我一边气喘吁吁地踩圈，一边问："你们从哪儿来啊。"妹子曰："从北京来！"我曰："走几天了啊？"妹子曰："三天了！""嗯！还是骑车快，一天当三天啊。"

距离汤河口还有200米时，右侧是潺潺流水声，黑乎乎的山头呈现的是剪影效果，月亮挂在山顶上，抬头银辉漫天，水里波纹重重，四周一片静谧。凉风袭来，当时我心里想的就是：在那东山顶上，升起白白的月亮，年轻姑娘的面容，浮现在我的心上。于是我声唱我心，实实在在地哼出了声。大家一阵欢呼，我高高兴兴地拿出相机，然后黑屏了，上面显示：更换电池。我顿时默默哀伤。二叔把相机放在路边的栏杆上，把曝光时间调到最大，勉勉强强拍了张照片。

哎！文字不足以描述当时千分之一啊。那时的情境，那时的月亮，那时的心态，那时的人，这就是喜欢骑行的理由，劳累的身体，雀跃的心灵。

笊篱，石头和落花分头找农家院，比较老板的态度，价格，最后以每人15元成交，很实惠。我去找餐馆点了几个菜，这家做的菜是这段旅程中做得最好吃的一家，吃饱喝足回去睡觉。

农家院的房间不错，被子也够暖，大家洗了澡，我和两个妹子说了会儿话，回顾了一下峥嵘岁月，又接受了一下妹子对我的崇拜，虚荣心得到极大的满足后，大家九点半就趴床上睡觉了。

睡得迷迷糊糊时，我接到一个女人的电话。

女人："你是毛球吗？"

我："是啊！你是？"

女人："你是不是组织了一个队伍骑车去坝上啊，你们队伍有没有一个叫唐 x 的人？"

我想了想："没有！"

女人："啊？不是吧！没有？就是中国 xx 大学的，女孩子啊？"

我："没有啊！啊！xx 大学的啊！有有有！"

女人："麻烦让她接个电话好吗？"

我递过电话，以下是明天和女人的对话。

明天一接过电话，就听到女人的怒吼："唐 x，你电话为什么不开机？两个手机都不开！啊！你想急死我们啊！你怎么这么不懂事啊！"（省略 N 字）

明天弱弱地："手机没电了。"

女人："你还好吧，没被骗吧！要我报警不？"

明天："不用啦，我很好，不用报警！"

……

我拿回电话，心中久久不能平静，儿行千里母担忧啊。那个女人是明天的小姨，这两个小姑娘，年纪这么小，就出来和一群算是陌生人的我们一起骑行，家里人肯定是很担心的，她们在路上一定要好好的，不要出什么意外，不然这个责任我怎么担当得起啊！这时候我突然觉得，当时她们两个加进来，我其实并没有意识到问题的重大，如果她们有什么问题，我该如何是好？于是，难得一见的，我辗转反侧睡不着了！户外有风险，入行需谨慎。出发前的保险很必要。那当年，我在自由转转的心里肯定也是一个小女孩，他当时也许也是提心吊胆的，何况路程还那么遥远，现在很是理解转转经常说队长的含义了，以前在哪里住宿，在哪里吃饭，都是跟在他后面，什么都不管，什么都不操心！

看来，真的是要经历才能懂得。一步步成长吧。毛球，加油！

秋日胜春朝 诗情到碧霄

（第二天）

10月1日 汤河口 — 土城

我一夜无梦，好睡美醒。早上的温度很低，我起床，把牙刷挤上牙膏，一边刷着一边走到水龙头边上，用手接水漱口，刷完牙就着水龙头洗了把脸，真是冰冰凉透心凉。山里的秋天来得比城里早，我心里说没事，冰水能收缩毛孔，美美养颜之佳品。搞定收工，把牙刷往兜里一揣，脸上水珠刷拉拉地流着，碰到连风，他傻愣愣地看着我说："我以为我已经够简便了，没想到你比我更狠。"

进入了郊区，去一个早餐店，看到很多当地人都在喝羊汤，入乡随俗，大家每人来一碗，真是超级咸。石头说："咸补充能量。"于是我咬着牙喝，喝光。不能浪费，浪费是可耻。当然和尚哥哥吃的别的。

道路窄窄的，看到两个小姑娘在前面的黑白色背影，我很欣慰地笑，恩，小姑娘果然是很有体力，这第二天就冲到前面去了。太阳升起来，影子拖得长长的，光影叠翠。在一个分岔口大家停下来休息，坐在石墩上，自动忽略天然凳子的凉意，阳光照在背上，一会儿就暖得不想动弹了。

10点时经过一个小镇子，三叔买了一袋子的枣，个个红彤彤可爱，咬起来跟掰芹菜秆子似的响亮，水分十足，大家吃得异常满足，这和在市里买的相比简直不在一个等级上啊。吃完大家看看后面高高的山，马上就要爬坡了，真刺激！于是我就紧紧地跟在石头后面不放，山路十八弯啊，我要保证他消失在一个弯后面时，跟住他，一定要让他在我的视线范围内，这样我就不会松懈。还是踩着拍子骑，跟住了又是自己的节奏，踩1000下，休息一两分钟，踩1000下，休息一两分钟。这个方法不错，前方有目标，就有了不断向前的动力。

路边岩石上的叶子红得艳丽，北京现在还是夏天，这里就骄傲地鲜艳起来。在我的记忆中北京的秋天就是呼啸的北风刮起，浓绿的树叶一夜之间就光秃秃，然后就是裹紧羽绒的冬天，从没想过秋天还能这样五彩缤纷。博士嘴里叼着草躺着，跷着二郎腿，抬头看着风轻云淡。石头也去躺下了。我的躺下不是看天，是找睡觉的好地方，可是躺着不行，太难受了，我又下来坐在地上，用头巾包住眼睛，靠在驮包上，这个姿势不错，睡觉，睡得迷迷糊糊。三叔说刚一个大货车离我的腿不到半米就这么呼啸而过。啊？有点后怕了，这么危险，赶紧缩腿。等了估计一个多小时了后面的人还没有来，奇怪，怎么这样慢呢？打电话，和尚哥哥说小女孩的车坏掉了，在拦车，她去丰宁修车，在那等我们。

12点，进入无穷无尽的爬坡阶段。大家先在一个空地上休息，每个人都拿出吃的，开始补充体力，遇到一组反方向自驾的，问前方路况，答曰都是上坡。这就是传说中的帽山了，现在看到上坡，竟然是雀跃的心情，不管多长多陡的坡，一步一步慢慢地踩，总是会到达，一个弯接一个弯，你永远不会知道会遇到什么人，发生什么事情，上坡就意味着会有下坡，上坡有多累，下坡就有多爽，在向上的过程中，你的汗流浃背，你的喘气如牛，你的肌肉酸疼，会让你无时无刻不在低语：坚持，坚持就是胜利，于是，在这个过程中，你就爬上去了，回头再想想，不就是一座山吗，怕啥？

下山，我让叶知鱼在我后面，不能超过我，只能在我后面，我下坡的速度很慢，30~40km/h，转弯的时候20+km/h，小女孩几次想超我，被我说回去了。下山快下完的时候，有一个非常不起眼的减速带，二大爷冲过去想转头提醒我们注意，转头的瞬间摔跤了。驮包摔出去，人倒在地上，我瞬间就脚软了，不知道伤势如何，还好没有大事。看到大爷摔伤了，小女孩不吱声了，我说："知道了吧，一定要在我后面，慢点又不会有损失，十次事故九次快。"

进入丰宁，天色暗淡，大家在一座桥上等明天，三叔不知道从哪里摘了把黄色的野花插在把头上，我看着好开心，嚷着我的爱车也要戴鲜花。

晚上住在土城，舒舒服服洗了个澡，和老板娘聊天，她说她也骑车玩，不过她就骑半天，没有像我们这样骑长途，其实这个算小短途。我们和几个向反方向骑摩托车的大哥聊，我们用掌声隆重欢迎大哥致辞，大哥说前方都是坡，有土路会颠。我心想会有新藏线上颠吗，说得我骑过新藏线似的，其实那时我还没有骑过。

晚上大家就开始热烈讨论是继续往前还是返程。我开始统计大家的意见，最后的商议结果是继续原定的计划。

谁持彩练当空舞

（第三天）

10月2日 土城 — 窟窿山 — 坝上大滩 60km

  早上出门，我看到一对儿夫妻驾着小驴车，晃着小鞭子，踏着一地金黄出门劳作。我瞬间觉得心里软软的，有意骑得很慢，跟在小驴车的后面，看着晃晃悠悠的小板车，其实，我很想也上去坐一坐。晃着晃着，太阳就在这样的颠簸中慢慢升起，温暖大地。

  途中的坡很缓，逆风，大家很自觉地排成一条线。我一坐坐垫屁股就疼。这么一排队，速度是18km/h，我在车上坐卧难安，简直是咬牙切齿。于是我打声招呼，就风一般地冲到队伍前面去了，速度起来，屁股就没那么疼了，冲出去一段路，停下来等队员们，在路边冒充了一会儿交警，远远看到队伍上来，很威武地挥挥手，他们一个个依次通过，我又发了会儿呆，骑上去，风一般地追上。这个风是什么速度呢？28km/h？忘了，反正快一点，屁股就没那么疼了。

  今天海拔要上升一千米，爬坡，我又满心欢喜了，总觉得，出来不爬坡，风景都没有格外美丽，爬坡后看到的美景才更美。

　　快到中午，看到路边有一个餐厅，餐厅里里外外很多人，我上前一问是有人在办酒席，没有地方吃饭了，我实在是饿，饿得头晕眼花，没有力气我就爬不动啊，于是我去厨房买了三个馒头，问了一圈没人要，都嫌弃只有馒头没有菜，哼，这么白花花软乎乎的馒头还嫌弃没有菜，我吃了一个，王大哥吃了两个，干馒头就白水，很好吃就是有点噎。大家休息了会儿，问酒席什么时候散，答曰一个小时。半小时后有一桌散了，于是大家点了菜，沾喜宴的光，嗑了点瓜子，吃饱喝足爬坡去。

　　哼哧哼哧的用2-1爬坡，哼，前面的1又下不去了，这下我能很自豪地说我上坡不用1-1，小毛说宁愿推车也不用1-1。我骑着骑着就超过了叶知鱼妹妹，我说你快换小圈啊，用大圈多累啊，妹妹说小圈踩好多圈都不咋动，我说好吧，那我先走哈，一慢我就累。后来才知道妹妹的车是不能用小圈，是1-7在爬坡，她也没说。顿时觉得我的2-1简直弱爆了，当我找理由说车这不好那不好我才慢，简直要脸红了，妹妹这样的车都能上坡，说到底都是发动机啊。骑了一会儿，妹妹看不见了，我担心她要是遇到什么事情该怎么办。于是我下车当了会儿交通指挥员，看到反方向的骑友就大声说："加油！"说完对方更大声说："加油！"果然是应该对方说，他们是下坡，我们是上坡啊亲。妹妹赶上来，我又骑上去等，妹妹再赶上来。如此这般，和尚哥哥，石头哥哥在另一个山头得瑟说："快点啊快点啊，加油啊加油啊。"哼，不理你们。

　　这个坡我是踩1000次一小歇，5次小歇就是一大歇。我蒙头骑一个大坡，这时开过来一个拖拉机，后面是玉米秆子。我想着好，跟着这个车，不能落后，然后就能爬到顶了，正追得欢，明天妹妹竟然赶上来了，好家伙，妹子不错啊，竟然赶上来了，一回头，好几个爷们在后面琢磨是推是骑呢？妹子伸出小手就想去抓玉米秆。"No!"我大喝一声，"不准抓，自己骑。"妹子弱弱地说："是和尚哥哥说追上拖拉机就能抓着车子走。"我狂怒，"等下我打死和尚哥哥，好的不教，教坏的，这车要是突然停下呢？要是倒退呢？多危险啊！不准，任何情况都不能去抓车。"妹子说："我就是因为想着能抓车，才能骑上这么个大坡的。"恩，妹子前途无量，禽兽进化开始。上坡完毕，停车候人，等他们一上来，妹子们狠狠地得瑟，我一掌朝和尚虚空挥出，"你怎么能教小女孩抓车，多危险。"和尚说："这车慢，没事。""慢！慢也危险，反正不准抓。"

看到一大片的白杨林，夕阳西下，如梦如幻。春不舍，夏未远，秋悄临，冬已近，于是绿色黄色红色交相呼应，在云层天然的柔光镜下，妩媚的风姿，倔强的体态，只可远观，几个妹子一瞅倾心，停下车，朝三叔嚷着要拍照，三叔说他只有手机，妹子们说手机也来几张。王大哥吼："上来，上来，上面更好看。"哦？上面更好看。那就继续拐一个弯吧，这个弯还是很陡，但是想着能拍照，妹子们瞬间都打了鸡血。嗯，今天的照片拍得果然很不错。

我看着背后的美景，一摘头盔，一抹头巾，一拆头绳，头发就披散下来，然后拍拍脸颊，鼓鼓眼睛，显得我又意气风发。什么爬坡喘得吐舌头，什么黑丝胡面，什么眼冒星星都是过眼云烟啊。我在山边抱着头盔，迎着狂风摆了很久，天边晃悠悠飘来一朵乌云，大家瞬间泪奔，大呼小叫地赶紧上路，老夫掐指一算，妖风来袭，尔等速速撤离。

想和乌云赛跑，我们输了，风大起来了，手脚冰冷啊。我后悔得肠子都青了，为什么不带双鞋，我以后再也不敢穿拖鞋出来了。

侧风，大家都走散了，拉的距离有点远。路上没有一辆车。我就逆行，骑着骑着就从逆行道吹到顺行道，又去逆行道，又被吹过来，这要是右侧骑，就会吹到沟里去了。远远听到轰隆隆的声响，车子被风吹得走不动了，这妖风，很有当年在青海湖的风采啊！真爽。靠边停下，轰隆隆的声音越来越近，原来是另一批骑士来也，用将近300km/h的速度（这个速度是后来大家猜的）呼啸而过，我看得目瞪口呆，这速度也太快了吧，只能看到一个个虚幻的影子啊，他们隔着半里路的距离一个个呼啸，真心爽歪歪，我一边觉着危险一边觉得爽歪歪，琢磨着哪天也这么来一次呼啸。

风太大，大家决定早点儿住下。于是大家去了一个农家乐放好行李，就在村子里溜达，和尚哥哥又去买了好多零食。三叔和妹妹们商量着去骑马，我看风像刀子似的刮脸，这要是骑马，不就是切肉了吗，我坚决不去了。住的院子外面有一个秋千，我坐在上面晃了好久。雨迟迟没下，倒是天边的夕阳，突然出现，群山黑场，西边一片嫣红，烧红了半个天空，偏偏暮野四合，人影绰绰。山脊镶上一道发光的金边，是画家用颜料调不出的辉煌。祥和又热烈的氛围，大家一阵惊呼，感叹无论遇到什么困难，看到这样的夕阳也值了。

晚上大家在石头的小屋一边嗑瓜子一边聊天一边看月亮。哈一口气在窗台就凝成霜，晚上的温度很低，大家在房间聊到很晚，什么都说，天南海北，不同的生活方式，不同的生活态度，因为对骑行的热爱，大家聚集到一起，抛开俗世的一切，单纯执着走向远方，远方有浓烈的夕阳，有宁静的月光，有我们。这便是要骑行上路的缘由。

落日山水好

（第四天）

10月3日 大滩 — 闪电湖 — 沽源 — 独石口

  早上风特别大，太阳还没有出来，温度很低，我穿着拖鞋，没有带厚袜子，风嗖嗖地刮，不到几分钟脚就冰凉。我手上的手套是半指的，手一会儿就冻僵了，感觉已经握不住车把。还好王立民大哥借了我一双厚厚的长袜子，非常感谢。翻遍驮包找出塑料袋套在手上做防风。出发前的准备工作很必要，防患于未然，主要就是保温，手上的手套最好是全指的，极端条件下，塑料袋能防风，再就是洗碗用的橡胶手套防风防雨又保温。

  路边的玉米地变换成了草场，显然是被收割了，一小堆一小堆的在地里沉睡，远处的山安安静静地守候，仿佛是最坚实的后盾。清晨的坝上很冷，风也很大，所有人都穿上自己最厚的衣服，这时候是体现团队精神的时刻，大家如大雁南飞自动排成一字，这样会省力很多。大家在大滩这个小镇吃早餐，我看到有游人开着小轿车在小道上穿梭，有当地人衣着朴素牵着马，马上面是光鲜亮丽的城里人。马蹄在地上噔噔作响，如一首交响曲，有节奏有韵律地舞动，路边的早餐摊间或吆喝一声，清晨最美好的时光开始。旅人在这里猎奇，当地人从容面对，喧嚣或热闹，可否能避免每双纯净的双眼染上金钱至上的无情。我不太喜欢太商业化的地方，觉得世界上最美的风景应该是免费的。

路过一个景点，有很明显的翻修痕迹，很做作的仿古建筑，石头和恣振爬上对面的高山说景点看上去一览无余，没有花一百元门票进去的必要。于是队伍稍作休息继续往前。过了张家口的界牌，往前走几百米，左拐可以去闪电湖。闪电湖很美，一路走一路都是美景，闪电湖地处河北沽源，是滦河上游最大的湖，因入湖前的河流为闪电河而得名。据说在高高的天空上看她就像一道银色的闪电，所以当地人叫她闪电湖或闪电河。

骑过一个小村子，又经过一片小树林，风一吹，有队友奔跑着带动的响声，满天的乌鸦便黑压压的从这棵树飞到那棵树，在蓝天白云绿树的衬托下显得格外壮观，有人说乌鸦代表不祥，王立民大哥说："只是一种可爱的鸟类，不要戴上有色眼镜去看大自然。"它们在这里栖息，在这里觅食，在这里自由自在地飞翔，吉祥与否都只是人类一厢情愿的强加。队友们骑着自行车冲到树林里，地上有厚厚的树叶和小石头。骑不动，大家却都在兴致勃勃地想踩动轮子。抬头，阳光透过树的间隙洒进村落，一片金黄，我们在小树林这片金黄的天地中展现最柔软的内心，一切的繁杂、俗世都被隔绝在外面。

经过一条小路，路的两边是黄透的树叶，树叶在微风的吹拂下闪闪发光，这光比阳光更跳跃，仿佛是树梢尖跳舞的小精灵。满目的金黄仿佛是世间最阳光最温暖的颜色。连风把音乐关了，说这么美的路不能有音乐来打扰。我们骑在中间，仿佛在画中游，再加上一点点的小下坡，基本上不用力气来踩踏。路面上是树的影子，经过的时候在身上滑过，仿佛走过的是时间隧道，悠长曼妙。远处的湖水在阳光下闪闪发光，似一颗颗懵懂无知的黄金，变换着跳跃着在水面沉浮。风从远方来，吹散一地金碎。我想躺在这厚厚的树叶上，看被金黄繁绿遮不住的蓝天白云。蓝天白云如此纯粹，我们醉氧醉阳光醉这一池秋水。心在这样的阳光里飘摇成了水底那株柔软的水草。在天苍苍、野茫茫的草原上闪现出这样敞亮清澈美丽的湖水，怎能不让你感叹大自然的神奇！芦苇荡随风晃荡，我们在其间漫步，心爱的车可以在马路休息。无意间我们在这里遇见了最美的秋天。

城市间是越建越高的楼，我们在乘坐小盒子的电梯去往最靠近天空的楼层，往下看却看到雾霾下浑浊的天地，以为蓝天白云是一种可望而不可即的奢侈。我们很少看到太阳从东方升起带给白云怎么样的盛宴，我们很少看到太阳落下留给彩云怎样的留恋，我们很少注意到月亮每天晚上出现在天边展现的不同妆容，我们很少知道天上的星空什么时候眨眼，我们抬头看到的是雾霾。多么庆幸能看到这里的一切，大自然的美一直都存在，我们出发，去到我们没有到达过的远方，才知道天地这么广大，我们这么渺小……

我们坐成一排，看天边的云不断地变换着形状，说着照相机在这个时候是多么不恰当的一个存在，这里的360度无死角4D影片，平面的图片如何展示。湖水每一秒都在变换光的色彩，风经过时，树叶或在树梢尖奏起欢快的舞曲，或随着风的旋律跳跃到空中的舞台……若时光能暂停,便是这永恒的一刻。你问我什么感觉,我想这就是幸福。

骑行的路上并不总是有令人窒息的美景,我们在这里就是生命最美好的恩赐,这一切或许就是我们辛苦爬坡的奖赏。

有放马的农民老伯坐在地上抽着旱烟,石头过去和老伯聊天,老伯说他的主要收入就靠这六匹马,用于旅游。老伯还说:"你们明年还来玩吧。"大家都点头,"必须来。"来年,我们并没有去,愁振后来去了新藏线,明天这个小姑娘去了青藏线,石头主要徒步在青山绿水间,我用周末的时间把北京的周边骑遍,我们这群人再也没有一起聚过了,有的人一辈子的缘分可能就是点头之间,可能是一起看过在某个时间段的山和水,然后就是各散天涯。缘深缘浅,也许有一天我还会走一趟这里的线路,也许那时,天还是这么蓝,云还是这么白,水还是如此清,也许还有老马在悠闲吃草,耳鬓厮磨,也许老伯继续抽着烟晒着太阳吆喝着游人骑马,可是这个年纪这个岁月的我们,却永远只存在在记忆中,回忆是最美丽又最碎心的感念。珍惜,感恩,继续上路。我们的人生也如这样的一场旅程,和不同的人,遇到不同的风景,有不同的喜怒哀乐,一路往前,没有回头。

一路到沽源,我们看风把树叶染成不同的风采,有的是繁茂的绿,有的是璀璨的黄,从深到浅,从浅到深,在阳光不同角度的照射下又呈现不同的色彩。我喜欢这里,喜欢这条线路。

晚上,我们到达独石口镇,这是一个很安静的小镇子,我们从路口到镇子,一个人都没有看到,我们都说刚进来像生化危机的感觉。最后选定的这个农家院很有感觉,自己的炉子烧水,井水自己抽,很像家乡的井。屋子里有昏黄的灯光,大家团团坐在一起家长里短。头发被染上一层毛茸茸的金边,很安逸幸福。

CYCLING IN CHINA　骑行中国

山山皆秋色 树树唯落晖

（第五、第六天）

10月4日、10月5日
D5 独石镇 — 赤城 — 后城
D6 后城 — 延庆 — 北京

　　今天早上出发，空气依然是清冷的，几天的行程下来，大家之间的情谊加深，也有了更多的了解，更多的默契。恣振是一个话痨，因为是佛学院弟子，他吃素，他总说当年他们骑川藏线的趣事，说路上很多女孩子看到他，就叽叽喳喳凑过来，对他说，"求合影。"恣振就回一个字，"滚"。恣振说如果一张照片上有他和女子的照片，希望大家不要传到网上。平时我们有什么东西要递给恣振，一般都是转交给一个男队员，再由他转交，或者递给他时避免肢体接触。

　　两个90后的小姑娘，骑着新买的山寨车，还是学校的学生。她们报名参加的时候，我开始是不同意的，因为她们从来没有骑行的经历，后来聊天说起来，她们说，十一这么几天的假期，其实也有别的选择，但想到去到未曾想去过的远方，可能会遇到不一样的风景，于是她们选择了跟我们一起从北京骑到坝上。叶知鱼的变速坏了，后面的变挡不能动，于是爬坡她前面是1，后面是7，平路前面是2，后面是7，我们爬坡到累的时候一般是前面1，后面1-4，可想而知这个姑娘的忍耐力，这也让我对新人得态度有了改观。她们在我问她们体力的时候很自信地说体力很好，事实证明她们的体力确实很好，她们还有没有出校园的青涩，如雨后的青笋，渴望成长，等待雨来。于是我就和她们说了很多路上的趣事，可能在路上最重要的是一种心态，体力反而退居其次。

　　中途经过一座小桥，桥下是潺潺的流水，清澈见底。地上是青青绿绿的小草，树的颜色也是青青绿绿，大家吆喝一声，集体下车。石头说这里好像电影《雏菊》中的场景，大家直接坐在桥上，小腿在空中悬挂，看着远方，能发呆一整天。我们坐在桥上看风景，也是看风景的人眼中的景。风景是流动的，我们的眼睛看得到的色彩，我们的耳朵听得到的风声，我们的心感受到的绚烂，稍纵即逝，那么留住回忆吧，回忆是永恒的。无论什么时候拿出来，都很醇香。

晚上入住后城。这是一座有人气的小镇，有一眼望到头的街头，两边是小卖部小旅馆。街道不宽，有很古老的木板瓦砖房，这是一个有历史的小镇。我们几个女孩入住的房间是前段时间老板家小孩的婚房，墙上还贴着"囍"字，房顶也挂着彩带，大家笑呵呵地说真是一件吉祥喜庆的房子。后来的后来我又去了后城，还是在这家店吃饭，我直接跑到一间房子，说去年我们住的就是这里，老板娘把我拉出来，说："不对，你去年住的是隔壁这间。"我很惊奇地问："老板娘你还记得我啊。"老板娘说："怎么不记得，当时你们还有一个和尚呢，还有两个小姑娘呢吧。"回忆是奇妙的体验，会突然给你惊喜。

问老板娘附近有什么好玩的地方，老板娘说离这里不远有一座山，是单独的一块石头，山是断掉的，名字为赤壁。因为时间很充裕，于是大家决定上午去山上玩。凉风习习，太阳出来照射在石壁上，没有沟壑，光滑的一面山壁，被照得红彤彤的。其他的山被隐蔽在阴影中，半明媚半忧伤。开始的路是水泥路，慢慢的就是砂石路，越往上，山路越陡峭。实在骑不动，大家全体下来推，推也很累，坡度实在是太陡。这里不是景区，所以没有游客，没有随处可见的塑料垃圾，只有我们在。没想到在山顶我们看到了一个小村庄，一个很古老的小村庄，房子是土砖砌成，有院子有柴扉，如果有影视剧要取古代的景，这里是最佳选择，古老的痕迹无需修饰。只是整个村庄看不到什么人。

我们好像是第一批到达这里的游客，窃喜并自豪，相互约定说不要在网上说出这个地方，不要说明地理位置，我们可以跟自己的朋友们说。如果在网上公布，也许以后这里就是一个多少A的景点，越来越多的人来到这里，带来相机的咔嚓声和城市化的垃圾。后来我们知道其实这个地方很多人都知道，可能因为道路远且陡，上来的人不太多。

山路到尽头突然断掉，没有山重水复疑无路，是真的没有路。叶知鱼站在靠近悬崖的地方久久不动，看山脚下的村庄纵横交错，我们喊她注意危险，她回头微笑，点头表示知道，然后继续看着远方，她在看什么呢？每个人都有每个人不一样的回忆吧。

下山速降，队员们基本上个个扎胎，山路果然不是白走的，给每个人都留下了痕迹。

回程大家用很快的速度赶上了最后一班从延庆到北京的S2，拆了前轮就可以上去了。车厢很空，车里基本上就是我们。希望这条线路能尽快恢复能上自行车的规定，这样我们就能去到更远的远方。

PART 4

作业游记

青海湖篇
（3~5 天）

西宁你好，西宁再见

2012 年 8 月

8月份，很多地方热得不知如何是好。可是在西宁，人们都穿着长袖或者短袖加薄外套，这里的人少了些躁动不安，多了一份清爽自得。

骑进西宁这个城市的时候正是傍晚，十字路口两边都是红灯，我看红灯快变绿，路上又空无一车，便踩着车轮冲过去了，在路的正中间，一辆小轿车擦着我的驮包飞速通过，我歪歪扭扭有惊无险地到达马路那边，马路那边亲爱的队友们惊魂未定。我手软脚软地下车，瞬间想哭，哆嗦着拿出手机给一个朋友打电话，其实我很想给家人打电话，寻求安慰。在电话里面和朋友大声说话大声笑说这一路可有趣。后来我告诉她其实那天在西宁打电话的前几分钟差点被车撞了。晚上他们在小旅馆商量要把我踢出队伍，要我搭车去拉萨，我竖起手指再三保证说已经从天津骑到了西宁，不搭车，保证慢速小心，再也不闯红灯，沉稳踏实。

安顿好之后，老毛和我坐在西宁二楼房间的窗台上看火车轰隆，不知道火车上的人会不会也坐在窗边正好看到我们的存在。老毛说这个是青藏线上的火车，当时她就是乘坐这辆火车从拉萨到西安和我们会合。后来很多次，我们就在青藏铁路边上骑行，这条铁路如此长，又如此美。

我为何选择毕业后骑行，是因为我毕业到工作这段时间刚好有时间，没有工作和家庭的牵绊，我给家人打电话的内容都是今天的工作还挺清闲的。老毛是工作两三年后辞职了出来骑行的，她说每天坐在办公室，一眼看十年，她觉得自己老了，于是决定出发，看看这个世界。后来我们在翻越一坐三四千的高山时，我在路边的石碑上歪歪扭扭地记录，转转在这里扎胎。老毛写的是为你走滇藏，再为你走青藏。原来，老毛看似爷们的内心是如此细腻，也许我们出发，就是为了遇到更多有故事的人。身边的队友，路上朴实真挚的当地人，都是我们身边最美的风景。

准备从西宁出发的那天，所有人都睡到了十点多，然后开始收拾东西打包。我的东西不多，很快就打包好，然后就倚在门边发呆，后来在椅子上坐着继续发呆。小旅馆一楼是一个诊所，那个女医生说小姑娘你咋了，我说没咋啊，有点晕。医生说来，过来给你检查一下。量了体温正常，再测血压，最低是40，最高是70，又听了心脏。医生问我出发之前有没有去医院检查身体，我说没有，觉着自己身体很健康。我出发之前买了两百多块钱的药，感冒药胃药止痛药消炎药，一路上几乎没动。医生把队友们叫过来说我的血压实在太低，劝我搭车，说前面就是三四千米的大山，我这种身体状况是翻不过去的。我说没事，要是身体不适不会硬撑，搭车就好。医生问吃饭了吗，我说没有，医生说现在都两点了，早饭没吃，午饭没吃，能不血压低吗，队友们都很委屈，说有很多食物，毛球说要留着在路上吃的，反正等会就要吃饭了。出发的时候医生再三叮嘱如果路上身体有什么不适，一定要返回，又说等会吃了饭血压可能还会降低，要大家吃饭后等会儿再出发，一定要他们不要饿着我，絮絮叨叨的叮咛像在家里的母亲。好在后面这一路身体都很好，除了我的口袋随时都有馒头，随时都在啃。

西宁，你好。西宁再见。

日月山狂风下扎营

8月1日

出发，2车道，车多灰多。我讨厌车多的时候，吃了一路的灰尘啊。一路上，看到的里程碑涂鸦不是很多，不像川藏或者滇藏那样，从西宁出发，就看到很多的车友在写字了，什么青藏线啦、环中国啦，于是大家也来凑热闹。哈哈！慢慢走进青海湖了，物价越来越高了。

老男人还在西宁等他的相机，我们慢悠悠地骑着。3点左右时天上飘来一朵乌云，然后本来烈日当头，阳光明媚的天，立刻就下起了暴雨。大家一阵猛踩，躲进一家餐馆，顺便吃饭睡觉。

下午四点，出发不久，老男人就追上来了。虽然我们都晒黑了，但是晒黑和脸色差的黑还是很明显的，老男人说他从早上到现在就吃了一碗蛋炒饭。他骑得那么快……

今天的路都是缓上坡，我还乐滋滋地想，我们是在翻日月山吗？如果日月山就是这样的缓上坡上去，没有盘山公路，倒也是很爽的哦！

很多人环青海湖都是轻装上阵，很少有像我们这样重装，帐篷锅碗瓢盆齐上阵。也许正是因为这样，所以我们体验到的是不一样的青海湖。

下午的时候天边又飘过来一朵乌云，乌云在明媚的晴空下发足力狂奔，大家笑谈一定不能让乌云追上，不过这次又输了，豆大的雨点泼洒时，我们找了一家面馆，一边吃饭一边等雨停。饭后出发，阳光再现，那场暴雨除了在地上留下一些圆圆的灰尘痕迹外，像是不曾存在般的干脆，这是一个很有个性的地方，风来雨去阳光普照都很利落。

傍晚在一个小镇子吃晚饭，我们其实就应该在这里扎营。但有时候我们会高估自己的实力，觉得今天晚上还能翻越日月山。没有路灯的山路，弯弯曲曲看不到尽头，抬头就是

触手可及的星空。大家心里都没有底，只能默默往前，出发了就没有退路。不知道前方的上坡有多难骑，如果天一直这样黑，咧嘴不见牙齿，是不是一直走下去就能走到世界的尽头。在不断蜿蜒向上的国道上，我们披星戴月地赶路，看到远方的车灯从貌似很近的天边冒出来，我们知道那就是垭口，看着很近，其实很远。道路两旁都是山，绵延不绝的山，今晚在哪里扎营呢？

转转突然说："看，天上的云怎么那么亮！"大家一起抬头看，然后惊呼，那是银河。原来这就是银河，在网上看图片和在现实真真切切地抬头看是完全不一样的感觉，瞬间我就感动得无以复加。缥缈的云环绕，星星躲在里面眨眼，如果我们伸手，是不是就能摘到星星。这之后不管身在何地，我总喜欢在夜晚抬头看星空……

一天的骑行下来，到晚上，大家的体力都有点透支。体力不佳带动情绪不稳，这个队友说如果刚才在吃晚餐的小镇子扎营就好了，那个又说为什么我们没有一个路程的规划，这样赶夜路多累。所以人们说在结婚前，要和他（她）一起长途旅行，所有的生活习惯，遇到不同问题的心态，你会知道那个人的人品，明了你们在一起生活是否合适。

高山上的夜晚，起风了，温度骤降，我加上厚衣服，再加上防风不透气的雨衣，刚在爬坡的过程中衣服又全部汗湿，但脱了又冷。于是我给自己订目标，猛踩几百下停下来休息，继续猛踩，然后想着，我的行李最轻，我最轻松，大家都很累，大家都在坚持，我就更应该坚持，不能拖后腿。要坚持，再一次感叹在长途骑行的过程中，速干衣的重要性，它能尽可能地保持干爽和舒适度。

选的第一个扎营地遍地都是牛屎羊屎，于是举着扎好的帐篷在山路上蹒跚前进。半夜11点多，终于在山上找了一个相对平坦的地方扎营。几个男孩子的帐篷挡住山间的风。老毛在寒风中用手做成喇叭状高喊，今天谁跟我"混帐"。我马上高高举手。从今天开始，我和小毛就总是"混帐"了，半梦半醒间，老毛会起来给我盖好她的冲锋衣。我会讲梦话，老毛会在半夜突然伸手圈住我的脖子，被惊醒的我总是一动不敢动，后来老毛说她在家睡觉总是要抱着一个洋娃娃。她会轻微打鼾，慢慢我就习惯了这种夜间的催眠曲。

扎好帐篷后，我把防风不透气，在晚上能防潮的万能雨衣铺在身下，又拿出冬天穿的保暖内衣，先裹一个加绒睡袋，外面是睡袋，再把所有的厚衣服搭在睡袋上。所以说一个低温标的高山睡袋多么重要，若睡袋不保暖就要想方设法地保持自己的温度。

帐篷外寒风呼啸，外帐被风吹得哗啦响动，我们所谋不过一处能避风的小地方，小小的手电筒散发着并不够明亮的光，在这不大的地方，我们互相依偎着取暖，无限的感谢上苍，让我们在半夜能找到一个可容纳我们休息的地方。之前在不是自己的床上就睡不着，有点声响就睡不踏实的坏毛病，在这里，马路上有不时经过的长途车，可能会有不知名的小动物徘徊在我们的帐篷周边，可是我们就这么心安，一沾枕头就睡着了。

花开花落，云卷云舒

8月2日

　　早上醒来，风嗖嗖地刮，早上的温度还是很低，我从帐篷探出头，邀请老毛一起如厕，老毛一挑眉毛，笑得仿佛格桑花开，嘴咧到耳朵去了，说天未亮人未醒，已经去过了，无人打扰，自由自在。我叹气，也只能披上厚衣服，在帐篷左左右右绕，找最适合的地形，最不受打扰的地方。这个故事告诉我们早起的驴友，世界都是你的，可随意找地方方便。

　　出发前，在网上看到有驴友举着一个牌子在路边，上书曰：求搭车，求水，求妹子。我们三个女孩一商量，决定效仿之。可是细细思索之后发现没有牌子，也没有A4纸，你们这些举牌的是不是摆拍的，是不是早有预谋的。哼，最后我们把目光锁定在我们的一大包卫生纸上，我们用签字笔在卫生纸上写上大大的两个字：求水。然后我和小苑就傻乎乎地站在路边看到过往的车辆就大呼小叫，手舞足蹈。最后的结果是，没有一辆车理我们，一踩油门，不带走一片云彩。

　　路上看到一个小和尚推着一个小车，小和尚长得很帅，有点像谢霆锋。小车上面是衣食住行全部家当，他推上一段路然后返回，六步一磕头。老毛说这个是很虔诚的了！说她在滇藏线上就只看到了唯一的一个特别虔诚的朝拜者，三步一拜，左脚一步，右脚一步，第三步是并脚，还说很多人都是十步，甚至小跑。我们带着满满的敬意，趁小和尚休息的时候去和他说话，从哪里出发去往哪里等等。骑车能有多苦，能有他们艰难吗？他们是一步一个脚印，是用身体紧贴着神圣的大山，表达他们的敬意。

　　其实我们扎营的地方距离垭口只有五公里，可是在昨晚的黑幕下却总觉得垭口遥遥无期。就算昨天晚上到达了垭口，可是下坡到下一个镇子还很远，原来我们认为的终点并不是终点，只是我们漫漫长途中必须经过的一个落脚点。

　　一大早收拾好后出发就是上坡，我推上车就踩不动了，膝盖和小腿都很酸很痛，骑几下就喘不上气，这才刚出发。老毛说因为是高原，更容易累，爬坡就会这样，习惯就好。看到垭口近在咫尺，却在转了一个弯之后还有一个弯，继续骑，总是看不到头。于是偷偷下来推车，老毛一声大吼："你在做什么？"我低头弱弱地说："推车。"老毛语重心长地曰："恩，要知道推车更累，知道不？乖。"我就再上车乖乖地骑。于是出来了一个辩证的问题，有经验的骑行老驴总是说推车其实比骑车更累。可是新手却会觉得推车能全身休息一下。这个可能要根据自己的骑行状况和经验来决定，一般来说推车消耗的体力更大，实在无力气骑的时候，可以多休息，每次休息的时间控制在两三分钟左右。

老男人拿出压箱底的压缩饼干。我欣喜若狂地凑上去分到了一块，又分给了小苑一半，然后很虔诚地用右手拿着啃，左手在下巴接着，防止饼干屑掉下来，老毛看到大声地笑我下巴有口子，吃东西老撒。然后我就赞不绝口地说压缩饼干真是世界上最美味的，以后谁说压缩饼干不好吃就跟谁急。老男人满头黑线，"你第一次吃啊！"我笑眯眯地点头。

靠近山顶，看到山顶上有很多自驾游的游人，孩子们每看到骑行的队伍就会惊呼一下，然后父母会对孩子说，"看看这些个姑娘小伙子多棒啊，骑车上来的呢！"小孩子就会用满满的崇拜之情看着你。这时候一定要腰背挺直，刚才大喘气恨不得摊地上的表情一概不能要，要神清气爽，目空一切，这种小坡小意思。我一直觉得小孩子的眼睛是世间最纯净的了，他们的世界单纯又美好，看着他们的眼睛，真的是能想到一个形容词——灿若星辰。

这个时候的油菜花开的也许不是最绚烂的，但是这并不影响大家的好心情！八个字可以描述：花开花落，云卷云舒。于是可以傻笑着骑一会儿，再抬头看远远跟在身前身后的棉花糖。无论走到何方，棉花糖一直都跟在我们身后，让我心情大好。

途中我们遇上两个徒步的，其中还有一个是藏族小伙。人与人的缘分就是那么奇妙，那么多骑车的徒步的，就我们相遇并交谈，于是大家一起扎营在一大片金灿灿的油菜花前面的空地上。

藏族小伙道吉小时候放羊，告诉我们很多这个时候可以做的事情。草原上什么样的草可以吃，什么样子的会很扎人，告诉我们怎么生火。然后大家乐呵呵地捡羊粪，道吉说羊和牛都吃青草，他们的粪便用来烧火真正好，不会有呛人的气味，也很干净。大家搜集地上散落的木头，生起了篝火，大家团团围坐在篝火前。入夜，温度很快降低，漫天的星星，大家围着火盘坐着，每个人脸上都跳动着火苗，很温暖。没有五色灯光没有水泥钢筋，过往的车辆照过来刺眼的光线，而后又是无边的黑，也许在司机们的眼里，我们就是牧羊牧牛的藏民。道吉给大家唱了藏歌，婉转悠扬的调子，是牧民世世代代在广阔无垠草原下熏陶出的悠然。虽然听不懂，他告诉我们这首歌是吉祥如意的祝福。一小袋花生米轮流在每个人的手里传过，一小杯曲酒轮流在手里传过，没有酒杯的就用手握成拳假装是酒杯，然后大声地干杯。稍微离开点火，便觉得凉飕飕的。木头燃尽，转转竟然又不知道从哪搬过来一根巨粗的木头，大家晕倒，天地良心，2点多了，难道是通宵的节奏。之后"混帐"的"混账"，打坐的打坐，睡觉的睡觉，一夜无梦。

东边日出西边雨

8月3日

早上醒来，太阳已经升起，明晃晃的和油菜花似的。有牧民围在我们的帐篷前，道吉出马用当地话和他们交流，牧民的大意是我们在这里扎营要收费，然后老乡道吉出马一个顶好多个，牧民就不收我们的钱了。

不知道有多少人和我一样，以为垭口是一个地名，它频繁地出现在很多驴友的游记中，兼之又喜又恨的小情绪。喜的是远远地看到经幡，就可以心花怒放，胜利就在前方，不管多陡多高的坡，有迎风飞舞的经幡，就意味着可以爽歪歪地冲坡了。恨的是望穿秋水，明明就在眼前，却总是像远在天边。

青海湖整个周边都被铁丝网围起来了，只要我们想靠近，就会有人来收钱，三块钱，不愿意交。最后终于找到一个地方是没有铁丝网的，离大马路有五六百米，于是几个女孩子欢呼一声就冲过去了。以前总说东边日出西边雨，其实在青海湖，你能真实的看到，这边是艳阳高照蓝天白云，那边是乌云密布电闪雷鸣。

我们到时正赶上雨季，每天下午都会下，万里晴空转眼就是倾盆大雨。一抬头，准时地飘来一朵云。于是转转老男人，老毛就一鼓作气往前冲找旅馆去，这么湿漉漉的草地，扎营肯定也是不好睡觉的。

看到小雨淅淅沥沥地下，我鞋里面进水，冰冷冰冷的。看到一个超我车的两个骑友，一男一女。我就伸出小手颤抖着举起来指着，咬牙切齿地喊："啊，又一个去抢床位的哇。"老男人曰："那你就快点追啊！"瞬间醒悟，猛点头，猛踩。可是还是没有追上。

到石乃亥，只有一个房间，赶紧定下，80元，随便住几个人。于是双人间住了6个人。大家把所有行李拿到房间，打好地铺，小小的屋子就满满当当，转身都要提前打招呼。几个人找老板借来洗脚盆，几双脚交叠地放在一起泡着，经过的人要先吆喝一声，泡脚的就齐齐扯着裤腿举起来。明明不是很舒适的环境，我们却嬉笑打闹，有热饭菜吃，不用在雨地扎营，有遮风挡雨的屋子睡觉，这就是最大的幸福了。

晚上，雨没停，温度很低，我窝在小小的床上，和老毛互相依偎着睡觉，半夜醒来听雨打地面，分外清明。

一面湖水 满满心醉

8月4日

没骑车之前，在网上、电视上看到的青海湖，总觉得满目都应该是金黄，我们就在这灿烂耀眼的颜色里轻轻地来，慢悠悠地过。今天终于都见到了！

昨晚的经历让今天的行程有了规划！上了一个大大的坡，靠近山顶的地方有很多的藏文、经幡。漫天的经幡在头顶飘过，随风起舞。我们就在路边的地上坐着，拿出在城市不屑一顾的鸡腿，压缩饼干，慢慢啃着，小小的幸福，大大的满足。坡度有点陡，喘着喘着就上去了，垭口是在两座山中间劈开的，然后就是长长的下坡了。我们远远地就看到了今天的目的地——哈尔盖。但愣是花了一个下午的时间骑过去。

我扎胎了，老毛和老男人停下来，在后面帮我补胎。老毛叹之曰："骑了2000多公里了，你竟然还不会补胎。"我就嘿嘿傻笑，当有人依赖的时候，就有了惰性。

另三个队友自由转转，小苑、若非已经到前面去了！夕阳在背后温柔地看着我们，我们步伐一致雄赳赳气昂昂地往前骑。三人的影子在身前地面拉得长长的，时间仿佛停顿，静心聆听，你会听到时间滴答滴答温柔地随着我们的步伐，轻声在我们耳边说往前往前，前方有未知的你，有未知的人，有未知的事，不要害怕，跨出了第一步，后面再大的风浪都是旅途中最宝贵的财富。所以即使后来遇到了讹我们钱的牧民，遇到纠缠不休的老太太。身边的朋友问青海湖如何？我们也是坚定地说青海湖很美。

我们三个人在夕阳下侃大学生活，侃人生，侃理想，侃乱七八糟各种话题。白云大团大团的在天上飘，一会儿摆成冰激凌一会儿摆成旋涡状的龙卷风，上面是轻盈剔透的白，虚无缥缈，下面浓重的乌黑。北边的天空白云层叠，湛蓝湛蓝的。南面万里晴空，一片湖蓝的空灵。地上是不一样的绿色，深绿，浅绿，再往前走又是延伸到天际的灿烂金黄。即使风吹得人头晕晕的，这样的美景，又岂是相机能留下的。

晚上找到了一家旅馆，老板人很好，说好了80元的四人间，做好准备叠罗汉来着，最后让我们住了2个房间，价钱不变，今天的待遇是每人都分到了一张床，即使没有水，即使厕所一览无余，有床睡我们还是很开心很满足。

8月5日

我们问当地人今天的路程，他们说我们的下一个目的地如果走柏油路就是100多公里，如果沿着铁路骑就是50公里左右，沙石路。以前的旅行者和骑行者一般都会选择柏油路，好的路面让车前进很顺利。可是砂石路，因为很少人走，所以更多的未知在等着我们。在分岔口，大家的意见不合，若非和小苑走柏油路，我，老毛，老男人，转转走沙石路。

骑了一会儿，人迹罕至。我们四个讨论若非和小苑什么时候会来追我们呢？打赌吗？然后看到两个小人慢慢往这边靠近。然后走近近近，是他们两个追我们来了。呃，那条好路通往牧民家，前方无路可走，所以改道，追我们的速度非常快。我们就看着小苑的货架胆战心惊，怕她的货架会经不起颠簸断掉。抖啊抖啊抖，感觉张嘴的时候骑，牙齿就在上上下下磕着。万幸没有下雨，不然就是名副其实的水泥路了。大家以10km/h的速度往前悠闲骑。

这里的老鼠明目张胆地迈着小碎步，飞速地奔到大路上！我就目瞪口呆地瞅着，然后小老鼠抬起头，小眼睛在阳光的照耀下精光闪闪，它瞅我，我瞅它，然后它就朝我妩媚的放电，然后迅速低下头迈着小碎步从马路的这边奔跑到那边，我还在目瞪口呆地看着，嘿，小老鼠，我们冒昧地闯入，希望你能容忍我们这群冒失的过客。

路边会看到三三两两的蒙古包，外面一个妇女在打酥油茶，小孩子在旁边好奇地看着我们，其实我很想跑过去讨酥油茶喝。队友们说，没有男人在家，我们冒昧拜访很不好，且其实女人们可能还会怕我们。

有一个牧民站在围栏里面和我们说着话，普通话不是很流利，问我们去哪里，我们说要去热水。牧民说前面有一条很大的河，自行车是过不去的，我们有点半信半疑，他就急了，说是真的。他对那里很熟悉的，不骗人的，真的过不去。于是我们详细地询问了多深多高等等，然后思考着，这么抖着抖着也走了很久了！断没有后退的道理。继续往前，如果河

流挡住了我们的道路,我们就把车子穿过铁丝网抬到铁轨里面去。哼哼,没什么大不了的,于是就欢欢喜喜地继续往前。

前方果然有很宽的河,不过不是很深,小苑豪迈地一卷裤腿就蹚过去了。我和老毛穿着鞋,他们帮忙推过去,我们就爬上了铁路,然后休息,吃干粮,睡觉。阳光太有点刺眼,晒得睡不着。好不容易找到桥洞,阴影的地方又太冷,真不好伺候。于是继续骑。

老毛拍照的时候突然发现了一个鸟窝,这个高海拔的地方是没有树的,所以我们看到的鸟窝就在草地上,很惊奇!鸟妈妈在边上着急地看着我们!我和小毛就撅着身子,趴在草地上拍,三只胖乎乎的小鸟挤成一堆,老毛捉一只放手心上仔细看,我上前摸摸,毛软软的,好可爱。好吧,鸟妈妈估计要急疯了,我们依依不舍地把小鸟放回窝,然后继续往前。

慢慢的远离青海湖,传说中的青海湖商业化了。满怀期望的来,远离青海湖后,感受到的是淳朴的民风。

路上很多维修铁路的工人看到我们都会大声打招呼,偶尔有牧民骑马赶着着牛羊经过,便会问:"骑马照相不?"我们就微笑不语而过。行至一条小河,清澈见底,河底是各种各样的小石头,我顿时不想走了。一个小男孩睁着明亮的大眼睛在路边看着我们。大家意见一致,欢呼一声便拆行李,摊开,晒晒睡袋,晒晒脚丫子,眯着双眼跷起二郎腿,很快便昏昏欲睡。在电脑上看到电脑桌面,不用PS,我们就置身其中。老男人和转转飞速地跳进河水里面,说很凉但是很舒服,我在岸边纠结地找拖鞋,怕下河底了扎脚。然后他们都上来了,我也就没有下去了。过了一会儿,看到有牧民过来,直接在岸边趴下喝水,老男人和转转默默惭愧,觉得下河是一种错误,污染了河水。不过后来也就知道了,牧民生活一切用水都在这条小河,水是流动的,他们下水,牧民也是要下水的,所以无妨。我们和小男孩聊着天,拍照,几岁啦,几年级啦,在哪念书啦,上什么课啊。和我们的小学生的课程差不多,多了一门藏语。他的眼睛特别特别的明亮,很帅气。我们给了小男孩一点儿糖果,他就飞速地奔跑到对面自家扎营的白色大帐篷。

一个大伯就过来和我们聊天,说他们家有四个儿子,夏天放牧,冬天回镇子住。每天放牧一百多公里,并邀请我们去他们家吃糌粑。一进去,女主人在烧着牛粪,整个帐篷都暖暖的,我们盘腿而坐,喝着最纯的奶茶,聊着天,问着我们感兴趣的问题,感觉很不错。虽然和女主人语言不通,但是一直微笑着,这样也很好!

转转眼特尖,看到茶叶,上面书曰:湖南特产!然后指着我哈哈大笑地说:"是她们那产的。"看到烧水的水壶,又指着老男人一声吼:"安徽产,他们那产的。"大家哈哈大笑,其乐融融。一大一小两只小猫在我们中间穿来穿去,翻滚打闹,然后挨着我们就睡着了。

今天骑行30公里,风景如画,醉了。

PART 4

作业游记

天津—西安篇
（10~15 天）

九河下梢，北有白洋

2011年7月

出发那天，我临时起意想穿军训服，于是打电话给小学弟试探地问了一问，竟然有，至此我们可以统一着装了！我在脑海里想象了很多次的亲爱的同学们夹道欢送的场面没有出现，这个时候都各奔东西，散落天涯了！我很淡定，心如止水地出发！

到达天津，风行热情接待，他本来是要和我们一起走的，但他丢不开的牵绊太多，最后没有走成，这就是计划赶不上变化！风行和转转认识有3年，很有渊源，多次曾经在一个城市，可是没有见过面，这次终于见面，于是勾肩搭背，相谈甚欢，大鱼大肉，尽兴而归！

白洋淀是一个我很喜欢的地方，这里空气湿润，民风淳朴。在大道小道穿梭，道路两边绿树成荫，偶尔有牧民在放羊放牛，很安逸。出发之前我表明我可是骑得很慢的。两个人都很配合着我的体力慢悠悠地骑。突然两个小女孩手牵着手疯狂踩着小单车，飞一般地从我们边上冲过去。待我反应过来时已经看不到她们的小身影，她们肯定是故意的。

到达白洋淀，在湖边拍照留影。当地人告诉我们，这里的水没有以前丰沛，都干了，水质也没有以前好。看得出他们热爱这片土地，对每一个来到这里的人都热情地说着这里以前的故事。

我们决定去菜市场买菜自己做饭，西红柿豆角都很便宜。我们在路上还买到了八元两只的烤鸡。虽然肉不是很多，但是很好吃。转转的炉子是第二次生火，在那里战战兢兢，转转曰："第一次生火没有什么经验。"话音刚落，"砰"的一声，火苗升得一人那么高，吓了他老大一大跳。所以他这次小心翼翼，躲得远远。虽然这个小炉子的首次登场很炫目，但是在之后的时间里倒是在我们饥寒交迫的时候填饱了我们的肚子，若非拿出过滤器，去白洋淀里舀了水，在容器里面将水一点一点地压到盆里，过滤成干净可饮用的。

转转掌厨，饭做得味道很不错，饭毕，抬头看天，掐指一算，好像要下雨。于是本来随处可扎营的天地间，现在得找遮挡物。有一个公共厕所，不过靠近路边，问当地人后，决定在别人家卖白洋淀特产的门口搭，因为他家有个遮雨的棚子，但我们得赶在店主开门前撤走。

　　很安静的夜晚，转转和若非去池塘边洗澡，只听到他们的水声和谈话声。回来后他们表示白洋淀不好，岸边的水很浅，伸手就浑浊，在青岛那边他们都是直接跳下河，在齐腰的水里痛快地洗。今天只能草草了事。我才不要去泥水池塘洗呢，今天出汗不多，就着湿巾和过滤后的水擦擦吧。

　　天渐渐黑下来，我们抹黑搭帐篷，因为刚出来还不会搭，于是我就在一边托着腮帮子学习。我们背着帐篷睡袋锅碗瓢盆，随处可停留，像不像蜗牛背着壳走天涯？

　　晚上睡得迷迷糊糊，竟然听见有吭哧吭哧的喘气声，吓得我大气不敢出。难道是野猪？小刺猬？小心肝扑通扑通的，心想着要是咬我帐篷往哪跑呢？那个小动物还绕着我的帐篷继续打转转。我怀着忐忑的心情迷迷糊糊。早上醒来，果然下雨，地上都湿了。我们早早地收了帐篷，怕店主来，挡在人家的门口很不好。转转背了几千公里的吉他，终于拿出来了，往地上一坐，开弹前先羞涩的一笑，说："我可是刚学会弹，弹得不好不要见怪。""你弹，你弹，反正我们都不会，弹得差也不会批判你。"断断续续的吉他声响起，从指间浸透，伴着淅淅沥沥的雨声，两种声音交织在一起，心雾时就安静。我穿着迷彩服，随手把头发扎起坐在一个木头上低头写日记，若非在一边收拾帐篷。

　　路过的人很好奇地过来，听转转各种吹牛，旅游局的几个叔叔一直问我们需要什么帮助吗？吃饭了吗？要不要在这待一天，等雨停了再走啊，我们表示风雨无阻，这样的雨天以后还会遇到很多，小雨可忽略。叔叔们去屋子里面给了我们每人一瓶水。突然受到群众这么多关注和欢迎，觉得很新奇。可能出发前家人总会说外面很多坏人，一路走过去，发现人们对我们都是善意的，很热心地想要让我们在路上更舒适。

落花时节逢君

7月2日—7月3日　白洋淀 — 石家庄

今天走的大部分都是乡道，水泥路——水加泥巴的路，路遇一个大大的水坑，若非和转转追尾，陆续在路的最中间被迫停车，双脚全部踏水里，车子倒了。我提前加速，猛踩，可还是一样的被迫踏水，鞋湿了。于是我把鞋一脱，穿着拖鞋，在脚踏上晃荡晃荡。转转和若非看不下去了，于是各自翻包，最后我穿了若非的大鞋，哈哈，长出一大截，用鞋带绑死，穿上走人。

我去小店买了冰棍，五毛钱一根的老冰棍，在大热的天能吃上一根冰棍，没有比这更幸福的事情了。想着我骑得比较慢，就先走了。骑了200米左右，一回头。发现他们没有跟上来，于是停好车扭着身子回头看，由于我没有扶住车把，车就倒，我随之栽倒。还在啃冰棍的两个人在老板的惊呼下冲过来了。我一直摆手，"没事，没事。我没有摔跤……只是没有扶稳车把。"

晚上到达东方药城安国。雨后的地面很多积水，我们在一个体育馆前面徘徊，想着是不是能在体育馆内搭帐篷。下过雨，有一个大爷踩着自行车上前说带我们去找扎营的地方，还要带我们去找当地的特色小吃——马蹄饼。别的地方没有的，此地独一无二的特色。

大爷在前面带路骑得老快了，我在后面追到气喘吁吁。晚上雨还不停，最后找了一家旅馆。院子里慢慢围拢了一群人，在昏黄的灯光下，灰尘在空气中悠闲打转，我们打开手电筒拆驮包。大家七嘴八舌地问我们从哪里骑过来，要去哪里，每天骑多少公里，我回了一句，"我们从天津来。"大家瞬间炸开锅，说："这里还有一个女的……"我默默黑线，难道我看起来像男的吗？旅馆老板好激动，说住宿不要钱。转转笑呵呵摆手，那怎么能行。

一个五六岁的小姑娘被妈妈推到我面前。妈妈说："快和姐姐抱一个，偶像啊，多不容易啊。"小姑娘带着腼腆的笑，睁着大眼睛抬头看我，我受宠若惊，想到几天没有洗澡，说："姐姐没有洗澡，浑身臭烘烘的，我们来握个手。"小姑娘于是怯怯伸出小小手，我也伸出手，慎重握手。握手完毕，小姑娘就安静地在一边看着我们。出来骑行，从这个村到下个镇，遇到不同的人，相视一笑或者三言两语闲聊。或许彼此余后的生命再不会有交集，可能小姑娘长大后因为对我的一点点小印象，从此爱上骑行也说不定。也许她有一天也会骑上自行车走遍天南海北。

我们订的是一间房。在走上二楼的小楼梯时，老板悄悄地回头跟我说，"姑娘，要不要我给你单独开一间房，不加钱。"我当时脑海里冒出的第一个念头是：老板你想做什么？然后下意识地就拒绝了，"谢谢您，没关系的。"老板说："我看你一个小女孩，跟两个大老爷们住在一起不太安全。"我说："没关系，我们关系都很好。"晚上洗好衣服，坐在床上用小吹风机吹干衣服，吹头发。小吹风机在路上是多么的重要啊，不然一个晚上衣服根本干不了。

第二天，从满是药草香的小县城出发，路边都是药田，古有"拂石坐来衫袖冷，踏花归去马蹄香。"今有踏花归去车轮香。

12点出发，还有90多公里才到班长家，班长说想吃啥，我直接不客气说："肉。多多的肉。"无肉不欢的主。对于刚骑了几天的我来说，90多公里的距离，半路还瞌睡，路边小眯了会，最后还是赶夜路了。晚上9点左右才到正定，班长踩着二八车来接我们，说他们家离这还有段距离。班长在前面开路，在灯火辉煌的县城我还是跟得上的，可是慢慢的就没有路灯了，四周黑漆漆的，班长悄无声息的骑的那叫一个快啊。每到一个路口，大吼一声："左，右，右……"一路的胆战心惊终于到班长家——一个四合院。

班长老妈冲出来，直接就是一个熊抱，热情接待。转转和若非表情很莫测。到屋里，晚餐特别丰盛。一桌子的肉，饮料，水果。班长一家人一直等到这么晚，满满的感动。吃饭期间，转转和班长爸爸一杯酒下肚开始神聊，我默默地低头吃肉。

班长妈妈一直拉着我问我路上累不累啊，要是累就不要再往前骑了，家里人知道该担心了，这么小个姑娘，就出来风餐露宿的，路上吃了很多苦吧，我和班长姐姐住一屋，转转、若非和班长住一屋。幸福得冒泡泡啊，吃好住好养好膘又上路了。

次日出来就是大逆风，加一个小小的大坡，得咬着牙踩。这才觉得在天津遇到的所谓大风，原来并不大。到达石家庄时正值傍晚，晚风拂面，车如流水马如龙，道路两旁的槐花盛开，铺面而来的清香沁人心脾。小花随风飘扬，我们便再这漫天的花雨中慢慢骑着自行车。一朵小花猝不及防地撞到我的怀里，我顿时一乐，嘴角无意识便挂上微笑，回过神后，小花已经顺着衣服掉落在地上，可能被后面碾过，也可能随风飞扬到别处。没有早一步没有晚一步，哦，原来你也在这里。

团子是转转的网友，和我们并不相识，是很腼腆的一个人。她说她在欧洲求学的经历，我问她怎么会认识骑行的我们呢？团子说在欧洲骑行很普遍，有专门的自行车道，有专门的自行车车厢。很多公园有专门的扎营地，水电齐全，这些国内目前都还没有。我们让团子和我们一起出发吧。最后的最后，团子还是没有和我们一起。她请我们吃韩式烤肉，美味地很。吃饱喝足出来，再遇到两个热心的当地骑友，一定要带我们去公园扎营。去公园后，团子突然说她妈妈出差去了，邀请我们去她家住。后来转转说如果没有我这个女孩在，只有转转和若非的话，团子可能就不会邀请我们去她家里住了。最后我们去了，团子人超级好啊，感谢之。

山水相依娘子关

7月5日

今天出河北进入山西。又是12点出发的,慢慢地踩着有点吃力。大家到达鹿泉停下来休息的时候,转转说:"你们发现没,我们从出石家庄开始就在慢慢爬坡。看,下面我们就要进入山区了,传说中的太行山。"

今天的太阳很毒,5毛钱一根的冰棍就是我们的最爱了。一路上,我骑着骑着老是会打瞌睡,于是他们便时不时地停下来让我睡觉。到下午3点我们才到一个小镇子,大家早已饿得前胸贴后背了,我找到一个小餐馆,面条4块一碗,上来后,我刚夹几根吃,猛一抬头惊的我——他们2个已经在喝汤了……是我太慢,还是他们太快。然后几人就趴在桌子上休息了,睡得正香时冲进来两个蒙面侠,原来是同道中人啊。两个小伙子喜气洋洋,寒暄下得知,他们也要去西安,他们在外面看到我们的车子了,心花怒放地冲了进来,一个目标,于是一起走。好吧,我是拖后腿的,慢吞吞。我看他们两个恨不得猛冲。呃……后来若非扎胎了,商之量之,他们两个先走了。傍晚到娘子关,进入若非的地盘了。

娘子关,因唐平阳公主曾率兵驻守于此,平阳公主的部队当时人称"娘子关",故得今名。吃晚饭,老板的一双儿女边写作业边吃饭。他们把嘴巴张得大大的,吃一口写几笔作业,吃一口写几笔作业,看到我望着他们,吃得更香了,我咽了咽口水。

若非说，"这个是山西特有的，尝一尝？"我以为是炒米饭，所以就要了一碗。上来一看类似米饭的炒面团，味道很是不错。晚餐28元，好奢侈啊！

老板娘告诉我们可以搭帐篷的地方，最后我们选定在一个戏台上搭帐篷，当地人的业余生活还是很丰富的，一直闹到晚上12点才慢慢散去。

这天晚上也见识到了山西大鼓，一个女人在中间打大鼓，边上排排站的是打cha的（好吧。我竟然不知道这个用普通话怎么念），若非告诉我们，一般打鼓的和指挥是父女关系，这个是要默契的。然后就是震耳欲聋的鼓声，间或转身时大喊几声，欢快、热闹、很有气魄。以前都是男人们敲鼓什么的，后来男人们要去劳作，就是女人们上阵了，红白喜事，就会被请去演奏一番。

7月6日

继续爬坡的一天。

山西这个煤矿大省，运煤的车都在这条路上通过，真正是车多灰多路窄，路边是不咋长草的山，凌厉而孤僻。

我们每次吃饭后都会把自己灌满水，看到隧道，我们就喜气洋洋的，神神叨叨地念着：感谢党，感谢国家，感谢有隧道，阿弥陀佛，不然还不得盘山啊，我和若非遇到陡坡就推车。

转转一直说，经过无数前辈的经验表明：推车比骑车累，我说，不然不然，这个叫推车吗？这个叫推车？这个叫负重徒步，你是骑车，我们是徒步哇。

默，后来，六人行之后，我们很少推车了，小毛和老男人说，累了？有力气推车就有力气骑车，休息一下，然后骑。今天到达旧街，与之相对应的地名是新店，旧街就在一个坡上，人口不多的一个小镇，人们很热情，喜好与我们寒暄，有在外面跑的司机，对于前面的路况什么的都很热心地告诉我们，我们在一个小小的包子店吃的饭，美味又便宜，米线2块钱一碗，吃了2碗。

有个大叔很热心地帮我们找扎营的地方，有一家麻将馆，可以让我们住进去，考虑到早上还要麻烦人家开门什么。最后我们还是决定在包子铺的对面屋顶上扎营，不敢太大动作，人家告诉我们，屋顶下住的人不是很好说话。我们只好小心为之，还好没有被发现，不过累得直哼哼，直接就钻帐篷睡觉了，辛苦却快乐的一天结束了。

飚轮迎月入阳泉

7月7日

我们的生活变得如此简单,吃喝拉撒睡骑。也许简单的才是最快乐的。

无穷无尽地爬坡,或陡或缓,傍晚时分,大家爬上顶,山顶海拔1200。转转变得很激动,一手摸头,身体左摇右摆,曰:"哎呀妈呀,1000多海拔了……哎呀,高反了……"我和若非鄙视地瞅着他表演。

然后就是缓下坡,视野开阔了。这是在黄土高原上了?原谅我地理没学好。我最喜欢、最享受的时刻就是在黄昏的时候骑车了,穿过树木的阳光,阳光被切割得零零碎碎,斑驳、浓烈,我们就在这期间穿梭,走过灿烂,走过阴影,身后是拖得长长的影子。然后我们就见到了让我们惊叫连连的美景,真的是又叫又跳。黄土高原,千沟万壑。下面黄的是土,绿的是草。

晚上决定去若非爸爸的厂子里歇息,我们赶夜路,没有路灯,我又近视,我在这个时候竟然没有想到要戴眼镜。还有八九公里的时候,正所谓人有三急,我就打着小电筒摸黑到草丛里,然后爬到马路边上,这时,我远远地看到有个人戴着头灯,骑着自行车过来了(应该是晚上捉啥昆虫的),对着我就是一通乱扫。然后还说:"坏人吧?"我站马路边上正哆哆嗦嗦呢,往前一看,转转和若非到前面去了。我就飞快地冲上自行车,然后大吼:"转转,转转。"若非听到了飞一般地冲回来了。后来据他们说我当时声音都是颤抖的。好吧,我承认我很胆小……再后来,我不管干啥,都不敢离他们太远了。等到了目的地,晚上睡到了软软的床,好幸福啊!若非爸爸请我们吃很多好吃的。

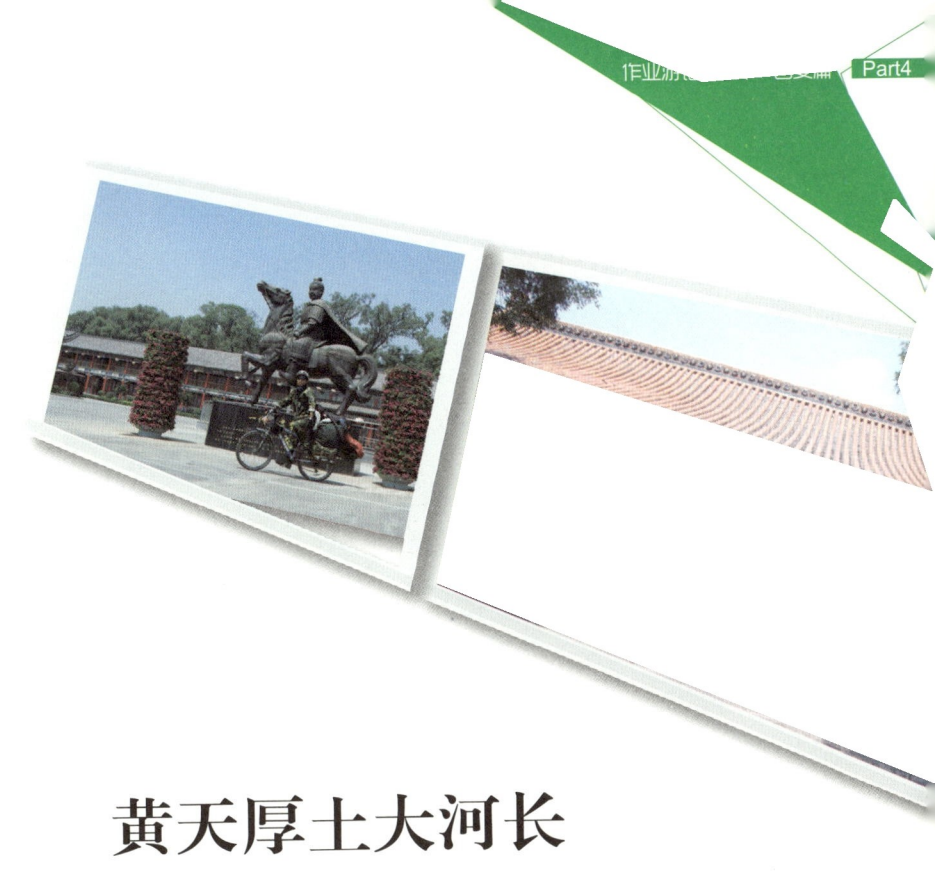

黄天厚土大河长

7月8日、9日

今天要去往若非家，半路若非去太原办点事，于是我和转转去晋祠等景点游玩，景点里风景如画，很多人在这里拍结婚照，这样的千篇一律的结婚照多没意思啊。新娘很漂亮，新郎不咋地。于是众八卦之，得出的结论为：煤矿老板的富二代。

晋祠绿树成荫，看着好几百年的参天大树，我总觉得它们是成精的，没准凑上前去，能听到它们的轻声细语。若非进入自己的地盘，一路上，不断地和人们打着招呼，有的惊呼一声，哇！你回来了。有的说，哇！你这身打扮有点认不出了。人情味很浓啊！我去澡堂洗澡，还体验了一把搓澡工的技艺，直挺挺的一躺，当时就一个概念：我为鱼肉啊，任人宰割啊，不过洗完很舒服。晚上我们洗漱好就出去遛了，回来发现若非妈妈帮我们把衣服都洗好了。感谢之！

7月9日从若非家出发，他妈妈一直说再留一晚，好好休息，在太原好好玩。但我们还是出发了，因为着急赶路去接小苑和老男人。今天的目的地是平遥古城，若非曰，有的地方也许这一辈子就来这么一回，应该去看看的，我不由想起当年去西递，雪一直说鸳鸯湖就在附近，我们可以租自行车去看看。因为懒所以没去成，后来看照片感到十分后悔，等我下次再去那个地方又是何年何月呢？人生这么多未知，能把握的也就是现在了。古城我们就在街道上晃了一圈，没有进去收门票的景点。和南方比，少了小桥流水，大同小异。

好兄弟，前后摔

在一个村子里，我第一次体验到人和人思维的不一样。问路，一个大爷说前面啊，要爬一个好大的坡，然后就是很平的路。走过去后，发现所谓的好大的坡啊，就上了一个大堤。下面是汾河……河水干了，被太原人们截住了。河堤草儿绿油油啊。然后很平很平的路，是很平，没有上下坡。但是，路面全是嵌进泥土一半的小碎石。我们抖啊，抖啊，抖啊抖，一路抖着过来了。

7月10号

戏剧的一天。戏剧的小伙子。

继续上坡，下坡，玩得不亦乐乎。然后遇到一个V字形的岔路，我们冲上一个坡然后问路，发现走错了。于是冲下去，下面是一个急拐弯，中间是花坛，都是泥沙啊！转转同学在关键时刻表现了良好的车技。一个漂移！摔倒了。我笑是因为车倒了，他站着，可见并无大碍。然后我稳稳当当地转了个大弯，只听后面又一声"哐当"，我一回头，又笑得花枝乱颤。若非也摔倒了，若非在后面见转转倒了，幸灾乐祸地在车上单手就掏相机。报应来得总是那么的快。

在路上遇到一个大一的小伙子，在太原上学，要去西安。他没有货架，就背着一个包包，用最大挡，飞一般地赶超我们。

然后我们慢悠悠地骑啊骑啊。大家看到卖冰棍的，双眼冒光，果断休息，爽歪歪地吃冰棍。热烈讨论五毛钱一支的老冰棍是舔着吃还是咬着吃好，这是个永恒的问题。然后……然后……那个飞一般的男孩纸又飞一般地从我们面前飞过。呃，为什么他到我们后面去了，一条路啊，不得而知。也许他如厕去了，开骑，他又飞一般地走了。到傍晚，我们三个人在一饭馆吃面条，心满意足地摸着肚皮擦嘴。小伙子一脸灰地骑来了。我大吼之，缘分啊。大家决定一起走，前面我说了，他就一个包，死沉死沉的包啊，然后他什么都没带，第一次出来骑不会补胎等。然后和我一样——扎胎了。转转帮补之，然后同住小旅馆。

忆长安，七月长

7月11日、12日

今天又按照惯例，磨蹭到12点出发。今天我们三个人的状态都不是很好。骑了80公里左右时，小伙子先走了，他在转转的悉心指导下去买气筒和补胎工具，我们又分开旅行。我们大中午的在大树底下吃西瓜，吃午餐。然后——没有看错。小伙子飞一般地又来了，我捧着西瓜一抬头就看到了他在树丛间穿梭的身影，大声喊，嘿，过来一起吃西瓜。

晚上到一小镇，忘了什么名字，所有的建筑都很新，可能是刚开发的。就在大家纠结在哪扎营之时，一个大爷戴着头灯，背上背一个篓子，像家乡要去田地打农药的装扮，一问之下告诉我们他要去山上抓蜥蜴。大爷说山上有个开发的旅游点可以扎营，他带路，劝我们去上面扎营。地上很多石头，路面凹凸不平，我们驮着笨重的行李步履维艰。走了不到一里地，大家气喘吁吁地决定回去，不往上了。

天，被我们走黑了。大伙决定下山，途中看到一个没有装修完的房子，于是进去探寻。院子里的地上还有水龙头，一拧开，水流哗哗作响。他们两人就站在院子里，就着水龙头的凉水在月光的普照下洗澡。若非帮我用折叠桶装了水，我在帐篷里面简单洗漱。

还有200公里到西安。对于能否在明天早上赶到并接到小苑和马飞，大家都没有底，主要是我没有底，他们两个冲着冲着就到了。转转说去火车站接人和被人接，感觉是不一样的，当你在火车上疲倦不已，但是你知道只要你出站，有人在等着你，盼着你，便是慢慢的期待和安心。

7月13日、14日

很早我就被转转叫醒了。摸黑穿衣，洗漱，大家就出发了。清晨，我们和万物一起苏醒，空气好得不得了。路上没有车，我们三个人很悠闲地在大路上歪七扭八，各种S形，后来开始慢慢地爬坡，大家体力充沛，感觉就这样也能走到天荒地老，即使山的那一边还是山。

在路上，你永远不知道下一秒下一分钟下个明天是阴是雨是晴，是上坡还是下坡，是顺风还是逆风。你能做的便是一路向前。

路边有个标语：走陕西公路，赏三秦美景。我们三个人很有默契地相视而笑。三秦真是好美的景啊，车多煤多灰多。以前父母在耳边叨叨家乡多好多好，我还总是不以为然。现在想想，家里真的是好。如果不出来走这一遭，家里哪里好，我又从何而知呢？

傍晚遇到一个站着骑摩托车的人，他穿着一双很大的鞋子，有很专业的骑摩托装扮。他站着跟着我们的速度在身边问："你们要去哪里啊？"

"西安，你看，今天能到吗？"摩托车骑友名字叫大脚老李。

"够呛，山路太多。之前就有队伍这样骑，但是没有骑到，他们还没有行李。"大脚老李这样告诉我们，听到这里我的心就凉了，难道我们真的赶不到了吗？

"没事，我们争取赶到吧。"转转说。

"等你们到西安，有人接待吗？我请你们吃饭，可以帮你们找地方住宿，天下骑友是一家嘛。"大脚老李热情地说，我很是感动，萍水相逢，相遇都是缘。我们婉拒说要去接队友，最后相互交换了联络方式。

早上出发一直骑一直骑，到晚上12点，看码表：187公里。对于我们来说，是一个记录。半途，若非说要买水，于是一起去小卖部，刚停车，只听我和若非同时倒抽一口气。好吧，这个时候你的屁股不是你的屁股，你的大腿不是你的大腿。痛啊，但是还没有痛到麻木啊。我忍，一路不断对自己说，"我的行李最轻。我不是最累的，不累。到了有大鱼大肉，到了就能接到小苑，到了南柯家有洗衣机不用自己洗衣服，有冰棍儿吃，最主要的是还有肉吃。"这样的心理暗示很多时候都很管用。

晚上11点多之后就开始一路选可以扎营的地方。在西安科技大学门口，我实在受不了，于是就地而睡。转转守着我们。若非一躺就开始打鼾。有蚊子一直嗡嗡嗡，我还得扑蚊子，累得很，但是没睡着。那个窄窄的石阶临时作为我的床，一动，感觉就要掉下去。躺了一个多小时，起风了，于是起来继续骑。转转说不远处有个人在玩甩棍，估计也是流浪汉。不安全，还是走为妙。半夜三点，我们穿梭在西安的大街上。

老天还是对我们很好的，这之后的路程就是下坡加逆风，于是悠悠地溜，在离火车站还有5公里时，大家实在撑不住了，直接大马路边上一摊，睡觉。

我们一直没有告诉任何人说我们快到西安了，我们要给他们一个大大的惊喜。给南柯打电话，他说也会去火车站接小苑，于是告诉他，我们也快到了，说你看到三个奇装异服的人就是我们了。

到达火车站。在人山人海中小心翼翼地穿梭。然后有人猛地一拍我的驼包。一惊一回头。然后看到一个白白胖胖，很可爱的小伙子笑眯眯地瞅着我。"南柯……你是南柯……"然后转转，若非，南柯，毛球，四个群里的话痨子终于在西安见面了，掌声鼓励。几个娃在网上嬉笑怒骂惯了，没有生疏。很快就玩笑打闹了。

然后就是看着时间，看着出站口等小苑了。开始我还站到出站口做望眼欲穿状。出站的人一个个在身边，不断地与我擦肩而过。站了会儿，不行了，又累又饿又困。于是放弃擦肩而过人的臭味，回车子那往地上一躺睡觉。管他什么形象。眼一闭，什么都不知道了。

小苑下车了。我大叫一声冲上去，两人一顿熊抱。哈哈，接到人了，我就巴巴地欢呼着马上就可以吃饭了。然后小苑曰："老男人一个小时之后就到了，到时候大家一起吃。"我吐血，继续趴地上睡觉。没有力气站起来了。

第五名加入的队友：无知地老男人，简称老男人。此人自称 32 岁了，之前在网上不管软的硬的就是不发照片。

只能这样想：版本一：（某 32 岁的人儿，小手帕一挥。犹抱琵琶半遮面，媚眼如丝，朱唇轻启）曰："等到了西安见面了，你们不就知道了嘛！"

版本二　取这样的名字应该是一个成熟稳重的中年男人，络腮胡，虎背熊腰，所以我之前和他说话那叫一个恭敬，那叫一个礼貌，完全是和长辈说话的语气哇。

扯远了，回归正题，老男人终于下车了，转转和若非去出站口接人了，只见远远的，有一个红衣小伙子和转转热烈地侃着，方正脸，很齐的刘海（比我留齐刘海的时候还齐，默然。），然后走近走近，然后近身，一一握手……握手……我抖着嘴，这……这就是传说中的老男人……天差地别啊。

这几天，衣服有洗衣机，大肉吃得爽歪歪，每天摊着随便睡。在这里要特别谢谢南柯儿娃，让我们在屋子里任意折腾，带我们吃最好吃的羊肉泡馍。这几天，大家都在南柯家窝着。每天我都是拿着遥控器趴床上看电视，看着外面的烈日炎炎不愿意出去。大伙买菜做饭，让我也下楼，于是我很没出息地死巴拉着门框不出门。

南柯说："我有事出门一趟，你不出门吧，那我就不带钥匙了啊。"

我头也不回，摆手："去吧去吧，我看家。"

玩了一会儿电脑，突然听到有人用钥匙开门的声响，心一下子就悬到了嗓子眼儿，他们出门没有人带钥匙，那这是谁在开门？

一个身材胖胖的，戴着眼镜，站在门口上下打量从房间窜出来的我，我也疑惑地看着她，相对无言半响才反应过来，"阿姨，你好。"

南柯突然从半掩着的门口探出脑袋，对这位阿姨说："妈，这就是我老跟你提到的，要到我们家借住几晚上的毛球，从天津骑车过来的。"哦，原来是南柯的妈妈。

阿姨用不可置信的眼光看着我说："你这么一个小姑娘，都能骑这么远啊，真不容易。"

南柯说："对啊对啊，她一个小姑娘都能骑。"

阿姨说："你也去骑啊。"

南柯说："妈你让吗？现在说让，最后还不是不让我骑。"

阿姨说："让啊，你跟他们一起去！她能骑你也能骑。"

寒暄过后，阿姨就走了。南柯摸摸额头上的汗，说真没有想到她妈妈会突然回来，南柯告诉我，他回来的时候，爬楼梯到三楼，就听到四楼家门口有人在用钥匙开门，于是他就三步并作两步往上赶，我也乐，"你说你妈妈突然开门，看到一个女的，一个人在他儿子家，她该怎么想。"然后我们两个就相视哈哈大笑。等转转、若非、老男人、小苑回来，又如此这般复述今天的事情，几个人又相视哈哈大笑。

15日晚上是小毛的火车，大伙去火车站等着，默默地看着川流不息的人群，转转和老男人去出站口守候。之前我一直问转转，小毛是什么样子啊。转转也是一脸迷茫，曰："我也不知道啊。小毛一共发过两次照片，不知道哪个是她哦。"

突然，俺火眼金睛的看到有一个男娃娃，白T恤，鸭舌帽，拎着高大威，边上还挂着个头盔！我眼睛一亮，曰："Look！那边有个男孩子，看装备是骑车的哦，走，去搭讪。"于是若非噔噔跑到那个男娃娃边上，俺们在后边一脸期待的看戏。然后若非又噔噔跑回来，曰："人家在打电话。不好打扰。"（她在和转转打电话，曰之的内容大概是找不到我们）然后众簇拥在她周边，只听她曰："你们在哪啊。我找不到你们啊……"然后挂电话。然后小苑试探地走上前，曰："你是小毛？"答案肯定。众恍然大悟，这样打扮真是太安全了。小苑曰："之前小毛就说过了她是短发，晒得像藏民。"

然后取车，派南柯儿骑车回家，我们去回民街吃东西，然后再集合。然后坐了30多个小时火车的小毛被我们拉去通宵K歌了。小毛曰："这几天你们都是在宅着？什么兵马俑大雁塔、大明湖畔都没去？"沉默。没有大明湖，是华清池。

然后白天宅的天昏地暗的我们终于下定决心去看大雁塔。恩。不错，下去之后，只见凉风习习，无比惬意。然后，然后就是大雨倾盆。啊！人们到处乱窜啊。屋檐那么高那么高。风那么那么大，根本就挡不住雨啊。人们把广告的条幅扯下包身子，小毛和老男人为我挡住了大半的雨，这个时候娇小是多么重要的一件事情哇。雨停，大伙终于看到了喷泉，于是冲进去淋了个彻底，然后回去。看着被挤成肉饼的公交默默叹息——中国人真是多哇，大家默默地走了好几站……

西安—西宁篇
（10~15 天）

谁陪着你看
太阳上山，太阳下山

2011年7月18日

  虽然在西安的日子很好混，很舒服，很惬意，但是我们还是要出发，今天的阳光很足，一装扮，蒙得结结实实，骑起来时风从耳畔过，不留痕迹。

  小毛的踏频很快，嗖嗖地往前飞，后来小毛说："看到这么平坦的路，太激动了，一不小心就冲了。"小苑跟着小毛在前面冲，又是我在拖后腿，都是女娃娃，我咋这么慢！

  五个人队伍的第一天骑行，哈哈！

  路上看到很多果园，然后我们在一个小店门口停下来，看到有卖桃子的，5块钱一盆，好便宜好划算，老板给我们一盆水，然后几个人团团蹲在水盆边，洗一个吃一个，桃子水灵灵的很甜，大家偶尔挑到一个脆的，开心好久，桃子中间还有一只蜗牛！

  黄昏，夕阳西下，万物都镀上一层金光，西边的太阳好像荷包蛋，我们就这样迎着夕阳欢快地往前，《喜羊羊和灰太狼》主题曲有个这样的场景，几只小羊排成一排噔噔的往前，然后唱："每天都追赶太阳。"很像我们现在的写照。老男人在俺边上一边骑车一边以45°望着夕阳，略微颔首，沉默一会儿，然后两眼放光，说："以后，我们几个人就可以每天看太阳升起，每天看太阳下山，哈哈哈，激动不？"众默，好吧，配合他一下，我也两眼放光。大声说："好激动好激动……"

晚饭是在一个小城镇吃的,小毛和小苑没有吃饱,6块的面条,捞起来都是菜,面条太少了,我和转转的炒米饭还凑合,老男人吃的炒面条,面条估计是不干净,晚上吐了,众人围着他笑眯眯地问:"几个月了哇。"

晚上,突然狂风肆虐,电闪雷鸣,地上的灰被一阵一阵地吹起来。转转骑着车去找可以扎营的地方,今天晚上如果能在12点之前睡觉那就是万幸了,如果天公作美的话,住宿还是很好解决的,但是现在,有个遮雨的地方变得那么难,如果再有床铺,有热水,哇,幸福。在路上我们变得特别容易满足和感恩。生活没有那么复杂,复杂的是每个人的心。

最后终于选定了在一个门洞里面扎营,门洞过去是一个院子,有一对老夫妻出来,说的是陕西话,大家半猜半打手势地聊着,永恒的几个问题,你们从哪里来,到哪里去,哪里人等等,然后老太太问,"要热水吗?"多么美妙的一句话,于是我们有了水洗脸洗手,还有热水喝,世上总归是好人多,多谢好心人。

我们3个女孩睡在门洞里面,转转和老男人在外面,然后半夜睡得正香呢(之前还有什么认床啊,有灯光就不踏实啊,别人打呼噜就睡不着等问题,现在一躺很快就睡着,什么问题都习惯了,睡得香极了)。半夜2点多突然灯光大亮,有人在外面敲帐篷大声吆喝,待我们迷迷糊糊起来一看,前面是一辆大货车,要从我们扎帐篷的地方过去,到院子里面拉货,我还以为是转转他们在敲帐篷啊,我们在里面都醒了,转转和老男人在外面还睡得香香的,不管怎样不情愿,还是要爬起来腾地方,司机说100米远的地方还有一个门洞,那个地方比这里的地面还好些平,也不过车,可以去那边。于是我半睁着眼,不太确定是梦还是真,梦游似的举着撑开的帐篷,推着车,抱着行李浩浩荡荡地搬家,折腾啊,然后大家都自我安慰,出发第一天,越折腾说明以后的旅行越精彩。

在暴风雨中安睡

7月20日

今天出陕西入甘肃。天气非常炎热,爬坡,无穷无尽地向上,很多次我都想停下来休息,但是大家都在往前骑,我要是休息一定拖后腿,于是我闷着头给自己打气,默默地对自己说再骑一段再骑一段,再骑一段就休息。

老男人说:"不要闷头骑,可以看看四周的风景,分散一下注意力。"老男人全身的肌肉都是紧绷绷的,俺们就伸出小手指头戳一戳,然后曰:"肌肉哇,真是硬的跟铁似的。"

我们队的分工是这样的,转转领骑,老男人押后,于是老男人就默默地陪着某些拖后腿的在后面慢慢地骑。

大家的午饭是在一户人家的小路边上做的,小苑去农户家里要水,洗菜做饭洗碗,然后我坐在一个倒着的电线杆上写日记,蚂蚁爬过来爬过去,绝对忽视。吃饱喝足后就是必不可少的睡觉了。我们几个女娃娃躺地上,转转和老男人收拾东西,睡觉这么惬意的事情,请自动无视在地上爬来爬去的蚂蚁,请在它们拜访你时露出8颗牙温柔待客。现在坐着,没有依靠都能睡觉,能躺下,区区蚂蚁怕什么。睡梦中,我伸手一抓脖子,一只蚂蚁,一翻身,一甩,继续睡。醒来后,站直身体,开始跺脚蹦蹦跳跳,我抖我抖我抖抖抖。骑上车子后总觉得有什么在爬,是不是小蚂蚁呢?可能是心理作用。

中途在路边休息啃馍馍,很美味啊。不由想起以前在学校,这种馍馍里面加菜的我还不待见。现在给我点菜,眼冒绿光啊。

我们坐在路边的石墩上，不远处当地的几个小孩儿假装聊天，偷偷地打量我们。在没有水的排水沟里有很多桃子，看起来很不错。大家开始还是忽视的，后来不知谁说也许能吃呢。然后转转蹦下去挑了挑，拿起一个擦擦开吃。我们几个则紧张兮兮地盯着他吃，然后等几分钟，看看毒发不。嗯，没事儿。于是挨个跳下去捡一个，擦擦就吃，吃完意犹未尽，又挨个跳下去捡二个吃。在路上每个人都是不可小看的，巨能吃啊。然后的然后大家就非常默契地开抢了。老男人说："不在家里享受生活，在这高山上抢桃。哈哈，抢着吃才有滋味。"

傍晚，老男人给我灌了点葡萄糖和盐，然后他们说在有风的时候跟骑最爽了，前面的人给你破风。于是大家就大爆发了，我紧紧跟着小毛，默默地踩，不去想现在是上坡还是下坡，是顶风还是逆风，偶尔泄力了，就吼一声："慢。"小毛就慢点，再冲。

8公里的下坡，一直捏着后闸，捏得手都麻了也不敢放松，很多的车，很多的弯道。这时候我们最欢喜的就是有平路，但是只有平路的骑行不用猛蹬，没有御风而驰的感觉，又怎么能诱使我们出来，也许，骑行的乐趣，便在于一次次的爬坡，一次次的汗流浃背。生活也一样，即使身在最艰难的陡坡中，也要相信，垭口就在前面，登上最高峰后就是爽歪歪的下坡。

晚上在一个叫泾川的小县城吃饭。我们问老板娘广场能不能扎营，老板娘说倒是可以，但是外地人很多，安全性得不到保证。于是晚上快10点，吃饱喝足的我们又冲上了国道。没有路灯，几个人打着手电筒晃悠在窄窄的过道上，道路两旁都是玉米地，没有人烟，没有车走过的时候就是一片静谧，仿佛天地都只有我们几个人，那几束并不闪亮的手电灯，也许可以照到天涯海角。时间空间仿佛和现实割裂，只有我们。一有车子经过，我们便熄灯，不知道在司机们的眼里，我们是什么样的存在？孤魂？流浪汉？或者是打劫的？夜，越发黑得深沉。也许今天找不到扎营的地方，也许，可谁又知道呢。我心里有点慌乱，好在身边有队友。后来有朋友问我是否一个人骑行过，我说没有，无论任何情况，身边总是有队友，也就是在这样的环境下，骑友之间的情谊越发的纯净。

终于，在转转锲而不舍的乱晃之下，我们发现了一个很平的空地，然后收拾家当，扎营。天边在闪电，我一直忐忑，一直问："要下雨了吧，我的帐篷不会漏雨吧，不会被淋湿吧。"众人曰："不会的啦，放心啦。"好吧，睡觉。

睡袋刚买回来之时，觉得厚得像棉袄，好暖和。可是在这荒郊野岭，半夜竟然被冻醒了，我觉得睡袋真的是很薄，都不保暖。在高海拔地区，白天再高的温度，到了晚上都会很冷。然后我清晰地听到外面的雨声哗啦啦的。是的，全湿了，帐篷进水了，一摸冰冰凉的，好刺激。然后我闭着眼睛开始想有一个饭碗，我的帐篷就搭在碗底，然后下雨了，帐篷无处可逃，我就在碗里游啊游。

这是一个新奇和冰冷的夜晚。无星光无月亮，有乌云有雨水。

亲爱的路人，你好

7月21日

早上起来，帐篷都是水，转转举着帐篷威风凛凛地从这头跑到那头，又从那头跑到这头，兜着风跑，说这样干得快。众看着集体黑线。等了一会儿，实在是干得太慢了。于是就着水叠起来，感觉重了好多啊。

今天的国道是2车道，车很少，道路两旁是各种庄稼，人家很少，然后又看到了复制粘贴的一排房子，这样子一模一样的房子，晚上能找到自己的家门吗？房子为什么要千篇一律啊，不能有点自己的特色？小毛、老男人和我三个人骑一组。以20km/h的速度骑着，然后老男人曰："这么好的路，我们骑快点好不好。毛球，跟不跟？"我犹犹豫豫，曰："跟。"老男人说："放心。最多25km/h。"

于是3个人排成一排，我在中间，然后开始加速了。风呼呼地刮啊，有了惯性感觉也不是那么难。然后，然后，速度越来越快了。我一看码表：时速28km/h。我……我大声控诉："你说了不超过25的，你说了不超过25的。"老男人："哎呀，一个激动就忘了。"然后一秒变脸色，"你骑车的时候能不能不看码表。"我蹲墙角画圈圈，捏住衣角，可是，人家觉得后来越来越难踩了嘛……

下午一点，在一个小树林里面做饭，从一点开始，五点结束。大家在这期间把帐篷睡袋都摊开晒，然后小酒品起来，小菜尝起来，小瞌睡打起来。然后众还商之量之，要不今天就不走了，就在这里扎营。

晚上纠结完扎营的地方之后，在一个餐馆前面，上书曰：兰州拉面。然后敲门，询问之，许可之，欢呼雀跃之……做饭，唠嗑，晒星星。即使面条坨成面疙瘩，我们的原则是不能浪费，于是个个吃的动不了，然后几个人靠着行李，歪七竖八地仰躺，天上的星星静谧悠远，有不知名的小虫子吱吱叫着，头顶的树叶哗啦作响，我们有一句没一句地聊着天，集体沉默时便仿佛要睡去，梦里缤纷，那些记得的，遗忘的，欢快的，劳累的小细节便默默地在心房铭记。几时入梦，几时梦醒。梦里花落知多少。

7月22日

今天连续爬坡七八公里，大中午的没有树荫，汗水如雨淌。衣服从上到下，从里到外全部湿透，从西安出发，大家都没有洗过澡，大家现在可真的是一个流浪汉了。

每次看到上坡，就会想到盗梦空间里面扭曲的空间，前方的路是否真的通入了另一个空间。现在我可以越来越淡定地上坡了。坡看着很陡，骑到面前会发现不陡。用自己的速度一步步地踩，踩着踩着就上去了，然后就会有爽歪歪的下坡了。

路上遇到一个骑车的哥们，我和小苑大声 say hello，便继续爬坡了。我们两个人想着慢悠悠的骑，于是先开骑，待会儿他们就会追上来了。后来坐在地上等了半个多小时他们才到，原来是与刚骑车那哥们吹上牛了。后来得之他走完川藏，滇藏了，现在和我们的路线相反，要回西安，他们已经出来三个月，花费每天平均约50元。最让我们瞠目结舌的是：他没带睡袋，扎营时老冻醒。没睡袋，能不冻醒吗？我有睡袋还觉得太单薄。牛人总是在路上啊……

这里的人家一般都有小院子，路上发现没有水了，我们便会敲开人家的门要水。今天敲开门，那家的小媳妇皮肤很好，长得很清秀净白，不像这方水土养出来的人。我们要完水便在他们家门口休息。一会儿的工夫，突然听见门被"砰"的一声打开，小媳妇慌慌张张地看着我们，然后快速四处张望，看到他儿子依偎着奶奶坐在门口好奇地打量着我们，小媳妇很明显地松一口气，然后上前拉着他儿子的小手快步往屋里面走，一边走一边打他说："让你乱跑，让你乱跑。"然后小心翼翼地关上门。整个过程我们都是呆呆地看着，然后就开始思考。那个妈妈会不会想着他儿子被我们拐跑了。

路上碰到车子在撒小石子，然后撒灰。于是大家快速逃窜，并在一户人家边上等候。然后大家开始各种合照。小毛喂我吃东西。转转自个儿闹腾相机的遥控器。小苑没事儿用小手去戳老男人的腹肌！这货豪迈的一拉拉链，衣服大开，拍下的照片便极富画面感。

今天一路都没有阴凉地。好不容易到一个隧道口，大家看到一个招牌下面投下的小小的一片阴凉，便齐刷刷地挤成一堆站在小招牌的阴影下。有一对货车夫妻也在这休息，然后大家就聊开了，师傅说我长得像他们的二女儿，嘻嘻嘻……害羞，他们给了我们好多大个的桃子，即使上面毛茸茸的，我们在可能比桃子还脏的衣服上擦擦便开始啃。桃子特别清脆可口，他们还从车上给我们热水。真是好心人。好吧，吃了有毛毛的桃子，报应来了，大家全部抢厕所……

在路上最吸引人的地方便是，我们会遇到很多陌生人，他们在我们的漫漫人生路上一瞥，可能我们不知道他们名字，没有记住他们的容颜，但是相处时的点点滴滴，即使时光匆匆，也会在各自的心房投下涟漪。朋友，你好。朋友，再见。

星天外 雨山前
——奔兰州骑行记

7月23日

  有时候，旅程并不总是有惊喜，但是如果有一天让你终生难忘，那么所有的苦或许就有了坚持的理由。

  早上起床，我们在收拾东西，小苑直接扑通一声倒地上了。我们陪她去卫生院看了下，打点滴，吃药，但效果不显著。在我抓紧时间啃大馍的时候，有几个美女医生给了我一根葱。于是我傻愣愣地举着大葱，问队友们，"这个干啥用？"小毛黑线，"就着大馍吃啊。"我也黑线，大葱怎么能生吃呢？不是做菜的作料吗？大中国的饮食差异。

  就小苑的事情，大家商量，她的这种身体状态是不能再爬坡的。于是把昨天爬的几十公里坡又放坡回去，我们得回静宁，因为距离下一个城镇会宁还有70多公里，到静宁后可以让她搭车去兰州，刚好若非也在，还可以接她，然后带她去看病。

  下午上312国道，几乎没有车子。很宽的马路上只有我们几个人，于是顺行逆行，肆意穿梭。时光静谧，阳光正好，小山坡在一层一层阳光的照耀下显现出不同的颜色，绿一层黄一层。或者就干脆寸草不生，很严肃，很有棱角，保持着拒人于千里之外的冷酷。

这里很缺水，玉米地都用薄膜覆盖起来，人们用车子载着水挨个浇灌。路边满是无人照看的杏。我们4个人频频歪着头看，突然转转猛一停车，说："我实在是忍不住了。"于是大家停下摘杏吃。杏有的绿，有的青，我一口一个一口一个。突然我看见就在鼻子底下，一个小虫子突然好奇地探出头。"哇！"我大吼一声，然后扶着小树苗赶紧吐掉还在嘴巴里面嚼着的杏，然后默默地叨念，小虫小虫，冒昧来访，实属不好意思。但是。你要欢迎我，要打个招呼先啊。然后……然后当然是继续吃了。只是要先一分为二，看有没有虫虫，再继续。一口啃半个，一口啃半个。老男人感叹："怪不得那么多得人喜欢户外。宅家里你永远想不到快乐原来是可以那么简单。人，也可以那么容易感到满足。"

一路过来看见很多的窑洞，也不知是哪位世外高人居住于此呢？悬崖边上都是峡谷。一座座高山矗立，山顶上是一排或者一棵树，遗世而独立。骑至一座大山面前。大家知道很多时候你看到的山，看起来不高，其实是很高的。于是大家在骑了一天的起伏路之后，很有默契地贼笑着，然后一齐把明媚又忧伤的，半火焰半海洋的45°的眼光瞄向了高速。三四米高的陡坡，一个个的排着队推上来，作为小女子的我摇旗呐喊，被赶到一边不许帮倒忙。我们上高速了，路上车不多，我们靠着边儿骑还算安全。然后老男人吼了一句话："哇，我们竟然上高速了。今天注定是难忘的一天。"事实也证明，今天确实很难忘啊。这边的高速和国道是平行的，国道多了很多坡度，高速的坡相对较缓，我们想着早点去兰州看小苑便上了高速，这是一种非常危险的行为，是一个反面教材。

穿过一座又一座的山，没有大的陡坡，于是我们冲得飞快，累得气喘如牛。四个人以近30km/h的速度狂奔。夕阳西下，所有的护栏都镀上了一层金黄色。有时候冲进山的阴影，恍然天黑；冲出重围，又会发现太阳还是没有下山。大家的兴致都很高，轮胎摩擦地面的声音就是一首美妙的歌曲，让人很振奋。天黑了，大家仍然很欢快地向前冲，并兴致勃勃地说，今天晚上杀到兰州去看小苑和若非，争取明天早上8点给他们一个大大的惊喜，群情激昂啊！一边骑着一边时不时地抬头看一下星星、银河。黑幕中，星云透出辰光，打破这一片的暗沉，缥缈浪漫。

不知不觉中我们的踏频越来越慢，竟然是在缓上坡。在一个服务站，转转和小毛去买吃的，被人盘问了好久，可能我们的衣着还有精神状态太像流浪汉？烧饼、红牛和方便面，总计六十多元，好奢侈，好腐败！2个月的路程，第一次也是唯一的一次喝运动功能饮料，可是感觉再多的功能饮料也弥补不上消耗的体力。吃饱，准备休息之时，竟然有雨滴落下。原来雨滴毫无预兆地砸下真的会发生。一抬头，不知道什么时候漫天的星星早已隐身，黑压压的乌云铺天盖地，不到三分钟，暴雨来袭，砸在地上铿锵有力。大家开始手忙脚乱地穿雨衣,刚准备走时小毛发现扎胎了。于是在暴雨中,天地间除了车灯就是我们的小手电了,小毛抖抖索索地准备换胎,眼睛都睁不开了。我雨衣里面的所有衣服全部湿透了,很想躲到后面的小树后面换衣服,掏了好久终于掏出一件干的衣服。队员们眼睛一瞪,不让我换。说只要我一拉开雨衣的拉链,马上就会感冒。现在外面的温度很低,哈气带雾。于是在漫长的上坡中衣服被汗湿,然后在漫长的下坡中冻得瑟瑟发抖。

路上我一直在默默地带着哭腔叨念,"为什么还在上坡?我的胎有气吗?什么时候再喝功能饮料?什么时候休息啊?我困了哇,给我烧饼,我饿。"队员们耐心地一句一句回应我的叨叨念,"马上就下坡了,马上就喝功能饮料,过了隧道我们就吃烧饼啊。"骗子,你们都是骗子。

于是坚持,坚持。在路边休息时,我实在想睡觉,弓着身子趴在自己腿上很不舒服。于是老男人借我胳膊用,估计我把他胳膊都压麻了。转转竟然直接躺在湿漉漉的地上。我迷迷糊糊醒来,以为他是行李,乐呵呵地跑过去准备枕,一碰上发现热乎乎的,一看是个人,吓我一跳。一会儿又和小毛背靠背睡,终于喝到了功能饮料,虽然冰凉凉的,这个时候是多么想喝热水啊,这是我在路上最渴望热水的一次。

休息一会儿继续上路,传说中的功能饮料好像作用并不是很大。我肚子有点受凉,贴了个暖宝宝。过隧道,里面灯火通明,五彩斑斓,照得人都暖暖的了,真希望这条隧道通往兰州,这样我们就一直都是温暖的,一路的阴暗潮湿仿佛都远去了,只是这段隧道只有几百米,过后依然是潮湿阴冷,然后就是一路下坡了。通宵骑车后,天渐渐地亮了,大家在商量怎么把车搬下高速。实在没找到路,然后决定直接走出口。我困得睁不开眼,眼睛一会儿就闭上,然后马上又睁开。

整个晚上,小毛和老男人一直在后面不停地喊我,让我不要冲到马路中间去,要走白线内。或者喊名字,毛球,毛球……我一直嘀咕:"好困啊,好想睡觉啊。"大家都在默默地骑,我也不好闹腾,只好继续骑。然后开始数数,尽量不让自己瞌睡。可是还是在背着古诗的时候睡着了,正做着美梦,然后小毛和老男人一声大喝,我猛然清醒,我竟然走到高速的中间了,后面飞速来了一辆车,喇叭按不停,后知后觉的我一身冷汗,还好没事。

难忘的一天,感谢队友们对我的照顾和关心。马上全体下车,闭目休息一会。

7月24日

早上,太阳懒洋洋地出来,大家都累了疲了乏了。后来发现老男人扎胎了,遂补之,后直接从高速出口出,一直商量着到时候咋回应警察的询问,真骑到的时候大家淡定骑着。一个民警目光呆滞地伸着懒腰,一句问话都没有,我们就这么旁若无人地出来了。

然后大家就继续冲。这里的路真的是无比变态啊。小毛在前面,我们看着她,骑着骑着她就不见了，一分钟后，她又出现了。又不见了，又出现了。不到3米的距离，一个大下坡又一个大上坡，还坑坑洼洼，简直是折磨。

一路走过一个小商店都没有看到。我说，好累啊。好饿啊。老男人回应，大家都累都饿。我只好默默地不再念叨了。又骑了一会儿停下来休息一下，怀着一点点的希望找找包里有什么吃的。低着头，一阵晕眩，我不行了，于是坐在小石头上，抱着驼包，闭目养神。转转问："咋滴啦。""想睡觉。让我眯一会。"然后他竟然来捏我。我一巴掌就挥过去，他一蹦开。笑嘻嘻："哟，还有力气打人，看来没事儿嘛。"小毛拍拍我脑袋，问："没事儿不？"我说："没事没事。"转转说："她没事，还有力气和我打架呢。"然后我就抬头迷迷糊糊看了她一眼，继续睡觉。睡觉才是王道。小毛说："脸都黄了，转转，别闹她，她真不舒服。"本来没啥的，听到小毛一说这话，我就崩溃了。出发前我还说我要是在路上不得劲了就满地打滚嚎啕大哭。这一路骑来，有的大伯大叔还问我有没有哭。我还自豪地说，没哭啊。到现在我还认为那会应该是要哭天抢地的。

真的没力气了，然后我就默默想我这样出来这么折腾是为什么。真的好想睡觉，好饿啊，好想家人啊，眼泪哗啦啦地流。又想他们在面前站着呢，要是被看到在哭，要被笑话了。于是左胳膊湿完换右胳膊，还在思索要不要抱着小毛不管什么形象嚎啕大哭一场来着。小毛说："我给你泡葡萄糖去，好不好？"我就用稳重的鼻音说："好哇。"小毛说："泡好了，现在喝不？"我说："等会儿等会儿，再趴一会儿。"潜台词是眼泪还没干呢，还没哭完呢。一会儿后抬头，飞速戴上墨镜，假装什么事情都没有发生。恩，喝葡萄糖，好甜好甜，感觉好点，于是再出发，再次冲在队伍的前面。

骑了一会儿终于看到了一家小小的商店。大家买了方便面，借了热水。吃完好吃的面条大家在大太阳下晒着，晒完正面晒反面，慵懒自得。

和当地人吹着牛。大叔甲说，很久很久以前，有一个骑单车的少年，在下着大暴雨的晚上，一个人艰难地爬着很陡的坡。大叔甲于心不忍，让少年上车搭车不收钱。少年威武地说："多谢大叔。我要坚持骑上去，我不搭车。"啊，多么坚强的少年！

司机乙回答我们，这条路骑车的人不多，因为山路太多了。我倒是知道另一条路的骑车的人比较多一点。

我们七嘴八舌："我们，不走寻常路。"（背景是光芒万丈）

中午找到一棵大树下的平地睡觉，阳光很烈。有树荫就是好啊，大家排成一排睡觉。有光不踏实，遂盖个头巾，一躺马上就睡得很沉很沉，然后被热醒了，我一骨碌爬起来，滚到有树荫的地方，继续睡。然后又醒了，又换一边地方。发现大家都移动地方了，随着太阳转。像是一朵朵向日葵，在睡梦中自行旋转。

……

西宁

7月26日

出发！当然是磨蹭到12点，打包，在旅馆边上的小餐馆吃饭。饭菜很便宜，味道也很不错，最后老板还送了我们一碗汤！我们直呼：老板真会做生意啊！如果以后别人问兰州哪的餐馆不错，我们绝对会说这家的（不过我现在忘了旅馆名字，餐馆名字也忘了，不能打广告了！）。还好出发的地方不用上好多个大变态的坡。

路上经过中山铁桥，呃！没啥看的，游人很多。一看到人多的地方，我就眩晕！

路过一个很有创意的茶壶！

当然，路上少不了的——补充营养的水果。

一路都在山的边沿前进，右边是很黄很黄的黄河水！

我们在一户人家前面的空地上扎营，之前已经和户主打了招呼。阿姨和叔叔就在边上看着我们忙乎！然后跑回家给我们拎了一壶热水，又端来了凉菜！还非得让我们去他们家的厨房做饭。我们婉谢了，已经很麻烦了他们了，叔叔告诉我们，他们这很缺水，喝的都是从黄河打上来的，然后沉淀再用。

他们这的厕所是蹲坑位的，角落有很多的泥土！有铲子！请之后自觉用土埋了！

ps：方便的问题，第一，什么样的厕所最干净，最舒服？答案：野外！选择多样化，还可以欣赏风景，味道清新，随风而散，还可以随时转换战场！

第二，加油站。看到中国石油、中国石化，还有各种各样的加油站，一定不能错过！当然质量参差不齐，有鲜花、自动出水贴着米奇的，也有各种生物居住，味道很独特的，不过总体还好！

第三，餐馆。

第四，人家院子，不过请注意，去之前小心狗！

7月27日

早上出发就是上坡，看到一个牌子：八盘峡！老男人在边上说："球爷，你可曾记得当日爬的六盘山？现在是八盘峡哦！"我一听就是一哆嗦，难道又是几十公里无穷无尽的上坡？啊，好吧！上就上，再陡的坡，爬着爬着就到顶了，没什么可怕的！

后来知道了并没有想象的那么难，我们可以沿着黄河，在峡谷中穿梭。

在路上遇到一个大爷！和我们的路程是相反的，大爷晒得黑黑的，一个人，从北京出发，环了青海湖，现在返回去！大爷告诉我们一些路况。在路上遇到的车友总能聊得很开心，大家都很乐意分享旅途中的所见所闻！

傍晚，突然就风起云涌，冲了一段路后一回头，发现若非不见了！等之，电话之，原来是扎胎了！

眼看快下雨了，黑云压城城欲摧。

大伙儿进入一个小镇，看见一排快修好的房子，大伙一阵欢呼，大雨就开始噼里啪啦！大家急忙冲进房子，外面马上就黑了，雨下得很大。庆幸有这个房子可以遮风避雨，大家盘坐在门口，听着风声，看着雨点，群山在烟雨中朦胧一片，如梦似幻！

7月28日

今天进入青海！大伙儿在一个大蒜的批发市场住，有遮风挡雨的地方，有厕所，还有好心人给我们水，没有比这更幸福的事情了！

7月29日

距离西宁还有47公里！

青海，很喜欢的一个省份。"蓝！是那么的天！白，是那么的云！"

哈哈，这是很多年前，湖南卫视的汪涵说的，一抬头，云朵在天空大朵大朵地绽放，好像棉花糖啊，让人的心情没来由的好。在兰州，人们说到西宁的路是一路上坡，很多车，路窄，很不好走！其实真正走上来，并没有想象中的那么难，我们一直都是沿着黄河在走，坡度不是很大。

进入西宁，我们在路边排排坐着商量旅馆的事情。一个老太太迈着大步子晃晃悠悠的，嘴里念叨着南无阿弥陀佛，她在我们每个人的面前用手虚晃一下，目标是小毛手里的香蕉，老太太一抢，小毛往后一避让，目瞪口呆！香蕉断了，三分之一没了，小毛怒。

骑着自行车在大街小巷晃，好多旅馆都满员了。唉，现在是青藏线的高峰期啊！晚上能预定的也都是满了。过一个十字路口，我瞅准了没车过往，一个猛冲，突然一辆小轿车

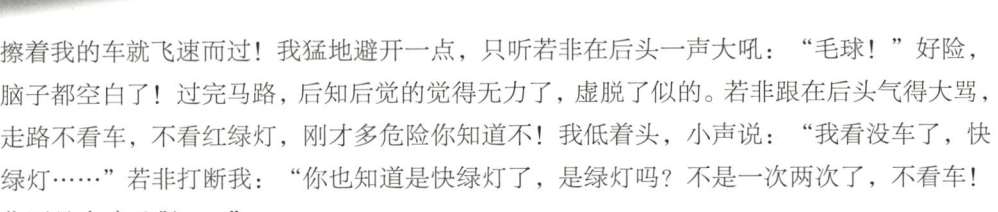

擦着我的车就飞速而过！我猛地避开一点，只听若非在后头一声大吼："毛球！"好险，脑子都空白了！过完马路，后知后觉的觉得无力了，虚脱了似的。若非跟在后头气得大骂，走路不看车，不看红绿灯，刚才多危险你知道不！我低头头，小声说："我看没车了，快绿灯……"若非打断我："你也知道是快绿灯了，是绿灯吗？不是一次两次了，不看车！你还是小孩子啊……"

下车站住了，没说话。蘑菇发来短信问到哪了。我手抖啊抖地拿出电话，蹲下来，开始大声的很开心地讲电话，我在西宁了啊，刚到啊，现在在找旅馆啊……

唉！没出息的我，当时就怕得不行了，如果被撞到了怎么办？父母还不知道我在外面，如果出事了他们该如何的伤心。好想打电话给他们，然后大哭！我差点被车撞了啊，好怕怕啊！

晚上他们在那商量，若非提议让我搭车。转转说，这么远的路，你都骑过来了。这是第一次提出让你搭车！知道问题的严重性了不？我坚决说，不搭车！我会注意的！这之后，我走路时就挽着小毛的胳膊，骑车就左看右看上看下看，然后不在最前不在最后的过！

住的旅馆环境不错，可窗外就是青藏线，火车轰隆隆的过，小毛说：我曾经经过这条路去往西安，火车开得飞快，我还是乐此不疲的在窗口欢快地招手！

7月30日

今天一大早就出发找车行调车，因为没有行李，所以很轻快！骑车的人很多啊，店主忙不过来，我们被无视了，只好在外面等着。一个大叔很认真地问我，你觉得骑行的乐趣是什么？我直接一愣，呆傻了！这个这个那个那个……原来这就是传说中很高深的问题，旅行的意义，好像说不上来，出来已经一个月了，2000多公里的历程，好像很长，又好像很短！不知不觉就过来了，当真正上路了，最困难的一部分便已克服，很多事情，虽然不是我想象的那么简单，但也不是别人想象的那么难！

哈哈，从天津到西宁了哦！出发之时，第一个目的地是西安，这个古都我很喜欢！第二个目的地是青海湖，去看从眼底延伸到天际的大片大片肆意绚烂的油菜花！第三个目的地还没有想好，现在到西宁了，青海湖已触手可及……

PART 4

作业游记

西北篇

马上望祁连，凝素无青云

2011年8月6日（骑行青海湖，略）

8月7日

热水不是水，是一个煤矿小镇的名字，用一个字来形容它——脏，两个字——很脏……连空气都是灰蒙蒙的，路面、桌子、房子都蒙上经年都去不掉的污垢。中午开始刮风，温度下降很快。

傍晚骑到默勒，这是一个很小的镇子，大伙儿找一家旅馆全住进去，床板很硬，被窝很暖，整个镇子只有一个厕所。路经海塔尔山，海拔3000多米。下坡时，下冰雹，侧风，我下坡冲得太快，被批评了。

8月8日

从默勒出发，早上找遍了整个小镇都没有面条，于是喝了牛肉汤，有点消化不良，胃不时地抽痛，上午一直跟在队伍后面追着。骑的这条路刚修好不过两三年，骑行的人很少，偶尔会有里程碑上面有涂鸦，小河沿着峡谷顺流而下，哗啦作响，即使天气很热，水依然是冰冷刺骨。

路，就顺着山脉，一个上坡，一个下坡，绵延不绝的一座山又一座山……我很纠结，为什么要起起伏伏啊，上这么大一个坡，还要下，为什么不平着来呢？众曰之："河水涨了，怕淹。"我默然。于是我们起起伏伏，在每一个转弯的时候都满怀期待，人们都说转角遇到爱，让我们转角就下坡吧，然后一个又一个惊喜来了，或者下坡，或者上坡。

牛羊都悠闲地吃着草，在我们经过的时候，或者熟视无睹，或者抬起慵懒的双眼瞅一眼我们，或者在我们靠得很近时，突然惊醒，猛地跳上一个土堆，我们就惊呼："哇，好身手，这里可是它们的天下，我们都只是过客，和这么多小精灵们擦肩而过，真是多大的缘分啊！"

太阳下山之际我们开始爬坡，看起来不陡的坡，我开始还紧紧跟着小毛，后来就觉得跟不上了，只能用 1—1 慢慢地踩。大冬树山海拔 4000 多，由于我没有吃好，头有点晕晕的，不知道是高反还是小感冒。路上遇到矿区的工人们，给了我们热水，告诉我们还有 5 公里就到垭口了，路上还是好人多啊！

小毛和若非担心今天到不了祁连，跑得飞快，然后在垭口吹着冷风等了我们 40 分钟，老男人说："你冲那么快，感觉咋样？"我回答："我晕。"老男人黑线："那慢点啊，这里是高海拔啊，慢点骑，不要急。"

我被灌了葡萄糖，然后还是晕乎乎地踩，骑一段休息一段，速度在 5km/h 左右，后面的 5 公里盘山就是这样慢慢挪上去的，看到垭口的经幡，我简直想尖叫。

半途经过的一个小商店，我们去买小零食，看见只有一个小姑娘在，我顺便要了点热水，小毛表情别扭地回来，让我不要瞎起劲拿水壶了，小姑娘给她灌水的时候，她有口难言，眼睁睁地看着水壶里面的苍蝇啊蚊子啊顺着水流进了她的水壶……

那天的起伏路计人骑得很纠结，永远不知道拐弯处是上坡还是下坡，上坡上得很无力，下坡下得很心酸，因为下多少总是要上回来的，大伙儿总会想趁着下坡的惯力狂蹬上接着来的上坡，有时候蹬上去，有时候力竭，但是我们整个看是在一路向西，一路向上，就像人生路上的高潮低谷，让人不管遇到什么，纠结也好，欣喜也好，都要以平常心对待。

晚上 8 点半下山，12 点到祁连，这一路，从光秃秃到大树林立的美景，我们没有欣赏到，只看到黑乎乎的一片，只听到潺潺水声在山谷中回响，只隐约看到在月光的照耀下山的黑影。转转扎胎 2 次，于是站在路边补。第二次时，我站着有点发飘，晕乎乎的站不稳，小毛给我一瓶八宝粥，美味的冒泡啊，吃了好点儿，多谢小毛大爷关键时期的赏赐。

后来我们中有队友说，应该在这里扎营，这样我们就可以不用胆战心惊摸黑放坡，就可以欣赏到从光秃秃到绿树成荫的美景，但是也许有遗憾，我们才有理由再一次出发。

只是错过的这段路，身边的人换了，自己可能也换了心情，不是这个年纪的自己了。

蓝天高高，白云飘飘

8月10日

从热水出发，每天三四点钟准时飘来一朵乌云，然后或者下雨，或者不下雨，云都在那里；或者雷声大雨点小，或者大雨冰雹加大逆风或者这样或者那样，都是看心情。

今天从祁连出发，早上醒来，推开窗户，对面山头的山，红一片，绿一片，太阳升起，阴面暗黑一片，受光面灿烂辉煌，我在床上裹着被子，看着外面的白云飘啊飘，更加不想起床。最美好的早晨，最温暖的阳光都躲在被子里。

若非感冒了，决定休整几天再搭车。

在祁连，一个小伙子告诉我们再往前就是狼区，前段时间有一对夫妻被叼走了，不知道真假。

出祁连，一路沿着小河放坡，心里美滋滋的，难道要这样滑到野牛沟？是不是太爽了？以祁连为界，那边的山温柔而含蓄，这边的山则凌厉而危险。爽了不到几公里，开始了一座山又一座山的爬，又是起伏路。太阳狠毒，树不多，偶尔有个小小的树荫，便站到下面小小的防晒一会儿。

看到一座木板铺成的铁索桥，哇，站上去晃晃悠悠的，大家都上去摇了一会儿，河水很湍急，河边有人在钓鱼，有人在聊天，这里仿若世外桃源，我们则是误闯入的冒失者。

我们慢慢地就到了深山里面，路上随时可见碎石块，这时候见到好多工人攀爬到铁丝网上，应该是去网住石块，以保证过往车辆的安全。

下午三点，很准时的，乌云又来了，刮起很大的风，这个时候离野牛沟还有40公里。在一个上坡处，我拿出饼啃得很满足，这时，只见地上被砸了一个个的大坑，雨，突然就哗啦啦地下起来，真正的倾盆大雨，大家于是咋咋呼呼地套上雨衣雨裤防雨罩，蹲下，躲在驼包的后边。

我们的右边是高山，随时可能掉小碎石，左边是悬崖，下面是很急的浑浊的水，没有躲雨的地方，大家只好默默地蹲着，专心看雨，我的鞋子很快就湿了，背被打得很疼，好吧，就当免费按摩。然后我看老男人站在不远处，于是屁颠屁颠地跑过去站到他身后，跟着他移动，哈哈，挡雨啊，挡风啊。路政工人坐在卡车里面呼啸而过，看到我们就是一阵怪叫，看到四个轮子的车子潇洒地不回头，这个时候我就是无限的羡慕啊，在车里至少不用被雨淋。好在我们是休息了一会儿。

站着是淋，蹲着是淋，骑着也是淋，这么待着也不是办法，于是大家决定往前，雨太大，不一会儿雨衣便扛不住，鞋也湿透了，冰凉凉，身上也黏糊糊的。这时忽然看到一排房子。简直就是无限的希望啊，不管三七二十一，不管是什么房子了，都要进去躲雨，狗狗在那狂叫，不管，无视之。有人出门来，看到我们，让我们进去会议室休息，我赶紧脱鞋脱袜，晾脚丫子。

那个人和我们聊了一会儿，原来这里中科院的一个研究所，他在这里工作，一处隔绝人间烟火的工作地点。后来他让我们住进了一个空房子，因为一直打雷闪电，所以断电了。

大家在没有狂风，没有大雨的空房子里面，虽然没有电，但是外面有一个水龙头，大家煮着面条，晒着湿掉的衣服，老男人说如果再有电，这里简直就是五星级酒店啊，太幸福了，大家晚上就排排地睡着，很舒服。

8月11日

早上起来，我在睡袋里面滚来滚去，然后听见他们在外面一阵惊呼。透过窗户，我看到对面山坡上的房子被白云层层环绕，山顶上白雪皑皑，是雪山，引得我们一阵惊呼，中科院的人告诉我们，那是冰川，他们间或要上山，在深山老林穿梭，又问之是否有狼，说有的，不过一般不会到大路上来，所以应该还是不用太担心。

途中往地上一坐，休息睡觉，一睁眼，一只小动物从我脚下窜出来，尾巴有身子那么长，我就开始女高音了，尖叫着指着小动物要他们看。它嗖的一下就闪了，跑到石堆里面，它躲归躲，还偷偷地伸出脑袋看我们，估计对我们也很好奇，哈哈，难道它是传说中修炼成仙的小妖精？

一路上都没有信号，还好老男人有两个手机，这不，电信派上用场了，扎胎掉链子这种常见问题就不用说了，他的辐条断了，于是一路上都啪啦啪啦作响，我们开始还以为他是在后面拍照，后来他慢吞吞地爬上来，悲悲戚戚地曰："辐条断了。"然后打电话给车友们求助，无果，一咬牙，一跺脚，准备到野牛沟搭车回祁连。

到野牛沟，搭车的事情没协商好，然后我和小苑、小毛在床上摊着的时候他就在走廊上一阵折腾，他的辐条就安好了，然后只听他欣喜若狂的叨叨念，"我简直就是天才，我这样这样那样那样……"

然后老男人的眉头就解开了，大家其乐融融的睡觉吃饭做美梦。

他年美景此处寻

8月12日

今天从野牛沟出发,当地人告诉我们前面的路不好走,四个轮子的两个轮子的都不能走,没有路了,或者就是在修路,根本不通车的,你们这种自行车就更别提了。但是都到这里了,我们能做的就是往前,往前,再难的路,最坏的打算就是推车。

转转和小苑在前面冲得很快,小毛和老男人在后面陪着我,我有点提不起劲儿,膝盖酸酸的。小毛从西安出发后,速度就被我们拖慢了,她的踏频其实很快的,每个人都有自己骑行的节奏吧,不过也顺带把我这个菜鸟的速度提升了一点儿。老男人那一身紧绷绷的肌肉,我们没事儿就戳一戳,然后叹,真像钢筋,这么硬,他总是队伍的最后一个,为的是等着我慢吞吞地磨蹭上来。感谢一路上对我无微不至关心爱护的队员们!

休息时,我们在路边遇到一个卡车司机,他很疑惑地说:"你们为什么到这里玩,为什么骑行呢?"没有理由,然后我们答之:"这里的风景好啊!"他又不解了,"你们居然觉得这里的风景好?"然后我们就说:"哎呀,我们那是平原,没有高山,没有这边这等景色,你们见惯了,我们没见过所以觉得好。"

一条公路通向不知名的远方,两旁都是冻土,随着海拔的上升,渐渐草地也没有祁连那边的绿,那么可爱,那么茂盛,基本上算是无人区了,路上的车很少,偶尔看见三三两

两的蒙古包，黑的牛，白的羊，悠闲地吃着草，再远处就是冰川，白云穿梭其中，悠然自得。

路是名副其实的水泥路，水和着泥，路是一半在修，一半是坑坑洼洼的土路，有的是可以走的半成路，有的就是走土路。

下午四点，开始下雨，照样从头淋到尾，雨水还是顺着裤脚往里面灌，鞋子一会儿就成了水鞋，很难受，整个天空黑沉沉的，路上偶遇几个修路的工人，问之，到前面的一个乡镇要到明天了，我很冷，头晕晕的，没有力气踩了，这个时候能在这么空旷的地方见到一所房子都是很奢侈的。

万幸见到了一个建筑工地，大伙儿兴冲冲去问有没有空房子，说没有，但工人们告诉我们前面有一个堆水泥的空地，可以去那扎营，去往那一看，地上厚厚的一层水泥，脚放下去，就是尘土飞扬，根本没办法睡，建筑工地的人说我们可以去搭伙食，沙石工地那儿有一个小小的房子，里面有一张床，还有空调，也说我们可以住进去，大家就商量了，叠罗汉，在这个小小的房子里面，感谢肯收留我们的好心人。

去建筑工地吃饭，有热乎乎的面条，还有牛肉，然后他们说我们可以在他们的会议室打地铺，啊！太幸福了，有热水，外面再大的风再大的雨都与我们无关了，在这个屋子里面，有暖气哇，暖气！

这一路上，不管在看似多么艰难的条件下，我们总能遇上好心人；不管遇到多大的困难，总是应该满怀希望。

阳光总在风雨后

8月13日

从二苁公路建筑公司出发，小雨一直淅淅沥沥地下不停，路在雨水的滋润下变得很"水泥"，不知不觉又骑了4000多米，我一直问我自己是不是扎胎了？是不是没气了？为什么这么难踩？为什么我踩不动了？于是一直盯着轮胎上厚厚的泥巴，认真思考是不是应该用树枝弄下去，我还一直耿耿于怀刹车片上厚厚的泥巴，然后说一定是因为泥巴，车都重了很多，都转不动了。小毛说不影响的，泥巴自动会掉的，要用力骑啊，不用力车子怎么会走呢？于是我努力踩，感觉腿很酸很酸。

一直都是在修得乱七八糟的路上骑车，偶尔看到修好的八成新路，大家便像打了鸡血似的，在好路上飞一般地冲！真的感觉不是一般的轻快啊。到了央隆，下雨的时间又到，但是小苑的货架断了。

天空开始变色，很均匀地从上至下，如打翻了的墨水瓶，那么浓，那么厚，一点点的渗透着天空，一点点的向地面慢慢进攻，又下起了冰雹，因为昨天下雨，我的鞋还没有干，早上就穿着个拖鞋骑车。现在又被一顿狂批，只得乖乖下来在袜子外面套一个塑料袋，然后穿上湿鞋子。这下可好了，雨水直往塑料袋里面灌，灌进去就不出来了，踩一下进去一点儿，然后慢慢就变成一个养鱼缸了！我还想着等我把水焐热了，就可以养几条小鱼了，可是小鱼在脚里面游来游去，会不会被踩到？好吧，想太多了，估计小鱼早被臭晕了。

不知不觉的缓上坡之后是大大的缓下坡，在这么空旷的地段你可以看到哪里下雨，哪里天晴，再翻过那个长长的坡到顶，瞬间映入眼帘的美景让我呼吸一窒，至今回想仍在脑海。想不出相机能否留得住如此美景，想不出文字应该如何描述，映入脑海的只有四个字——日照金山。黄昏，整个天地都慵懒沉默，乌云没有散尽，遮挡了阳光，夜幕没有铺下，天地如初开般浑噩。

　　草地上，马路上的积水在反射下闪闪发光，小时候一直很坚定地认为天上的云都是地上的稻草燃烧后上升变幻而来的，家乡的小楼林立，城市的钢筋森林，未曾见过这么空旷的天空，东边日出西边雨，或者在山顶上看着天边的乌云轻轻地飘过来，白茫茫雾蒙蒙，看得见的风起云涌。

　　远处的雪山出现在视野，山顶是终年不化的积雪，白的凛冽，亮的晃眼，柔软的是白云，随时随地缥缈灵动；硬朗的是雪山，亘古不变的静立，看沧海桑田，岁月流逝。和大自然相比，人类何其渺小！

　　天地安静，这条路似乎就这样通往天涯海角，不用踩脚踏，悄悄滑行着，我们都不说话，也许是行走在梦中，也许是行走在画中，也许我们的言语会惊醒我们共同的美梦。

　　突然的大雨还会让人惊一惊，突然而至的他们砸在地上砰砰作响，半成品的路布满小石子，白的，黄的，黑的，你能分清哪些是雨点哪些是小石子？

　　今天走了一天的泥泞路，车子被大雨一冲刷，又干干净净的了，看的人无限欢欣，到达小镇，大家排成一排，哈哈，进村啦，住的小房间里面还有炉子，于是把炉子烧得旺旺的，美美地暖暖地看电视，讨论后面的行程。外面的雨下个不停，老男人拿出打印的前人走过的路程图，在这里，前方有2条路选择，一条是傍河而下，路虽然不好走，但是没有大的坡；一条是翻越二指哈拉山，土路，海拔4500米上下，老男人说如果大家都不翻山，那么他一个人也要去，小毛举手表示愿意翻山。

　　我细细思索了一番，今天的泥泞路很让人崩溃，但是如果不翻这座山，何年何月会再来这里？也许这一辈子都不会来了，也许下次遇到这座山也是去走更为轻松的线路了，小毛说过："出来就没有想过享福，就没有想过要走很好的路，如果想轻松就不用出来了，直接在城市转悠，那里有很好的柏油路，如果我不去翻这座山，他们去了，等他们一览众山小，等他们俯瞰苍生，看他们拍的照片，估计眼睛都要红了。"好吧，小毛在，老男人也在，虽然我体力不咋样，但是好像吃饱了，睡饱了，就能恢复过来，好吧，翻山，为了以后的不后悔。

CYCLING IN CHINA 骑行中国

雪山行 笙歌起

8月14日

今天在央隆休整,这里大部分都是回民的小镇,问旅馆的姑娘们厕所在哪里,她们吃吃笑着说:"在这条街道的后面,露天的哦!"

之前想着无人区花钱的地方肯定不多,所以集体没有备好伙食,然后资金就不足了,大家只好精打细算地吃着,住着。

8月15日

休息够了,今天出发,路比沙子路好了很多,没有打车的大石子来轧路,还是很好的。

晚上骑在窄窄的路上,偶尔河水漫过了道路,便呼啸而过,溅起全身的水,偶尔看到石子满路,过不去,便下来慢慢推,骑着骑着就没有明显的路了,果然和传说的一样,到了分岔口,向左走还是向右走。

路看起来是平的,但是一回头,就会发现其实是在上坡,我们后面的行李很沉,车把就时不时地翘一下翘一下,小心肝随着颤啊颤,老男人说:"把车把压下去啊,你以为你在骑公路车,你以为你是骑旅行车。"

路有时候很窄,有时候稍微宽点儿,小毛说一定要远离悬崖,因为在不知道土质的疏松情况下,一个滑坡就爽歪歪了,她就时不时地提醒我不要歪歪扭扭的就往悬崖那边骑,路上基本上没有车,偶尔骑摩托车的过来,大家集体下车行注目礼。

　　他们说下坡太快，摔车可能很正常。但是我们在上坡，在一个明显陡上去的坡那，小毛哼哼哈嘿地冲，结果摔倒了。小苑紧跟着狂踩，也摔了。我在后面一看，哇，前车之鉴啊！于是果断下车推车，这样再陡的坡也应该没问题，推到一半，我也摔车了。于是老男人和转转在后面就一脸黑线的看到前面的三枚女子接二连三地在同一个地方摔车。

　　一辆小货车晃晃悠悠地开来了，我们就停下让车过，然后就看到车子一转，没影了，再一转出现了，再一转又没影了，于是大家很认真地数着它盘了几道，好像是5道，前面还有很多弯？垭口在何方？话说以前我一直以为垭口是一个地名，还想着川藏线上的那个地方在到这里来了。

　　老男人拿出巧克力，因为放在里面的衣服，都融化了，然后一拆包装，几秒钟，巧克力又凝固了，看来温度很低。爬山爬啊爬，越来越想睡觉，我还说现在往地上一躺，绝对马上就睡着，累的在那喘气。

　　终于下来推车，然后推了二百米左右，继续开骑。还有100多米到垭口之时，我又想推车了，老男人说："不要推，休息久点，我们再骑。"

　　于是大家就停着，老男人和我侃他的大学他的高中，哈哈哈。然后就见转转还是谁来着，挥着小手帕还是小衣服来着，在垭口喊：快点上来啊，上面好漂亮啊。好，冲到垭口，老规矩，吃东西喝酒，大部分垭口是在2座山之间劈的，啊，这个是完全到山顶了啊！

　　山的那边，夕阳西下，白云朵朵，山犹抱琵琶半遮面展现不同的颜色。天地都在脚下，好激动。一直一直，我最喜欢的时候就是夕阳西下，阳光倾泻，总是无比欢喜。

　　休息好开始下山，石头很大个，一不小心就是侧滑，于是速度减缓，手抖啊抖的累的哟，上山脚酸，下山手累。路边的一个小水塘，有2厘米深？是山上的积水流下来的，小苑和转转直接趴下就喝。

　　一路骑着，看不到人家，手机一直没有信号，看不到灯火，前路漫漫，似乎我们永远也骑不到终点。于是听着偶尔传来的怪响，猜着是否是野猴子？难道泥石流来了！于是大家紧紧地不拉开距离，想起地老天荒这个词。

　　天渐渐黑了，小苑的货架在那个天空似泼墨的傍晚断了，几名男娃娃用很神奇的方式，用钩子铁丝什么的各种绑，反正最后小苑又晃晃悠悠地上路了。

　　继续下山，石头很多很大，大家战战兢兢的，然后小苑的货架叮咛一声脆响——又断了。四周漆黑一片，打着小手电琢磨着咋整，我乖乖的和队友们挤在一起，大风起，温度下降，旁边是黑乎乎的树影子，如果这个时候突然蹦出来一条狼会怎样？有才的队友们对着断了得货架，眉头紧缩！山的那一边，黑色的云偷偷地飘来，会不会下雨呢？入夜了，在何处可扎营？

　　路时不时被河水漫过。于是或者慢慢骑过，或者遇到大的石子就下来推。

　　半夜12点，转转拿出朝天椒就在那吃，一会就辣得大口喘气，还说："吃点辣的抵御寒冷。"于是众人尝了点儿。我默默看着，还是不要吃了，肚子里面空空如也，再吃辣就要胃疼了。于是停着站着，趴车头，就这么几分钟的时间竟然睡着了，哈哈，随时随地能睡着的。

　　转转说还有多远多远就能到一个小镇，到时候就可以休息了，然后看到灯光，浑身一震啊，灯光。很快乐地继续前往，然后看到一个破旧的房子，貌似很久没有人住了，一个煤矿还是什么的。大家思考了一下，认为这个应该不是我们要到的小镇。于是继续往前骑，后来的事实证明，那确实是一个小镇。

　　终于见到灯火，终于见到建筑，在小街上走着，半夜12点，人们都进入梦乡，没有看到旅馆的标志，到半夜2点，终于选定一个地方也许可以扎营，在村委会门口，老男人和转转没有睡觉，守着我们。

白云生处有藏家

8月16日

在路上的时间越久，越是发现在路上的感觉真好。拿转转的地图看，从天津到嘉峪关，在地图上也能划拉出一条长长的线，出发前到在路上，都是很懵懂的，万幸遇到这么好的队友。

转转是我们的队长，做很多的事情，协调着平衡。

若非对我照顾有加，从我一开始不会换镜片，不会搭帐篷，到慢慢地学会……我开始偷懒踩不动，他便拉着骑一段。

小毛是对我影响最大的人，和我讲一路滇藏的各种难关，各种趣事，让我遇到要克服的难题时会想想是否有她遇到的那么难，喊累的时候是否还有力气喝水，是否还有力气拿水瓶，如果有，那么就没有理由不坚持。

老男人自始至终在后面陪着骑得慢的我，鼓励说体力不是最重要的，最重要的是坚持。

我——是慢吞吞的毛球。

于是一路就这么过来了，不是我想象的那么简单，也不是别人想象的那么难。

早上6点就被叫醒，睡眼蒙眬地起来，很困，但是在村委会门口堵着会影响人家上班，我对着一路歪着的驼包左思右想，然后在老男人和小毛的指挥和帮助下，我的行李终于第一次被摆正了，值得纪念，值得鼓励啊。有人过来和我们说话，听说我们翻越了二指哈拉，他表示各种敬佩，然后就带我们去工地给我们热水。

阳光普照，云朵飘浮，小镇恍如世外桃源，一路缓下坡到一个煤矿，人不多，只有一条街，什么建筑都有，就是没有取钱的银行，大家的钱包开始羞涩了。

行至另一煤矿，小苑的货架终于没有撑到嘉峪关。吃了午饭，小苑和转转就去搭车了，我决定爬山，也是有两条路，一条是沿着铁路，70公里左右，另一条是一倍的路程，130公里，要翻越2座山，一座4500米上下，没修路，另一座山低一点，号称土大坂。

某人坐在地上又开始了很严峻的思考，这个时候，我以为转转和小苑要去走70公里的路，小毛和老男人要翻山，我开始在心里盘点翻山的理由和走近路的理由！最后我决定翻山，他们都很吃惊，以为我会搭车？我这才知道转转他们是要搭车，货架走不完70公里了。

也许，到达敦煌，到达嘉峪关，就是这次旅途的终点，小毛也可能会不再继续往前，小苑要开学了，如果到敦煌是终点，那么这两座山就一定要翻了。

所以我对小毛和老男人说："我体力不好哟，如果只有你们两个人，你们会很快，我可能会拖累你们啊！"

他们说："哎呀，我们又不是超人，也要休息的啊。"于是三人的队伍出发了。

我第一个冲到大路上，大路出来就是上坡，我在那等着他们出来，这时两个三十上下的男的走过来，问了几个永恒的问题，然后他们问之曰，还能加人不？加入要交钱不？我大笑，曰："不要，买上自行车，跟上，哈哈。"

等了10分钟上下，咦？这群娃咋还不出来？于是就顺着坡冲下去，冲过菜市场门口，看到他们的影子一晃，看样子是要出来了，于是一个急转弯，又开始爬坡，爬了一段距离，一回头，后面还没人？哇，灵异了？大吼一声，他们才笑眯眯地出来说："我们看再等等，看你会不会多冲几次坡，哈哈。"

出来就是爬坡，不过是柏油路，于是乐呵呵的，我今天有点恍惚，毕竟没有睡好，不过想想老男人和小毛休息得更少，好歹我晚上还睡了一会儿，刚吃完饭也睡了一会儿，骑着骑着，老男人一声吼："我刚才睡着了，我要睡觉。"于是各自寻了一块石头，睡觉。

定了20分钟的闹钟，我竟然没有睡着，原来我此前走一路睡一路，随时随地一趴就能睡觉，是因为可爱的他们在我边上，我心里知道自行车有人看着，知道会有人把我叫起来，知道他们会宠溺着我，我看着手机，没信号了，20分钟了，真不忍心叫他们起来，估计是一闭眼就睡着的。

上路了，路还是柏油的，哈哈，难道煤矿工人告诉我们路是没修的是骗人的？6点，看到一个废弃的房子，某人说："哎呀，废弃的房子，多么好的扎营地点啊！"老男人说："不行，最起码要到7点吧，现在还太早了哈，"于是在没有车的道路上扭过来扭过去，这个就是传说中的盘山啊！

8点左右，老男人向前冲找扎营的地方，杂草丛生不太好找，小毛陪着我在后面慢慢扭啊扭！然后忽见前方炊烟起，有烟就有人家啊，有人家就能住，小雨还在淅淅沥沥，温度下来了，前路漫漫，不知何处是栖息地，老男人拐过去了，看到一个路标：七一冰川，嘉峪关。

七一冰川是很有名的，好像需要拐进去15公里？后来谁又说需要50公里，还好我们当时没有去，不过后来想想没去到底还是一个遗憾。也许，这个地方这辈子就来这一次。或者再来，也不是当年的花样年华。

老男人和藏族大叔已经在说话了，大叔很热情地和我们说着话，我们问能不能挨着他们的蒙古包搭帐篷，大叔说："可以可以。"然后问这么低的温度，这么大的风，这么大的雨，在湿草地搭帐篷能不能行，然后大叔说可以住进他们的蒙古包，那里至少是平地，还遮风挡雨，一听到这句，某人就眼冒红心啊，但是不能激动。

老男人一阵客气，最后说："哎呀，那就麻烦了，是这样的，大叔，我们……"大概就是我们囊中羞涩，住您的屋子里去，却没什么答谢您的，大叔说："哎呀，没事没事，住进去吧。"然后掀开厚厚的帘子进去，把饭桌搬到一边，腾出了一片空地，帐篷里面真是暖和啊，进去后就不想出来了，温差相差很大，大家一趟一趟把所有东西都放进蒙古包，衣服全部湿透了，脱了雨衣开始准备换干衣服。

他们和我分析了，其实，脱下来的衣服在这么冷的天气里面是不会晾干的，还不如穿在身上烤干（亲们，速干排汗内衣，您出门远行的必备之选啊）。

大爷给我们拿来热水壶，又告诉我们电在哪儿，热水啊热水啊，暖心暖肺暖胃更暖心啊……感动得眼泪纷飞……

大爷出去，某人一声大吼，给我出去，在门口守着，再一脸谄媚地说："小毛，在帘子那守着。"

众商量之，把发着光的钞票都拿出来，总共35元。大爷后来又和我们说了会儿话，说哪里哪里会有雨水流进来，哪里哪里会有风透过……大爷说他们一家在这好多年了，这里就他们一户人家。

七一冰川的路口，还是会有人经过，不过不多，我们和大爷说了，我们就只有35元了，能不能随便给我们弄点吃的。

大爷说："好好好，没问题……"

一会儿外面轰隆轰隆的响声，有大卡车来了，司机们在隔壁的蒙古包大口喝酒，大块吃肉啊……

于是大家拿出鸡腿和压缩饼干默默地吃……

青海长云暗雪山
孤城遥望玉门关

7月17日

早上,闹钟响了,于是我翻身起来。小毛举着冲锋衣哀怨雨水渗进来,衣服湿了,睡袋也湿了,昨晚半夜起来,发现竟然睡在水里。我看一眼地上,蜿蜒的水啊,再一低头,我和老男人好像没事儿……

大家吃完干粮后整理行李,老天爷对我们真好啊,等我们收拾妥当才下雨,大爷告诉我们还有10公里就到垭口,不过前面的路就没有柏油路了,都是土路,然后再走一段翻另一座山,然后就是70公里的下坡到嘉峪关。

好,继续。盘山路开始了,遇到了泥路、土路、坑坑洼洼的路,这个时候,我又发明了一种方法,我咬着牙,默默地从1000数到0,然后就站着休息几分钟,又从1000数到0,又休息几分钟……

看到从山上下来一辆车,车身竟然有雪,于是我又斗志激昂的开始数数,开始盘山,这条路望到那条路,很高很陡,小毛开始用她的高频率,呼啦几下就转过了那座山头,估计快到垭口了。我慢慢地就骑不动了,于是就离开座位,螃蟹似的趴在把上划着走,眼前因为低血糖一阵阵发黑,老男人说:"不要这样走,很费体力的。"其实我这样划着走的力气都没有,可是我还在骑。

我突然看到车把前还吊着一张饼,问老男人吃不吃,分了点,于是三下五除二就着狂风,味道都没尝到就吞下去了,老男人看我吃完,又拿出一颗糖给我,还拿出一颗巧克力,应该也是珍藏的,吃完之后我感觉好多了。

继续冲，转过弯看到经幡飘舞，啊！终于到了，小毛在垭口笑眯眯地举着相机，老男人欢快地站起来骑，时间是下午2点，垭口果然有积雪，地上白雾环绕，哈哈，感觉站在云端，呼吸都有白气。

在这么寒冷的天气，我穿着雨衣，衣服湿透，没有骑车，很冷，吃东西也是哆哆嗦嗦的，牙齿上下打架，腿也抖啊抖，我和老男人的刹车皮都磨掉了，必须得换了。

小毛两手通红蹲着帮我换，我站着看着，学习一下。万分感谢小毛帮我换刹车皮，然后大家就开始冲坡，车在不平的路上抖啊抖啊，我们在车上牙齿抖啊抖！路是这样的，全是土路，偶尔100米的柏油路，看到柏油路，我们就露牙齿，双眼放光，一会儿继续低着头，频率一致地抖。

翻另一座山，路的情况好多了，然后看到了一个路碑——66公里，继续数数，1000到0……

翻这座山没有那座那么难，到了垭口，立刻翻包看有什么吃的，豆奶粉……于是干吃，方便面也干吃，还有火腿，好好吃啊，我留了拇指那么长得放口袋，少吃多餐很重要，大家举起啤酒！干杯，干杯，吃的好开心。

货车司机也在垭口和我们调侃了一会儿，然后听我们说要到达嘉峪关，司机摇着头说："你们到不了的，虽然后面都是下坡，但现在都6点了。"然后又问我们要是到不了咋办，我们说扎营啊，他们说这一带是无人区，有狼的，我们说这一路都有狼，可我们一直没遇到啊，于是他们高深莫测地笑着说："你们扎营试试……"叔叔，我们都是好人，可不要吓唬我们啊。

吃饱喝足准备下山。刚上车，老男人一声惊呼——扎胎了，于是下车补胎，又耽搁了点时间。

冲了一段时间，手脚开始冻得发疼，想想老男人还穿着他的洞洞鞋，估计更冷，所以不能撒娇抱怨说自己手脚冷，经过一个蒙古包，大叫着冲出来两条大犬，"啊……"老男人就尖着嗓子吼："哎呀，狗来啦，好怕怕啊！"我头都不敢回，想拿开一直捏着刹的手，但手没有知觉了。但是狗狗在后面吼啊，有冲上来的趋势，急忙狂踩……

接下来果然全是下坡，不用踩，一条大路通向天际，四周也没有了高山，无边无际的草原，当然这儿的草有点扎人，一面包车开过去，车窗打开，一个小男孩坐在他妈妈头上，一闪而过时，小男孩指着我们和他妈妈说着话。

骑了10公里左右，远远地看到前面停了一辆面包车，有5、6个人站成一排，我们一一骑过时，他们热烈地鼓掌，竖起大拇指，大声喊加油，好样的。那一刻，我们像凯旋的英雄。我的嘴角一直咧到耳后根，体力好像也有了。天慢慢黑了，很远就看到前面有烟直冲天际，也许那就是嘉峪关？看着近，也骑了很远，还有30公里的时，终于到柏油路了，手机也有了信号，天彻底黑了，没有灯，车也很多，老男人冲到前面停下来站在路边，导致我差点就撞上去，还好千钧一发时我拐了一下，我一停，小毛又差点撞上我们两个，还好没事，继续冲。

嘉峪关的灯火灿烂辉煌，温度稍有提升，不是那么冷，我们又回到人间了。到达时，他们已经帮我们定好了房间，吃了饭，闭上眼睛就睡着了。

7月18日，19日

大家住在一个旅馆，厕所公用，洗澡的时间是晚上8点到10点。早上被人声吵醒，昨天晚上赶到快12点，吃完饭一两点了，困得很啊，我和小毛一张床，老男人一张床，这个房间是老板腾出来的普间，若非，转转，小苑，阿娇住三人间。

我是有点赖床的，小毛已经起来了，我就裹着被子滚，用脚踩床不愿意起来，他们就哈哈大笑，然后说："你不起来，等会儿你就一个人去吃饭了啊。"好吧，虽然睡觉很重要，但是吃饭更重要的。

阿娇和小毛聊上了，阿娇是谁？世界其实是很小的，人生何处不相逢啊，小毛之前骑滇藏后与我们从西安骑到现在，阿娇骑川藏，然后自行车放回家，开始搭车旅行，她们两个人遇见过，现在又重逢了，小苑把自行车寄回家，她的货架断了，接下来她和阿娇一起搭车去敦煌。

吃完饭，大家找洗车的地方，说好5块钱一个人！老板看着我们把车拆成好几块，一点点地擦洗，眼都直了，哀怨地说："早知道你们是这样洗就不让你们洗了。"我的车子从没有这么干净过啊，简直和新车一样啊，哈哈……

第二天我把所有的衣服都摊在床上晒晒，睡觉吃饭，休养……

残垣夕照浑如梦

7月20日

  出发,狠毒的太阳终于让我们想起来现在是夏天,路边的景色是戈壁,是被太阳晒到开裂的土地,无边无际的蔓延到天边。大家看到一大排卖哈密瓜的,于是我们三个一拐就进去了,我们问了价格,老板说:"先不要数价钱,你们先尝一个。"哇,切开一个,三人三下五除二就干掉了。我们在等若非和转转,他们两个在后面不知道干啥,让我们等了很久。这期间我们和老板唠嗑,他说这一条路还是有很多人骑车,7月份人最多,不过那个时候比现在还热。我们吃了一个哈密瓜,又买了一个西瓜和哈密瓜带走,总共20元。

  当然,这三天的一个关键词:扎胎。具体来说今天我没有扎胎,小毛至少每天一次。

  我们在小路上颠啊颠啊,颠了几公里后,大家果断穿越铁丝网,钻空子上了高速(反面教材)。

  旅途中的4点档乌云竟然又来了。艳阳高照,乌云朵朵,它就那么悠悠然飘来了。这么热的天,我们当然不想穿着不透气的雨衣,好吧,冲。老男人在后面赶上我,说:"好吧,现在不限制你扭了,只要你能赶快跑,跑在雨的前面,你就尽情地扭吧。"

  我们哈哈大笑,于是我就开始扭,但还是没快起来,跟了几公里后,小毛和老男人就冲前面去了,他们带着那么重的行李,速度居然达到了40km/h,好吧,顶礼膜拜。天渐渐黑了,有了第一次淡定从容下高速的经历,大家都轻车熟路了。

路过一个小村庄，在一家有很大院子的门前停住，好像是修车的，问之能不能在围墙边扎营，很快就有人来围观，他们同意我们住，但这里靠近路边靠近高速，不是很安静。于是转转先锋去探路，回来说看到了一个小院子，我们一口气冲到了那里。一个妇女在路边看着我们，我们上前搭话问可知这个院子谁家的，她说就是她们家的，问可否扎营，她弱弱地说要回家请示当家的，然后转身就走了。过一会儿，他们就带我们进了空房子并同意我们入住，告诉我们哪里有水龙头。

五星级哦，在二选一的一个空房子里煮面条吃，吃完后，站在门口看漫天的繁星，星星点点，看不够的漫天繁星，这就是旅行的意义，一夜好眠。

7月21日

起来继续骑高速，路经果园，有梨子和苹果，擦擦，开吃，恩，梨子超级甜，苹果还有待成熟，这是记忆中吃过的最好吃的梨子，转转摘了好多，路上又解渴又饱腹，哈哈，这一路都是身体倍儿棒，吃嘛嘛香。

天渐渐黑了，大家黑咕隆咚骑了几公里，又下高速，这儿没有小镇很荒凉，只有一个收费站，刚下高速不到5分钟，那边就砰砰砰，咔嚓嚓发出了刺耳的刹车声，我们目瞪口呆地看到一起车祸的发生，我们刚下来那里啊，还好下来了，真是太危险了，阿弥陀佛。所以劝诫广大骑友们高速骑车很危险啊！我们去收费站要水，和他们商量能不能在院子里面扎营，本来他们答应了，出门的时候又不允许了。我们再次选了一块相对平坦的地儿准备扎营，一个小伙子跑了出来说："既然领导不让你们在院子扎营，但是你们可以在大门口啊。"好吧，于是我们就在大门口扎营了。

已经快12点了，大家马上搭帐篷钻进去，我也不吃东西了，虽然饿得前胸贴后背。老男人和转转就在我帐篷外面哼哧哼哧地聊天、吃东西、晒星星，听那声音，我更加觉得饿了，好吧，爬起来抹黑搜出一块压缩饼干，飞快塞进肚子，继续睡觉。

7月22日

早起吃了干粮准备出发，老男人的轮胎瘪了，继续补，今天好像是到敦煌了。骑了几天高速？请知道真相的亲们说说，我记忆混乱了。高速到瓜州就是尽头了，下高速的时候一大排的车啊，骑着车拐啊拐就过去了，骑啊骑小毛和若非又不见了。好吧肯定是又扎胎，这个时候我心里美得很啊，掐着指头算着，这几天的高速，我是很少扎胎啊，小毛上午一次，下午一次啊，昨天几次，前天几次。若非、老男人、转转以此类推，看来我人品真不错啊！然后下高速上国道了，亲们终于吃到餐馆的东西了，味道不错，价钱便宜，吃完继续赶路。

小苑搭车到敦煌帮我们订好了房间，若非的胎一直气不足，于是走一段打一段气，好吧，然后看到有小皮卡，我和若非一商量就在路边挥起了小手，天渐渐黑了，到敦煌还有40公里，大家都没有吃东西，我在这个时候想搭车了，也许我这个拖后腿的搭车，他们几个能比较快速的到敦煌。我们问司机能不能搭便车，司机说前面要检查，驾驶室只能坐一人，我思考了几秒钟说："若非你上，你的车不好使，老打气，我的车没问题，所以你上吧。"然后若非就搭车走了，我也呼了一口气，这也好，这是上天要我坚持，只有不到40公里了。突然大风起，慢慢地能见度就低了，唉，烈日、飞雪、迷雾、冰雹，还有沙尘暴，今天都凑齐了（我、老男人、小毛到嘉峪关时遇到了能见度不出5米的大雾）。

沙尘暴来了，还是逆风，我啥也不说了，猛踩吧，大家中途休息的时候，我就站路边挥手大叫拦车，其实我是想拦小卡车，但是我什么也看不见，只有车灯来了，过去了才能知道是什么车。这时停下来一辆小轿车，我吭哧吭哧跑上前，甜甜地笑："谢谢你哦，谢谢你停车，我们想去敦煌，但是你的车载不下我们4个人，所以谢谢哦。"然后司机也笑着开走了。他们说："你咋乱拦？"我说："我看不清啊，不乱拦，也拦不到啊！"

好吧，拦到卡车的概率太低了，刚上车准备继续骑，一辆空的小卡车呼啸而过，我们默默叹气！

又TM侧风了，只要一张嘴就都是沙子，我跟在小毛后面，她替我破风，然后我仍然觉得踩得很困难，问之，答曰："缓上坡呢。"风这么大，全身上下都汗湿了，每踩一下都使出全身的力气，这个时候有点儿要崩溃了，我要骑哭了，但只能数着圈数再干嚎一声。我想下车看看是不是扎胎了，如果是，也许还能休息一会儿。然后就听老男人大吼："下车！扎胎了！"我开始疑惑真实性，是真的，我终于可以休息一会儿了。

风越来越大了，风用很大的力气推着我们不让我们向前，不到40公里啊，怎么会这么难啊！不能再骑了，很危险，有点控制不住车把了。大家果断停下了，小毛拿出肘子，我眼冒绿光啊！小毛拿出小刀一点点地切给我们吃，当然，调料是沙子，但仍然狼吞虎咽，就是没有尝出是什么味道，我有点怀疑，是不是我不忘记嚼了？这可是人间美味啊！

打电话给若非，他已经到了，又和司机商量回来接我们，于是大家等着，把车子放倒，翻出一些小零食，大家围成一团，还有西瓜，美味的冒泡泡！司机来了，我和小毛坐进驾驶室，老男人和转转在后面躲在毯子下面，只见外面飞沙走石，狂风乱舞。

我开始还坚持着看外面的壮观，眨眼的时候，闭眼的时间长了那么一点点，于是我睡着了，小毛实现了她对自己的诺言：搭车就回家，小苑回家，小毛回家，若非回家，我回家。

到敦煌，天上下起了雨，30多公里路，我们搭车过来，这也是我从天津到敦煌唯一的一次搭车，深夜我和小毛住在豪华双人间，他们三个人住进了窄窄的三人间。

7月23日

早上,没形象的我在床上摆大字,后被偷拍,那个睡姿,真是无语了。

半夜大家又去鸣沙山逃票扎营,然后转转和老男人开始新藏线的旅程,后来他们乘火车回。我、若非、小毛一起又到了西安,又去了南柯家,然后各自散去……

小小花絮

事件一:半夜,一伙人背着包包去鸣沙山扎营。小苑已经上了南下的火车了,还不停地发短信告诉我们咋进去,有长长的防护栏啊什么的。

因为天很黑,偶尔的车过,只见地上的黑点,认真吸吸鼻子是满鼻的粪粪香,骆驼的,当然你也不要想着不踩,因为地上全部都是。我近视,晚上就更是雾里看花了,只能跟着大伙规规矩矩地走着,一边念叨徒步真累啊!

然后就听见前面转转之辈的一声惊呼,然后就是老男人的一声惨叫,我也跟着嚎了一声。

其实,当时的情况是这样的,一名女子,身穿白衣,在一个张嘴不见牙齿的夜晚,正蹲在路边惬意地方便,不知何时,听得有欢声笑语,并越来越近,咋办?淡定!

于是我们从她边上走过,我们被吓到了(除了某人把她当做白色的石头),她估计也挺纠结的。

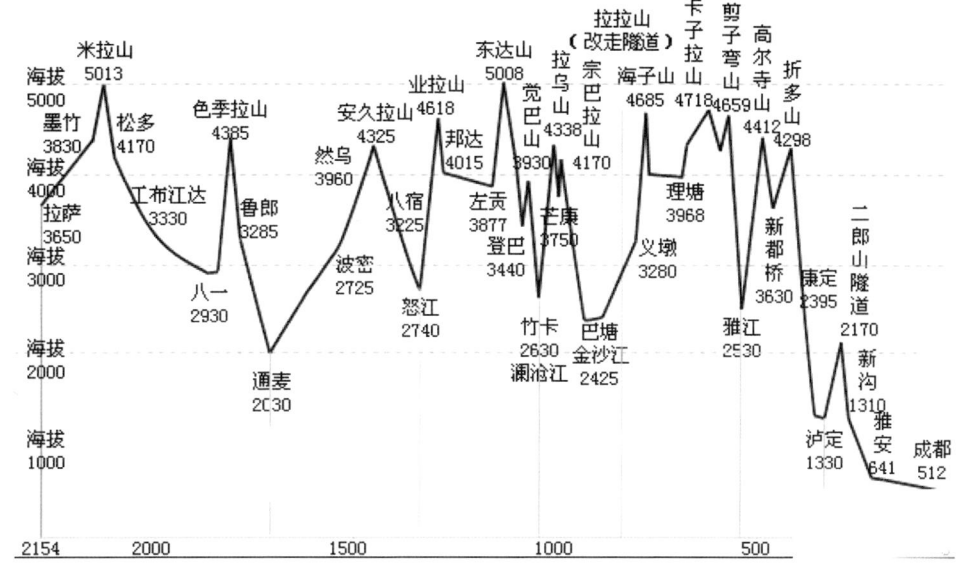

PART 4

西 藏 篇

写在出发前

彼时在欢送水吉去青海—四川—西藏的壮行聚餐时，我抱着水吉的胳膊蹭，心痒难耐，想着我什么时候也有很长的假期去想去的地方。西藏，那时候是难以企及的远方。

木头曾风轻云淡地跟我说我明天去西藏，老板准假还报销部分路费。我心里顿时如万马奔腾，别人家的老板真好。

一个决定，从想法冒头到付诸行动需要一秒、几天或者更长。我没有队友，打算一个人去成都再找，每天川藏线的人像赶集似的热闹，相信去了也能找到志同道合的人，实在不行就我自己一个人骑。装备不齐全，马上置办。身体没有问题，主要是工作，难的是假期。当想做一件事情，那就去做，不去试试，如何知道结果？

我在群里说我可能六月的某一天去西藏，老刘说六月可以和我一起，七月就走不开了。

"x先生，您好，想要向您请教一件事情，不知道是否可行，在不影响工作的前提下，想请假骑自行车从成都出发去西藏，时间约25~30天，这是我一直以来的梦想，不知道是不是可以呢？曾经有过从天津骑行到敦煌的经历。"以上是向老板请假的信息。没有编借口，实话实说，老板问什么时间想做这件事情，是一个人去吗？我的老板也很好。老板说："在路上记得要让我们知道你的安全情况。"

其实我的梦想不止骑行川藏线。我的梦想是看遍天下美景，赏遍天下美人，吃遍天下美食。

如果老板说不行，不批假，我也不会辞职，我会继续工作，继续周末在北京周边骑行。可是如果批假了呢？报备请假三天后，我坐上了去成都的火车，并且齐集了四名队友。

我没有辞职，我没有对生活失去信心，没有惶惶不可终日，没有找不到生活的目标，所以没有抛下一切的轰轰烈烈，我的旅程很平淡，只是去某一段路去骑车。这条经典的线路是很多骑行人的圣地。风景优美，坡路众多，有雪山有森林有悬崖有峭壁。

我是一个俗人，出发前在被窝里算账，一个月房租，一个月工资，一项一项数过去。数着数着就开始数我要爬的山，可能会遇到的各种有趣的人，我要带的衣服，要带的鞋子，还有要带的零食……

我有梦想，很多梦想，所以川藏线不是寻找梦想。

远方不远，一字二字三四字。

出发之前，几多忐忑，几多兴奋，更多的是每天一份淡然。每天爬坡的体验，来往便没有太多的未知，这是一条很成熟的线路，也是一条很值得去的线路。

我是一个俗人，我跟风318，只是机车；远方不远，一字二字三四字。

成都闲逛记

2014年6月19日

早上到达成都，我们等车上的人都下完，再慢慢地一趟趟搬我们的行李和车。我们只有四只手搬行李和车，很沉很为难。

"送到出站口多少钱？"老刘问一个小红帽叔叔。

"二十元。"

"包括所有的行李吗？"

"只有一辆自行车。"

"太贵了。一般都是十元包括所有行李的。"

……

然后我们就默默地开始打电话，小红帽叔叔不放弃地等在一边，想要我们回心转意，他告诉我们有多长的楼梯要走，而且没有电梯，并且是不准在这里装车的。

一个火车站的工作人员看到我们，走过来问，"你们有人接吗？接的人在哪里啊？"

我们连忙点头。然后这个大哥就拿起对讲机说，"出站口，有两个人要接人，放他们进来。"我们道谢，真的是太感动了，人间自有真情在！

拆开包装后，老刘的新车车身有剐伤。可能是没有包严实，在火车运输的途中被蹭到了。老刘当时就受不了，蹲在地上哭了。我只能默默地抱住她给她安慰。老刘是一个性格比较要强的女孩子，认识这么久从来没有见过她哭，即使是那次在下山的过程中撞上防护墩，差点摔下悬崖。

我坐在罗宾汉自行车后座上，罗宾汉说我果然比驮包重，并且人和驮包载起来的感觉真的不一样。废话，能一样吗？后来在拉萨，我再跳上他的后座，罗宾汉表示我比在成都的时候轻多了，听到这句话我就放心了。

随时随地我都在注意双脚会不会蹭到路人，什么时候红灯应该跳下车。但是也并不妨碍我一路搜寻人群中传说中的四川辣妹子，听说成都的妹子比别的地方都要水灵。我表示不服。

"你看到了吗？"木头问我。

"什么？"我莫名其妙。

"刚才过去的电动车摩托上有一个穿粉红色吊带的。"木头转过头想再找找背影。

"没有看到，咋了，你看上人家了？"我八卦之心顿起。

"嘿，那是一个老头子，吓死我了。"木头一脸惊悸。

"原来木头你喜欢那号类型的，果然重口味！"

木头特别无奈不想理我，飞快踩动单车跑远了。"不要走，我们继续谈谈人生啊，还没有说到重点呢。"

不过大部分成都妹子确实都特白，我默默地看看她们的腿再看看自己的，不服不行。在成都的生活，我们花半天去迪卡侬采购，我买了护膝，木头买了抓绒衣服，罗宾汉买了挡泥板。

"我以前走川藏的哥们说过，挡泥板是必需品。"罗宾汉说，并且让我们也要买。

"祝哥现在也在川藏线上，我看他的车也没有挡泥板啊。"老刘说。

"我从来就没有想过要装挡泥板。"木头说。

"我听你们的，反正我什么也不懂"翅膀说。

"他们又不单卖，我觉得只要前挡泥板就好了，后挡泥板没有必要，反正有驮包。"

最后只有罗宾汉装上了挡泥板，我们往后的旅程基本上每天都有雨，刚开始的几天特别后悔没有装挡泥板，好像装上了挡泥板，所有的泥水就不会往脸上飞溅似的，但是看到罗宾汉也是一脸的泥水，又觉得当雨水已经大到一定的程度，好像挡泥板的作用也不是很大。我们都在用自己的直觉做决定，别人的经验做参考，但是事情好的结果不好的结果都是自己承担，其实我有一个担心，之前我走长途的第一辆车的挡泥板总是蹭轮胎，所以我其实内心还是不怎么信任它的，车子出现的小毛病我总是不能第一时间察觉，所以我不信任挡泥板，不信任自己的洞察力。

后来我们在路上遇到一对情侣，他们的挡泥板不是常规地装在前叉的下面，他们装在前叉上面了，这样无论如何也不会蹭到轮胎，于是我又在纠结如果我也这样装一个挡泥板，是不是就不用担心会不会蹭到轮子了呢？

我们在去迪卡侬的路上遇到一个队伍，他们的山地车都是粗轮胎，有货架，甚至有的人还有自制的车牌，不知道这样自制的车牌是不是云P222开头，路上很多人都有这样的自制车牌。他们的队伍全部是男的。

"那你们的队伍没有妹子该少了多少欢乐啊。"我说。

自此开始找朋友的川藏骑行之旅。找呀找呀找朋友，找到一个好朋友，敬个礼，握个手，再见。

成都—雅安—新沟

6月20日 成都 — 雅安

2011年，我骑行经过一个地方叫做雅安，属于山西省祁县的一个村。

2013年，我骑行经过一个地方叫做雅安，属于四川省的一个市。

三年一轮回，这一次的川藏线不是错觉，是实实在在的亲历。

今天是川藏线骑行的第一天，目的地是雅安，总行程158公里。

出发前，李小狼说："我已经可以预料到木头的悲惨命运了，在四五千米的高山上，他高反了，很虚弱地坐在地上，毛球和老刘叽叽喳喳拉着木头……"李小狼你猜中了开头，却没有猜中结局。

翅膀从出发前到出发，经常念叨的一句话就是，"你们一定不要抛弃我，我骑得慢。"然后噘嘴低头用两根食指相对，点手指，再小心的可怜巴巴地偷偷看我们，如果在此之前有人跟我说一个奔三的大男人用这种语调说话并且比我还会卖萌，谁也别拦着我，我一定第一时间砍死他。但是这是一个看脸的世界……

刚出成都，看到路口有一个队伍，都着整齐的嫩绿的防雨罩。他们说不知道如何出城，我们说一直往前就出去了，我们也走这条路。我在人群中一眼注意到一个妹子，瘦瘦小小，娇娇弱弱，皮肤很白。后来，我们知道她叫晓晨。这个队伍被我们称之为温州队伍，一路上我们不断地相遇分离，再相遇，这就是缘分。

出门天气不错，我们用25km/h左右的速度巡航。罗宾汉和老刘忍啊忍，忍不住就25+km/h，我就喊，不要超过25km/h的速度，超过领队，要打人的。大家被迫压着速度。

翅膀问我："现在我们是在爬坡吗？"

我们无奈汗如雨下："哥哥，现在是大平路。"

"可是，现在现在……有坡度啊。"

"这不是坡，这就是平路，这点坡可以忽略不计。"

"我想象中的川藏线应该就是我们第一天从成都到雅安的那一段，左边白云蓝天，右边是绿水青山，远处是雪山，天空有老鹰，藏民载歌载舞献上哈达，喝不完的酥油茶，重点是路都是平的。"后来在某个很陡的爬坡路段，翅膀这样描述。

对此，我们只能说少年你太天真。

快到雅安时开始下雨，飞溅的泥水全部往脸上飞，不一会儿头巾就湿了，鼻子不能呼吸无奈只能张嘴，有水进嘴巴，咂吧咂吧几下，没有味道。后来看到额头上满满的泥巴，顿时知道我骑行途中偶尔张嘴喝的水是什么水了。

我们后来打车去吃雅鱼，一条快300元，汤特别鲜美，鱼味道很一般。

雅雨，热烈迎接我们的到来。

雅女，到达之时，雨太大，美女都没有在大街上。不过后来在波密有幸和雅安的美女住一个屋，这又是另一个故事。三雅，五人，第一天，很轻松度过……

我没有想过我的2014会有可能行川藏线，但是如今我确实在成都，在大街小巷穿梭，这个不大的城市，没有北京的三四五六环，只有小城市的安逸。罗宾汉说我们要尝尝成都的美食。最后大家决定在这里多待一天。

网上流传的前后对比照片让很多朋友对我们的川藏线旅途担忧不已，也许我们会从一个白白的妹子变成黑黑的妹子，只是这些身外物对于我们来说已经不是重点，既然已经出发，所有的阻碍便都是浮云。即使这条路上的人多如牛毛，人们赶集似的人来人往，有机会走在这条路上便是我一个人的318。

人们总喜欢矫情地说喜欢下雨天，但是下雨天却同时撑开伞，这是真爱吗？下雨天的骑行一点都不浪漫，因为没有挡泥板，所以泥水甩一脸，雨水顺着眼睛往下流，很快就睁不开眼，身上无论穿多厚，风一吹便冻得发抖。可是在网上看一万个有关川藏线的帖子，不行动，川藏线便永远只是电脑屏幕上的文字和照片，不是自己的。

6月21日 雅安 — 新沟

早餐在是菜市场的门口吃的，饭馆老板给我们每个人的小本本上写这是川藏线上的第一站，祝愿我们一路平安到达，并郑重其事地在几行字边上盖章画押，再看着我们语重心长地说，在川藏线上全程骑完的不足7%，后来在荣许兵站的前一站，饭馆老板问，你们搭车了吗？我点头，然后老板一脸果然如此的表情，说好的佩服、说好的崇拜呢，这不符合剧情啊。老板高深莫测地说在川藏线上骑完全程的不足2%，这个数据到底是多少，是谁统计的，tell me，baby。

我记得雅安有一个大大的铜像叫做马踏飞燕，人们在出发前到达后总会在前面留影，可是我们到达时烟雨蒙蒙，在不知不觉中已经错身，现在在这里也不可能再回去就为了拍照一张，所以我们吃好早餐就出发了。这种标志性的建筑若没有合影，若没有真相，是否真的来过呢。我们来，是为了得到别人的认可吗？还是我们来过，只是我们自己来过，我们来过，我知道，路知道。

去菜市场问黄瓜的价钱，卖菜的阿姨说三块钱一斤，泪奔，现在的黄瓜怎么这么贵，买上三斤黄瓜绑驮包上出发，又负重了，当重量到达一定的界限，多一点少一点好像无所谓了。

我用23km/h左右的速度慢慢地骑，罗宾汉，老刘，木头用25+km/h的速度冲在前面，甚至作为新人的翅膀也在我前面。作为一个新人就该有新人的表现，这么快真的好吗？不好，所以我继续慢慢骑，这叫做保存实力，等我到爬坡的时候慢慢的秒你们，哈哈哈……

坐在一个小卖部门口，喝两块钱一杯的蜂蜜水。我感觉到肩膀僵硬，遂对木头说："木头，你可以帮我捏捏肩膀吗？"木头说："你身边坐的不是人吗？"翅膀反应超快，马上捂脸低头："我不是人。"

旅途中总有很多邂逅，但是每次一骑上自行车，我说话总是很粗狂，说到开心处就张狂的如长满络腮胡猛男似的大嘴巴仰天长笑，并且自带麦克风功能。老刘很鄙视我说，他们在前面慢慢骑车等着我，一回头我竟然慢悠悠地和身边的陌生男骑友聊得很开心。

此后翅膀说，"作为川藏线上的女骑友，他们对你前呼后拥，百般搭讪，你很享受吧。"我很认真严肃地翻白眼，"没有。"然后翅膀一脸我懂得的表情，说，"没事，我没有嘲笑你，是人都有虚荣心，我理解的。"我努力辩驳，"我没有很享受，这和虚荣心有毛的关系。"然后翅膀很先知的表情，拍拍我肩膀，"算了，不说了。"真想打他一顿泄气，二次元的不同性别的人是无法交流的。

在一家小卖部，我和老刘去申请租用了一下厕所，然后借了一个凳子，坐下来看风轻云淡，吃大包美食，顺便等他们。老板腆着大肚子去旁边的菜园摘了根黄瓜，然后洗洗干净，挺直了腰板在我们身边开吃，声音嘎嘣脆，一口又一口啊，毋庸置疑，这绝对是故意的，于是我和老刘很有默契地对视，然后走到老板身边，"老板，请问你菜园还有黄瓜吗？我们能吃点吗？可以用钱买。"老板小胖手一挥，从手上分出一根，递给我们，"不要钱，吃吧。"好吧，于是我们退回凳子心满意足地开始吃新鲜的秒摘黄瓜，木头和罗宾汉来了后看到我们口水都要掉下来，可怜巴巴地看着我们，老板默契一乐，屁颠屁颠去菜园又给我们摘了好几根，我们要给钱，他坚决不要。陆陆续续的骑友看到我们都过来了，很快，院子就被站满了，都是花花绿绿的车和包，他们到小店买了很多吃的。恩，我们就是活广告！

经过了很惊险的老虎嘴隧道，两侧车道的两辆大货车在窄窄的隧道里面错身，我们等了很久才得以通过，于是我们颤颤巍巍地跟在一个大货车后面，就着车灯，慢慢骑，隧道里面已经不能称之为路了，地面坑洼不平，并且不是简单不平，是很多很多的小水池，水池里面是坑洼的石头和不知道何处塌陷进去的洞。我的身后跟了很多小轿车，前面是大货车。我不能停下来，只能往前，于是胆战心惊地用双手用力握把，即使行驶进水坑也要保证不下车，不然鞋子一定湿透。这样的行进方式其实很冒险，不应该夹在车子中间进隧道。

晚上投诉，我们进门第一件事情就是问有没有 WIFI，老板说有的，我们说没有啊，老板说三楼没有，一楼有的。于是我们就住下了，可是，我们后来发现根本没有网络，网络信号是对面旅馆的。顿时感觉被骗了，没有就没有，有就有，不要骗人！

翅膀整理驮包时，翻出来一个超大超重的车锁，此车锁，我们在成都逛街时串起来锁车，曾发挥过巨大的作用，此后一直冬眠在他驮包一个角落。翅膀拿出车锁和老板娘讨价还价，具体是这样的：我把车锁给你，你给我们少算 20 元。老板娘说："你倒给我钱我都不要，一路上很多人都留在我们家里东西，但是我们完全用不上啊。"翅膀锲而不舍一直卖萌，颠三倒四要求我给你车锁你少 20 元，真是执着啊。木头看不下去了，一声大吼，"放我驮包。"中国好队友木头，中国好基友木头，掌声鼓励，此处是伏笔。后来在拉萨，又要锁车一起出去玩。木头说，"翅膀，车锁的钥匙拿来。"翅膀说，"什么钥匙啊，不是给你了吗？"木头说，"你没有给我。"于是众翻着白眼用眼刀子杀翅膀。

晚上和老刘住一张双人床，很温暖。

新沟—康定—折多塘

6月22日 新沟 — 康定

之前看很多帖子都有描述二郎山隧道，于是今天一出门就遇到坡，我便默默地念叨一会儿就到一会而就到。老刘陪我在后面慢慢骑，突然哎呀一声，老刘骑行眼镜的小螺丝掉了，于是我们两个人就蹲在地上一点点查看，每一个经过的骑友们都会问一句，"怎么了？需要帮忙吗？"我和老刘都摆手，"不用不用。"如果后面的路没有眼镜，平路和上坡还好，但是下坡风太大，眼睛肯定是受不了的。找了十几分钟，还是没有找到，无奈放弃。

在二郎山隧道，大家又蹦又跳地拍集体照。二郎山隧道之后是下坡，大家穿上抓绒、雨衣、护膝等保暖衣物，可是后面竟然还有几公里的缓上坡，我又不想下来脱，于是衣服便被都汗湿了。

身边是墨绿色的山峰和朵朵白云，时而见有老鹰飞过，它们张开翅膀随着气流盘旋，自由自在。

我们在泸定吃午饭，在黄河水湍急的桥上合影，这里是革命先辈奋斗过的地方，人流攒动，旅游区果然最多的就是人。之后大家决定继续往前，争取今天到达康定。吃完午饭已经三点半，到达康定的时间最起码是九点，如果天气不好，可能是十点。

到达日地，记得很多骑友会在这个村庄做俯卧撑留影。在这个风雨交加，睁眼不见日月的傍晚，也没有人给我拍照，只好给爱车拍一张走人。

我其实很不喜欢川藏线上的涂鸦文化，也听说有人带着白色的油漆，一旦看到已经写不进去一个字的路边和牌匾便一桶油漆泼过去。总觉得这种仪式感很强的活动类似于在石头上刻上 xx 永垂不朽，xx 到此一游，抹不开的自恋，太过强调一件事情，便会变质。

可是在这个傍晚，日地这个村庄没有什么人在外面，因为下雨，大家可能在干燥温暖的房子里面嗑瓜子看电视。于是我的孤独感滋生，把自行车靠在路边休息，一晃眼就看到以前的骑友写下的文字，比如说"不累，腚疼。"落款是拼音开头的字母。瞬间觉得我不是一个人在路上，我们穿越时间，在这一样的空间相遇，至少这一刻我不是一个人。一路上走走停停看不同的人在不同的时间涂鸦，或者嬉闹怒骂或者爱意表达，都是一种情感的宣泄。我知道我不是一个人，这就够了。

雨开始变大，在山路上汇集成小溪流缓缓地淌下，天渐渐黑了，弯弯曲曲的山路总也看不到头，因为水的阻力，骑行变得更难。我开始怀疑车子是否出毛病了，是不是前刹蹭轮子，轮胎是不是没有气了。拿出手电，小小的一束光照亮前方几米的空地。抬眼是迷蒙的山，心里面有点害怕。我变得没有力气，下来推车都感觉推不动了。经过一个个小村庄，窗里透出温暖的光，却没有一盏为我点亮，黑夜没有给我黑色的眼睛，我无法用它来寻找光明。

忽然，我见到了熟悉的嫩黄色衣服、驮包。木头抽着烟在小卖部那儿等着我，那一刻，我非常感动。长路漫漫，至少我不是一个人前行。不管是多少人的队伍，爬坡的路途却总会有一个人的时候，我们在一个人骑行的时候体验孤独，感受自己，天大地大，我却这么渺小，一场冰冷的雨浇下我便失了温，我没有想象中坚强，自己偷偷地抹眼泪，继续前行。

老刘和罗宾汉先到的旅馆，看到刘大妈旅馆，罗宾汉说就是 2000 元一夜也要住，实在是有点骑不动。我和木头在后面慢慢骑，木头后来说我的速度是 3km/h，其实我以为我爬坡最慢的速度是 5 km/h，徒步推车的速度也能到 4 km/h 左右，只是那时候我真的是骑不动。

后来我的手电筒灭了，木头把他的手电安到我的自行车上，我不愿意，木头在黑暗中眼一瞪，"别闹。"木头一发狠起来，果然是不能拒绝的。我不再坚持，我在前面就着快没电的唯一的手电的亮光，木头在我身后在黑得看不见牙齿的山路上慢慢挪动。骑几百米我就要喊一声，"木头。"木头就说，"在，我在，慢慢骑，不要着急。"世界太安静，这点灯火照不明前方的路，后方已黑，我只能出声，笃定不是一个人，才有信心和勇气继续前方漫漫长路。

到康定的旅馆时，我全身上下从里到外无一处是干的，刚脱下雨衣，湿衣服黏在身上，不自觉便全身发抖。我在一个没有门的标准间洗澡，窗户透风，热水刚开几分钟便完全凉透，还好没有打泡沫，干脆草草冲了下，颤抖着套上衣服，终于觉得活过来。继续到一楼盘着腿吃方便面，一边看电视一边跟着大声唱歌，声音洪亮节奏欢快，刚刚半死不活蔫蔫的状态都是梦。罗宾汉看着我摇头，果然是年轻人啊，恢复得好快。我特意睁大眼睛，表现体力这个东西是取之不尽用之不竭的，现在吃一顿睡个好觉，明天又是生龙活虎的一天，生活不要太美好哦！吃完喝完回到房间，脑袋和枕头一沾，秒睡。

6月23日 康定 — 折多塘

今天本来准备休整一天，毕竟昨天到达旅馆的时间太晚。早上下楼吃饭时，听见有骑友说今天要去折多塘，这样爬折多山就能少一些上坡路，分担明天的压力。最后这位骑友叹息，"你们出来都不看攻略的吗？"

中午吃好喝足，今天的路程就是18公里的上坡。我和翅膀慢悠悠到达的时候，木头、翅膀、罗宾汉已经找好住的地方，是一个很有藏族特色的房子。

吃饭是和别的队友拼桌，一个骑友偷偷地看我和老刘。然后羞涩地问，"你们是双胞胎吗？"我和老刘对视一眼，非常有默契的异口同声，"是啊，是啊。"这个可爱的骑友恍然大悟，"难怪我说你们怎么长得这么像呢？"老刘和我挤眉弄眼，"像吗，像吗？"我高深莫测很严肃地回应，"很像。"

饭后，大家觉得一定要去泡传说中的露天免费温泉。老刘说头晕不去了，其实这么高的海拔，还真的有点晕了。不过既然来了，如果没有找到温泉，以后可能会后悔。寻找温泉的山路有点陡，穿着厚厚的衣服还是觉得冷，路边有星星点点的蓝白色小花，点缀在绿色的草坪上，花香扑鼻，独属于山间的泥土芬芳，云雾在山间缭绕。

遇到一些骑友，也是找温泉的。大家一边商量着要不要放弃寻找，一边孜孜不倦地上土堆，下土堆，念叨着，"老板说就是一直往山上走啊，怎么找不到呢？"后来看到山间有鲜艳的衣服，有人在大声地吼叫，"温泉在这里。"于是大伙儿干劲十足地往山上走。

终于到达温泉，是一个露天的几平米的小池子，还在冒着热气，一大群男士光着膀子光着大腿聚在一起，背靠石墙，看到我们过来更大声地吆喝，更起劲地脱衣服跳进去。我捂脸乐，有点不好意思。同去的女骑友说，"你们敢脱我就敢看，没什么不好意思的。"大家哈哈大笑。

我到底是没有下去，之前说用温泉洗脚丫子也没有实施，因为就算坐在池边，脚也够不到水面，看他们几个人安逸地躺在水里侃天侃地侃人生，我只有羡慕的份儿。

折多塘—新都桥

6月24日 折多塘

今天翻越折多山,总共22公里,却因为是高海拔,我走两步便大喘气。于是我就和翅膀两个人在后面慢慢磨蹭,从开始定好一公里一休息,到半公里一休息,最后几百米一休息。速度为4~5km/h,后来老刘和罗宾汉说他们也是这个速度上来的,但是比我们早到三个小时。

罗宾汉给遇到的骑友取外号,有一个是推车侠,全程推上去的,比我们快一个小时。

看到有一个小店面上面写着"吸氧",我顿时感觉眼前阵阵发黑,头晕头痛得要爆炸,翅膀说:"走,去吸氧。"我咬牙,"不去,现在开始吸氧,后面的行程怎么办?坚决不吸。"翅膀说,"我请客啊!""你请客也不吸。"后来遇到要上厕所,灰蒙蒙的墙壁上写着:收费一元。我说:"这个厕所竟然还要收费,天大地大何处不能如厕。"翅膀说:"一元而已,我请客。"我想说翅膀你真的是一个土豪。

我撑着护栏喘气,一个面包车开到面前停下,问,"姑娘,要搭车吗?"我豪情万丈一口回绝,"不要。""那要放驮包吗?"我伸长脖子看他们后车座上满满的驮包,有点心动,"不要。"翅膀拒绝得斩钉截铁。于是面包车轰轰轰地走了。我立马想泪奔,要啊要的,谁说不要的。

后来老刘说面包车师傅也和她说话了,"姑娘,搭车吗?"

老刘头也不回,"不搭。"

"后面也有一个女孩,你们是不是双胞胎啊。"

老刘偷偷乐,很认真,"是啊是啊!"

面包车师傅恍然大悟,"我说呢,长得好像。你们谁大谁小啊。"

"当然是我大。"

"难怪了,姐姐的体力是要比妹妹的体力好一点。"

后来我们还是住在了这个面包车的客栈,因为木头爬上折多山后高反了,吃什么吐什么,站都站不稳,木头说差点以为自己要死在上面了,看了他的照片确实眼袋很重,眼睛肿得只有一条缝。于是搭了这个面包车。司机很好,给了治疗高反的土方。等我们到客栈,木头基本上已经恢复人气。

在路上遇到一对父子,小孩刚刚小学毕业,和父亲一起出来骑川藏线,我说孩子妈妈同意吗?父亲说:"不同意的话就不会出来了,我们都希望用这种方式锻炼一下他。"父亲一路在后面不停鼓励儿子,小男孩也很棒,一直都在坚持。翅膀在后面看着他们的背影,很感动,说:"等我以后结婚了,有了儿子。"很期待下面的话,翅膀继续深情款款,"一定要他妈妈也带他来川藏线。这条线路我就走这一次,我再也不走了。"我用很鄙视的眼神瞅他,无语。我和翅膀是最后一批到达山顶的人,老刘在山顶等了我们三个小时,眼睛也被吹肿了,老刘说她要等哭了。我觉得有点不好意思,我终究是对自己太纵容,才会落后这么长时间。

我之前有过骑长途的经历,总觉得我是不会有高原反应的,说到底还是低估了川藏线的难度,这里有高海拔,低氧的环境。每一个骑川藏线的人都是自己的英雄。

晚上吃饭,坐在桌上看大家吃得特别香,我托着腮帮子很认真地看大家吃饭。他们说:"你多少吃点啊。"我说:"那我就喝汤吧,饭菜吃了也会吐出来,多浪费啊。"客栈老板在山上摘了一种野菜做的汤也给我们来了一大碗,特别香,我喝了好几碗。

木头闷闷不乐,原来木头在山上高反,情况有点凶险,于是他就告诉了家人,现在他爸爸妈妈坚决要他回去,不让他骑了。可是要他现在回去是不可能的。"我既然已经出来了,我是一定要骑完的。"木头很坚定。

6月25日 新都桥

今天睡到自然醒。

隔壁住着的骑友,一大早就抱着一袋瓜子,心无旁骛地开始嗑,那个响声……于是我进屋拿了几个蛋黄派,在罗宾汉的偷偷忍笑和挤眉弄眼的鼓励下,磨磨蹭蹭地走到他身边,抬头问:"你要吃蛋黄派吗?"

这个骑友听到我的话愣了一下,然后反射性地摇头,"不吃。"

"我要吃瓜子，你可以给我点儿吗？"我继续仰着头看他。

他直接就把手中的包装袋全部放到我手中，我接过来倒一些在手上，把袋子还给他。美滋滋地坐在凳子上嗑瓜子。他的队友，我的队友全程围观，大家都哄笑。

后来罗宾汉和木头在三楼的屋顶喝茶拷贝照片，我爬上去时，分享瓜子的几个哥们在搓麻将，看到我从门口冒出头，大声地说："我现在可没有瓜子了啊，不能给你吃了。"其他人大笑，我瞬间就脸红，减低最大存在感跑到罗宾汉身边坐下。

下午大家决定去山坡后面的寺庙看看。刚出门就飘着几点小雨滴，我和老刘有点发懒，不想走，是被他们几个推着走的。

几个小土坡，慢慢地走上去。看有几个小和尚穿着深红色的衣服在打篮球，有的还赤着脚。一片空地上，一个篮球架，不是很正规的篮球场。地面是泥土，没有水泥，没有栏杆，没有围栏，天高山远，就在这广阔的泥地上拍打着篮球。我们问："你们没穿鞋，这样奔跑，脚不疼吗？"小和尚们都很腼腆，也不和我们说话，继续专注手中的篮球。老刘，木头和翅膀忍不住加入他们的行列，在快进球时，大家都仰着脖子看篮球飞入球篮。

我们拿出手机，问，"能不能合影。"小朋友们就害羞地四散跑开，我们互相指责对方长得像坏人，所以他们才跑开。

我们进到寺院时，背后的乌云笼罩了半个天空，身前的阳光在金黄闪闪的屋顶反射下，照得人睁不开眼睛。踏进来，脚步不由放轻，不敢高声话语。罗宾汉拍照时，旁边有一个人说，如果你要拍，就拍全，不要只拍一个，这三尊，分别代表了前世，今生，来世。前世不可知，今生正度过，来世不可测。

新都桥—相格宗村—红龙乡

6月26日 新都桥 — 相格宗村

新都桥真的是摄影家的天堂，这里的美景，即使是最一般的相机，随时随地随手一拍都是一幅画。

今天一出门就是爬山，不过路况还好，都是水泥路，一路上看到很多骑友搭车，更多的骑友将驮包放到下一个目的地的客栈。我们还是坚持自己驮着，没有拆包。

很多人超过我，一般都会在超过我的时候竖起大拇指，或者喊一声加油，我喘着粗气点头，正在爬坡，请勿打扰。这样的坡总好像到不了尽头。川藏线的宣传语是——我们翻越的是心中的一座座大山。

骑到顶，我还是选择将驮包放到了一个面包车上，因为下坡路全是小碎石，如果不拆包可能会将货架颠坏。下坡的路很销魂，根本停不下来。

住宿点热水不热，又只能草草的冲冲了事。我和老刘住在三楼的木板房，我在房间歪着身子写日记，叨叨念要去厕所。老刘看着我，突然就开始哈哈大笑，我莫名其妙地问，"怎么了？"老刘憋住笑，摇床板，"你自己去看。"我们相视几秒钟，突然就一起狂笑，我问，"厕所是悬空的吗？所谓的高空炸弹？"老刘猛点头，于是我们继续笑。

2011年，我开始关注川藏线，并加入一个群，他们组成了一个叫做USB的进藏队伍，并在群里津津乐道厕所的悬空设计，并且说风嗖嗖的吹过的感觉。

一晃几年，他们口中的地方，也换我亲身经历，一步一个脚印地走过。也许机缘巧合下，不知道能不能看到他们当年的涂鸦。

6月27日 相格宗村 — 红龙乡

刚一出门，抬头便是弯弯曲曲的山路，看山跑死马。我，罗宾汉，木头出门骑行半小时后之后，还没有看到老刘，原来老刘出门就扎胎了，木头充当技师，无奈修车技术不过关，最后请修车的师傅帮忙补胎。我慢慢骑着，老刘追上来之后说："我估计罗宾汉他们应该已经到顶了，没想到的是罗宾汉今天也高反了，速度慢悠悠的，我还超过他几次呢。罗宾汉一直耿耿于怀，说我爬坡超他了，这不是他身体不适吗，不然以我的速度根本追不上他们好吗？"

我以为翻越剪子弯山后，再有的一个山不足为惧。可是没有想到的是在翻越剪子弯山的过程中我就已经将体力消耗得差不多了。从下坡后的平路开始，我就脑袋疼。我知道推车消耗的体力更大，但是不推车我已经完全骑不动了，每一圈每一圈都是极限。队友们都已经在前面了，我给自己定了一个目标，骑一公里停下来喘口气，骑一公里停下来喘口气。这时，从我身边慢慢过去一辆面包车，司机探出脑袋，"美女，坐车吗？"我低着头，摆手。司机还是不甘心，"算你便宜点。"我继续摆手，"不用了。"心里默默念叨，师傅你快走，你再不走我就忍不住上车了。

天上飘来乌云，我赶紧下来穿上雨衣，身后的乌云送来冰雹，前方刚刚还是蓝天白云，马上就乌云滚滚，冰雹一个接着一个往地上砸，盛开一朵朵水花，转瞬即逝。地上慢慢升腾起水雾气，有点缓下坡，双脚保持不动在脚踏上，慢慢溜达。路面看起来很平缓，但我其实是在下坡，我的脚开始感觉到湿意，两双鞋子，已经有一双已经湿透，这双如果再湿透，就没有干的鞋子换了，心里有点焦急，但是也没有办法。

好在雨下了十几分钟就停了，太阳出来，乌云散去，白云朵朵在空中飘。我在一个藏民开的小卖部停下来，当我进去时，队友们在一个简易的小棚子里面呆着，老刘躺在有点破旧的沙发上睡觉。我往沙发上一坐闭上眼睛，困意袭来，脑子却还是清醒的。木头说小卖部有方便面，去泡一碗吃吧。我闭着眼睛摇头，现在的时间已经是下午一点多，可是我没有食欲，不想吃。再闭目十几分钟后还是起身去泡了一碗面，本来以为吃不完，可是竟然把汤也喝光了。

当我继续闭着眼睛休息时，温州队伍也来了。他们刚停下车，只听到"砰"好大一声响，大家全部吓了一跳，以为是爆胎，都起身围过去，原来是打火机爆炸了，吸烟的朋友们，低海拔的打火机不能用，需要换高海拔打火机哦。再被吵醒时，大家说必须出发了，不然

晚上到达就会很晚。我们在路上的每一秒都很值得珍惜,但是有时候会觉得川藏线有点像定时定点的赶集,我们知道每天的行程,每天的目的地,并严格执行,如果赶不到便没有住的地方。不过转念一想,我们有既定的行程,但是没有既定的心情,没有既定的相遇。这便是我们旅行的惊喜。

  队友们的速度很快,可能也是我的速度太慢,下坡后就看不到她们的影子,而我也感觉力气消耗得差不多了。这时我又遇到了刚才要我乘车的面包车师傅,这一次他站在路边看了我很久,他没有问,我也没有问,所以我没有乘车。

  我在路边的草地上看到了温州的妹子,他们躺在草地上睡觉。我很想停下来和他们一起在草地上晒晒太阳昏昏欲睡。可是队友们在前面,我本来就慢,如果再睡上一觉,估计就更慢了。我停下来趴在护栏上喘气,他们睡醒了经过时问我有没有事,我说没事。

  经过一个小村庄,翅膀在那抽着烟等我,他缓缓地吐一口烟圈,半眯着眼睛看我,"我等了你一个小时。"小卖部的老板说前面还有两个10公里的上坡。"两个?"我眼前有点发黑,有点绝望,感觉太远了。他的行李已经让车子拉走了,并且告诉我,木头又高反了,所以也乘车走了。骑几百米后,翅膀将我的驼包放到他的车上,并且表示我的驼包果然比他的重,于是我趁热打铁,以后我们换驼包背,好不好啊……

  再出发时的速度慢到什么地步呢?不太记得,记得的是骑一会儿就要停下来,蹲路边吐一会儿,胃太难受,头也晕,这样停下来顺便还能休息一下。我们到顶后,乌云又开始聚拢,整个天空迅速黑下来,鸡蛋大的雨滴开始砸下,我和翅膀飞速地穿上雨衣开始冲坡。我的鞋子几分钟就湿透了,鞋里冰凉彻骨,手放在车把上也冻僵了,眼睛睁不开,用薄薄的雨衣包住也不管用,地上飞溅的雨水很快就湿透了膝盖以下的裤子,雨裤再这样的大雨天完全不管用。我想哭,于是一边满脸雨水一边满脸泪水,还想着如果现在是一个漫画形象,是不是雨水就顺着自行车前进的方向,朝反方向拖出长长的轨迹。心仿佛也被冰冷的大雨洗涤,地面被冲刷的如镜子一样,空气很清新湿润。雨已经慢慢地停下来,我听到有人在惊呼,一抬头,看到在整个浓黑的乌云天幕下,悬挂着一道彩虹,赤橙黄绿青蓝紫,彩虹的上边有一道淡淡的如镜子一般的另一道，这就是双彩虹吗？风呼呼地刮，身上迅速失去温度，我们下车，拿出可能被雨水浸透的手机相机拍照。

这一刻，我有点感动。

我们在一个面馆前停下来，前方还有10公里的爬坡。我们实在是冻得快僵硬，于是停下来站在马路边上等队友来接，其实这个时候最好的选择应该是在垭口避雨，我们放坡下去后一点避雨的地方都没有了。温州的队伍等冰雹结束后才放坡，他们没有被浇得透心凉。等到木头和客栈老板开着车子来接我们，我坐上车以后身上还在发抖，这是第一次搭车，但不是最后一次搭车。

到客栈后发现老板家里停电了。客栈老板的一双儿女全部跑过来帮我们搬行李。大家抹黑上了一个很陡的台阶到二楼。老板娘围着围裙在炒菜。

这边的房子从外面看有很多很多的窗户，窗檐花花绿绿的图案非常好看，有一种浓烈的热情感。晚餐我又不想吃了，于是又托着腮帮子看他们吃得很香，我只喝了几碗汤。

老板家女儿拿出几床新的被子给我们，红艳艳的，并且把本来是她睡的床让出来给我了。饭后我们开始聊天，她拿出他班上的照片来给我们看，说哪个是她们班最美的女孩，我们异口同声，你们班最美的女孩没有你好看。再翻看到她们集体穿藏袍的照片，颜色搭配好大胆，好漂亮。我和老刘拿着照片问女孩，你们这些衣服在哪里买的啊，女孩说县城就有啊，她们都是在县城买的。我和老刘看得好羡慕，说："其实我也特别想穿这种衣服，回头我们去店里面买来穿穿。"几个人开始在那幻想。

我没有注意到女孩已经开始翻箱倒柜并拿出一套衣服来说："给你们穿。"我们几个惊呆了，我们就随便说说，她怎么就拿出来了。老刘一迭声问，"可以吗？可以吗？"罗宾汉说："虚伪，你其实很想穿的吧。"我们大笑，好歹客气一下嘛。

藏袍很厚实，图案很漂亮，女孩拿出的是他们盛大节日时才会穿的正装。罗宾汉后来问我，"如果换做是你，你会这么毫不犹豫地拿出自己最正式最隆重的节日服装给客人穿戴吗？"

我犹豫不决地回答，"那我要看遇到的是什么样的客人。"罗宾汉说，"你犹豫了，可是这个女孩一点犹豫都没有，就直接拿出来了。"

藏族人朴实，善良，用最大的热情招待来自远方的客人，这是真的。

我们一路上会遇到很多人，有只认钱的人，有唯利是图的人，有好人，有不太好的人，可是我们始终遇到的好人远远多过坏人。

于是除了木头，翅膀换上弟弟的衣服，罗宾汉换上爸爸的衣服，我和老刘换上女孩姐姐的衣服，几个人开心地拍照。

晚上老刘翻出一个手电筒给老板，充电器充电线全部给了老板，说："这里经常停电，谢谢你们的招待，这个手电筒你们也许会有有用。"老刘说他们的手电筒还是那种塑料的，没有特别亮，有了这个充电的，应该能有用。

和客栈一家人的合影

红龙乡—理塘—巴塘

6月28日 红龙乡 — 理塘

早上老板一家人一直问早餐想要吃什么，我们再三强调大家吃什么，我们吃什么就可以。老板娘给了我们昨天晚上的炒菜，酥油茶一直不停地上，还一直问要不要带一点酥油茶在路上吃。这个淳朴的一家人，生怕我们没有吃好。出发时我们和老板一家在门前合影，罗宾汉说有空会把照片洗出来寄过来。

出门就是小缓坡，我还是落在了最后了。在一个小垭口，我们拿出大队旗，开始我们的集体活动，拍集体照。我们几个人齐心协力做了一个玛尼堆，这是我们几个人的第一个玛尼堆，希望保佑我们的家人健康，希望保佑我们一路顺利到达西藏。

在爬第二个小坡时，太阳出来了，一路上看到理塘隧道也正在修建。听说今年是翻山越岭骑行川藏线的最后一年，明年很多隧道就通了，这些需要兵哥哥不停修补的道路可能就会废弃，再不能行走。不知道以后是不是会有更多的人来，还是人们觉得没有坡的川藏线便不是原来的川藏线了。总之，这条路会变得更好走。

今天是难得的大晴天，即使捂着面巾，还是感觉脸被晒得发热。这里的蓝天白云，因为在氧气稀薄的高原，显得更纯粹也更通透。

一路上遇到很多骑友，我们在一天当中很多时候无数次地偶遇，再分开，面熟却叫不上名字。

有一个环中国骑行的小伙子，23岁，形状和气质都和之前的队友自由转转很像。我们曾经一起在藏民家喝牛奶，于是我便若有所思地看了他几眼，结果被翅膀嘲笑说我色眯眯地、深情地望着他。天地良心啊，我可没有对他犯花痴，只是觉得像以前的朋友罢了。

在垭口又遇到了骑友们，我看到很多人在推车，即使我心里知道推车比骑车更累更消耗体力，但是我还是会推车，重点是要休息一下臀部。

他们看到我大声地吆喝，"妹子，加入我们队伍吧！"

"你们队伍又没有帅哥，我不加入。"我哈哈笑着回复。

话语一落，其中一个夸张地拍着胸口，"等我刮完脸上的胡子就是妥妥的一个帅哥啊！"大家哈哈大笑。

放坡时遇到上坡的军队，每一辆车过去都卷起漫天的灰尘，导致大家看不清路和人。路不是很宽，几次错车后发现太危险，于是我干脆停在路边，等每一个车开过去，我都招手无声地说："Hi，兵哥哥们。"长年累月和路况做斗争，这里的环境比低海拔地方差太多了。待的时间过久，真的很催人老，紫外线太强烈，离太阳太近，也有不好的地方。翅膀拿出手机拍照，然后发朋友圈，质问谁说来西藏都是醉氧，看看这灰，看看这土。

晚上我们入住最具性价比的酒店，三个房间要160元，豪华啊！

6月29日 理塘—巴塘

上午我和翅膀爬海子山的过程中，翅膀一直絮絮叨叨地说他编纂的小说，他说他以前做过编剧，还拍过话剧。于是我们就一边爬坡，一边讨论剧情，不知不觉就到了中午。

中午在一个小卖部买了一袋泡面吃，大家都席地而坐，我们和老板说："老板，请问可以去你们家店铺里面吃吗？外面风大，有点冷。"老板说没有问题。于是我们就从窗户这边躬身钻进去，踩在桌子上，再跳到屋子里面。

货架旁边有一个小姑娘，不到一岁，睁着大眼睛好奇地看着我们，她的皮肤特别白。我们每个人都跑过去和她说话，原来藏民不是天生就这么黑，他们小时候原来也是白白的。旁边一个屋子有五六个五岁左右的小孩在打闹，我们很惊讶地问老板，"这都是您的小孩子吗？"

"不是的，这都是这个村子的小孩，他们的父母出去采冬虫夏草，把他们寄放在我这里，晚上过来接他们。"老板说。

"那现在的冬虫夏草多吗？"木头问。

"以前还可以，现在越来越少了。"

......

这条路在很多人的游记中都提到过小孩子抢东西的事情，比我们先走一天的骑友还发微信说有小孩子抱着他的前轮不撒手。所以老刘早早地就准备好了一大袋糖，当时老刘他们停下来休息，有小孩子问，"姐姐，有糖吗？"老刘把糖拿出来，眨眼就被小朋友一整包全部抢过去了。老刘连忙喊，"给其他小朋友也分一点啊。"老刘、木头和罗宾汉在一个新建的健身广场休息，刚准备坐下，一群小孩子就跑过来，七嘴八舌地说，"姐姐，这里不能坐，油漆还能干呢。"老刘后怕，还好没有坐下去，不然就是一屁股的红油漆。

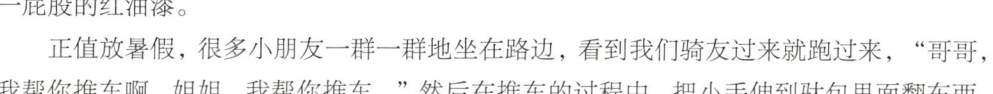
等着分糖的小朋友

正值放暑假，很多小朋友一群一群地坐在路边，看到我们骑友过来就跑过来，"哥哥，我帮你推车啊，姐姐，我帮你推车。"然后在推车的过程中，把小手伸到驮包里面翻东西。

我的驮包全部罩上了防雨罩，小朋友过来的时候，我就很凶地把手举起来，做一个暂停的手势，"别过来。"小朋友们被我一震，真的不敢过来了。翅膀说我为什么对小朋友这么凶。我说他们小小年纪，不学好，可能开始是自驾的人给铅笔给糖果，他们慢慢知道我们会给东西，现在发展到抢劫。小孩子分得清什么好歹吗？没有大人的教唆，他们敢在大马路上拦车偷东西抢东西吗？为什么这条线路现在大家都不敢走，我们现在看到成群结队的摩托车就怀疑他们在抢劫。没有人纯粹的坏人，都是被惯的。

翅膀弱弱地说，"他们生长在这个地方，缺水缺电，已经很不幸了。"

"你是他们吗？你怎么知道他们不幸福？你在城市生活，他们没有在城市生活，哪里来的对比。现在他们要钱要糖果，抢东西，长大后他们就抢劫，所以坚决不能纵容。"

到山顶后，是70多公里的大下坡，但是下雨，我们没有看到美美的姐妹湖，一切都是雾蒙蒙的。这也是有史以来最痛苦的一次下坡，没有破风的豪爽，只有睁不开眼睛的心惊，膝盖以下全部被雨湿透，并且冰冰凉。

罗宾汉，翅膀，木头还有两个北京的大个子，老刘他们几个人下坡飞快，我一个人慢慢落在了后面。后来他们说我上坡慢，下坡也是最慢的。

很多人都超过我。渐渐的路上就只有我一个人了。开始我的头巾还蒙着全部的脸，慢慢的头巾全部被雨打湿，贴着鼻子嘴巴，我喘不了气了，只好盖住嘴巴，露出鼻子呼吸。我鞋子里面的水很快就灌满，雨水沿着脚开始往上爬，爬到脚踝，爬到膝盖，湿漉漉沉甸甸的很难受。眼镜也变得雾蒙蒙的，索性摘掉眼镜。

温州队伍的两个男骑游停在路边，搓着手取暖，我也停在他们身边。当我们再出发时，他们一个在前面，一个在后面，让我在中间，护着我下山，我很受感动，虽然一直不知道他们的名字，但是很多次我们都住在一个旅馆，很多次都在一张桌子上吃饭。

到巴塘的时候，天已经完全黑了，我们住进一个80元的双人间，没有窗户，进房间不到一分钟就停电了。我摸黑换上干衣服，吃饭，睡觉。今天所有人都筋疲力尽，主要是被冻的。

巴塘—芒康—如美

6月30日 巴塘 — 芒康

出门一路缓上缓下，我沿着河水骑行，江水滔滔，我沉醉其中。骑了一会儿，我看到翅膀和木头在大树下抽烟，于是我坐过去，有点昏昏欲睡。

翅膀在大桥边上拿出一个特质的手电，开始照地上的一堆石头，然后在网上发帖子，"这里有一块石头，拉回去能在北京三环内买两套房子。"高深莫测，淡定从容。宝石鉴定商翅膀，就是这么牛气。大伙儿都不要拦着我，我要回城租个车把两套房子拉回家。

温泉山庄真的只是一个山庄，两户人家，床铺都是大通铺，床铺的本来颜色是花花绿绿的，如今都已经看不到本来的面目，清一色的灰土色。看到这样的居住环境大家都不太想住下。有两个返回的骑友说前面的路上有很多掉落的碎石头，特别危险，所以他们要搭车。

"我查了，这条路线竟然死过人。"其中一个人心有余悸地叉着腰站在马路中间。

我坐在小卖部屋檐下嗑瓜子，抬头问他，"这条线路每年都会死人啊，你不知道吗？"

"我不知道啊，我要知道我才不会骑车去西藏呢，我出发前一天看到我哥们说骑车去西藏，我才买了个二手车就一起来了。现在才知道原来还会死人，多危险啊！为什么非得骑车啊，开车也行啊，坐飞机也不错。"此男孩在继续发表自己的看法。我们都不作声，没有对他说走就走得潇洒表示钦佩。

我低着头继续嗑瓜子，身边很多骑友看天看地看蒙蒙细雨。其实我对这种什么都不知道就骑自行车去西藏的人有点生气，也许对他们来说，骑上这条线路就有在朋友圈炫耀的资本，骑上这条线路就找到人生的意义目标了，对路况没有一点预见性，对骑行安全也没

有经验,这样的骑行与其说是勇气,不如说是稚气,是对自己、家人、队友的极端不负责任。

天上开始有细雨飘散,如果继续下雨,很有可能还会有落石滚下。我们包车在路上昏昏欲睡到芒康。路上确实有碎石头。

晚上住的地方每个人30元,特别实惠,还是标间,房间地上铺着厚厚的毯子,这个价格是翅膀谈下来的。我总感觉翅膀是施展美男计,所以前台才会同意的。

7月1日 芒康 — 如美

我们和温州队伍没有在同一时间出发,却在半路上遇到,他们坐在地上一边抽烟,一边等后面扎胎的队友,于是我们也一起等,然后拍各种来看流星雨,照片出来后才发现木头和罗宾汉在后面把手摆成举着机枪的架势,对着我们的后背扫射。

川藏线这条路线已经一年比一年好,设备也是一年比一年齐全。可能几年前很多地点都没有吃饭和住宿的地方,现在已经覆盖得很密集。我们出发的时候不算旺季,真正的旺季是暑假开始,很多学生一窝蜂似的涌上来,可能到时候路上的骑友还会担心如果不快一点,就会没有住宿的地方。

骑行途中上下坡颠倒,下坡很多,再上坡10公里到教授客栈。我们在路上没有太多的风花雪月,大多数时间就是在闷头骑,于是慢慢的会疲倦。

没有流浪,没有寻找自我,我们就是骑车、骑车、骑车,然后再上路,有一点点的意外惊喜。

我在客栈把所有的衣服都洗了,老板说现在的客栈还没有注满,但是等暑假一到,打地铺都不够睡,难以想象到时候是如何壮观……

CYCLING IN CHINA　骑行中国

如美—容许兵站—左贡

7月2日 如美 — 容许兵站

早上老刘和木头刚出发,隔壁旅馆的骑友们看到女孩儿,几个人起哄,"嗨,妹子。"木头转过头说,"妹子什么妹子,等会儿秒你们。"于是在老刘优哉游哉按照自己节奏骑的时候,后面一个男骑友就紧赶上来秒了老刘,于是就开始长达两公里坡的拉力赛。

"我骑吐了。"老刘发表和他比赛后的感想。"以后我再也不和别人在爬坡的时候较劲了,不过后来我就看不到他了,不知道他是不是乘车了。"

觉巴山——在这里丢掉了我们的旗子,旗子上面已经盖了几个章,有我们一路行进的轨迹,好遗憾!

我们坐在玻璃顶的房子里面。大家一边嗑瓜子,一边聊天。老板家放了两大桶酸奶,特别特别酸,要用酸奶拌白糖一半一半的吃才可以。于是我一杯接着一杯地吃,吃到肚子都撑了。晚上又吃不下饭,喝了好多汤,我吃不下饭时就喝汤。

晚上住在一个大的客厅里,都是床铺。

7月3日 容许兵站 — 左贡

在爬坡的过程中,我看到罗宾汉抱着一个东西放在嘴边,还以为他在喝水。我还疑惑为什么水杯会那么大,后来知道是在吸氧,氧气管带了这么久,终于派上了用场。

我在半山腰去了一个小卖部,发现里面的能饱腹的东西基本上被过路的骑友搬空了。

"我们在这里一般一年能赚个几万块吧。"老板和我们聊天。

旁边有一个小孩子跑来跑去,衣服看不出原来的颜色,但是皮肤很白,眼睛很明亮。我们问:"这是您的小孩吗?""这是我的孙子。"老板说。我们吓一跳。老板今年最多四十多,果然藏民结婚都比较早。

那个总是疯狂骑车的小伙子躺在路边睡觉,后被木头骂起来了,说:"这样冷的环境,这样睡觉准会感冒,如果实在骑不动可以乘车。"后来我们知道这个小伙子屁股被磨破了。

"我看到翅膀在前面骑,突然旁边的山开始滑坡,瞬间就将翅膀掩盖了,我冷汗立马就下来了。再闭上眼睛晃晃脑袋,原来是幻觉。"

罗宾汉后来这样告诉我们:"到底是胖子,四千多的海拔和五千多的海拔真的不一样。"罗宾汉这条路骑得很辛苦。

194

和温州骑行队伍合影

左贡—邦达—八宿

7月4日 左贡 — 邦达

大雨洗刷后的天空很蓝，缓坡上开满油菜花，像青海湖，雪山美得像梦。这一路没有人的坡，翅膀说没有特别好看的风景，到处都是山。他腻歪了，不想骑了。

"你腻歪吗？"他问我。

"我不腻歪。"我说。"我觉得一个月的骑行时间，在路上完全不够，我觉得是昨天刚出发，时间这么悠长，又这么飞速，我还没有好好享受在路上的感觉，却总觉得明天就要到拉萨了，这种在路上没有俗事牵绊，只有单纯骑车的日子就要一去不复返了。你要想清楚，如果你现在乘车，就这么一两天的时间就直接到拉萨了，你会后悔吗？以后你乘车去拉萨的机会还会有，但是你骑车来拉萨可能真的就这么一次了。"

很远就看到前面又一个村庄，中午在一个藏民家里吃的，味道很一般，而且是固定的几个菜，吃的时候几个人狼吞虎咽，我们现在已经对美味没有要求，只求能填饱肚子。

我感觉我骑不动了。

"你们就不要等着我，但是差不多20公里，或者10公里等我一下，这样你们可以按照自己的节奏骑，也不会太痛苦。"我对他们说。

"那不行，如果你在路上出了什么事情怎么办。"罗宾汉不同意。

"能出什么事情啊，不会的。"我回答。

"如果扎胎了呢？"

"路上这么多的骑友，如果真的扎胎，我可以在请别人帮忙啊。"我说。

旁边邻座的一个车友从鼻子里哼了一声，表示不屑。在路上互相帮忙有什么不妥吗？不知道这个骑友为何要这样的态度。这一群车友，今天在路上一直遇到，分开，再遇到，不过在后来的路程中再也没有正面遇到过了，但是有远远的碰到过。可能是因为我们队伍的速度不一致，所以会这样。他们有几个人都是骑的旅行车，车把上都有后视镜。后来盘山路，我骑得气喘吁吁时，他们其实离我很远很远，有四五公里的样子，但是有后视镜反光，照得我睁不开眼，仔细一思考可能就是他们。他们中有几个男生穿着宽松的短裤，下面是腿套，我偷偷和队友们说："看他们，男生穿黑丝袜。"

7月5日 邦达 — 八宿

我看到有人在悬崖边上拍照，难道是72拐。那弯弯曲曲的路，像我们脑海中盘不清楚的思绪，蜿蜒。如果没有这样的弯曲，我们何如到达下方。

也看到有人骑车上来，反骑的难度大很多。在垭口，有人问我们为何骑，并表示很不理解。"你们从成都出发老爬坡爬坡，那你们从拉萨骑到成都呗，不就全是下坡了吗？"我表示无语，这样骑还有什么意义。

罗宾汉肾结石，他说他在路上没有站稳晕倒了。作为他的队友，我们都不在他身边。还有一公里就到达县城，就是这么一公里他也骑不动了，木头叫了一辆车，和罗宾汉一起上车去县城。

今天我们和温州队伍在一起吃饭住宿。饭间，温州队伍拿出酒瓶，一定要木头等人喝。考虑到在康定喝酒后，木头总是高反，我强烈建议他不要喝。

温州队伍的几个老爷子说："你们队伍的女孩子好彪悍，管得好严，按理说出来玩，最重要的就是开心。"

罗宾汉笑，"我们队伍的女孩子就是姑奶奶。"

"我是为你们好，在高原喝酒容易高反。"我辩解。

"怎么会呢？你看我们天天喝，也没有高反啊。"老爷子举着酒杯。

"每个人的身体都不一样，您没有问题，他们不一定没有问题。"

"你看我们队伍的晓晨妹子，她就不会管我们。"他们说。

"我在队伍没有话语权。"晓晨弱弱地说。

"我们就是喜欢你这种妹子。"老爷子们哈哈大笑。

原来我是不讨人喜欢的妹子，没事，你们不喜欢我，我也不喜欢你们。这样的劝酒有时候真的要不得。罗宾汉经过疼痛，木头经过高反，意志坚定地表示不喝酒。我不说话了。

八宿—然乌

7月6日 八宿

今天的山很虐人，我用很慢的速度爬坡，我也是在这个过程中慢慢体会骑行川藏线的点点滴滴。

下坡的过程中也要踩踏，他们说这个是唯一一个下坡也要踩的。山间夜色说来就来，他们一个个超过我之后，我就在后面慢慢一个人骑，我看到有徒步的把背包拿下来靠在路边的栏杆上休息，我慢慢放坡，又看到更多的人在徒步。上坡的时候，我们的体力消耗可能差不多，但是下坡我们可以一路坐在车上很快速地下来，他们不管什么路况都是要一步一个脚印。

我只有在他们拦车时，表示过羡慕，因为我们要拆包，要拆车，我们的乘车更加麻烦。

然后到达然乌。暮色四起，一回头，太阳的余光照在雪山顶上，显出明媚的橘红。看到雪山的人都是很幸运很幸福的人，我坚信。

遇到那个总是和我们偶遇的单人骑行的女孩子，她和另一个女孩子一起叽叽喳喳地过来。我们向她们询问住宿的情况。女孩笑嘻嘻地说："千万不要住那个宾馆，那个宾馆看起来很大很气派吧，但他们家的马桶今天全坏了，下水道堵了，所以现在整栋楼都不能上厕所。"我们忙不迭地说："我们坚决不去那家。"

在县城看到老刘，我想就在县城住下，因为价格都是一样的，50元一人一个标间。木头联系温州的班长后，大家决定和温州队伍会合。我说为什么不就在县城住下，为什么还要额外骑五公里。天完全黑下来了，温州队伍的班长在寒风中等了我们很久，木头一直在联络他。他们已经点好菜，没有吃在等着我们。

木头忙着和班长联络，最后决定继续往前。

罗宾汉说温州队伍有两个老爷子，他们的长途经验很丰富，他们对选择旅馆，预订旅馆都很在行，我们要相信他们。我不信，我只知道我们为何不在县城住下，非要再就着天黑在山路七拐八拐地继续骑五公里。

7月7日 然乌

今天包车去往冰川。我想象中的冰川应该是像在玻利维亚盐湖那样的。天空和地面融于一体，我们行走其中，倒影在地面，人间的天堂。

经过一大片美丽的花海，我们还没有下车便闻到了似有若无的花香，不浓郁但是沁人心脾，我们大叫着跑进去，虽然在大路上看起来是满满的一片草地，真的走到中间会发现其实是有落脚的地方。

以前看到很多鲜花都设计成捧状，包括很多新娘的手捧花。我不太理解为什么一定是圆圆的一捧，现在知道了，因为地上的花都自己长成了圆圆的一捧一捧，蓝色的、白色的、红色的，远方是镜子一样的湖面。

木头在一个断了的半人高的围墙上坐下，看着远方不发一言，前方是山、湖水，背后是花海。

后来在网上发照片，朋友说你为什么站在一幅画前拍照。我大笑，我没有站在画前，是我们在画中。

雪山的脉络倒影到湖中就是一幅完整的对称图形。景区是用一块木头拦起来，有几个当地人在门前发门票收钱，门票的钱为30元。

我们下来走路，几步一喘气，在高原上徒步就是感觉不一样。

山，不仅仅是单纯的一个颜色，因为冰川的装饰，添加了几多生动和曼妙。

数万年前，可能这里的冰川就存在，那时候我们在哪里？千年万年的轮回，生命如流水，落花依旧，人面何处？人生几十年何其短暂，我们喧闹着来到这里看风景如画，又喧闹着离开。前方风景不一样，人生路也不一样，我们所有的一切在时空面前都如沙粒，转瞬即逝，又有何缘由自大。

然乌—波密—八一

7月8日 然乌 — 波密

早上翅膀和罗宾汉在旅馆耽搁了好久。老板说他们的一双拖鞋找不到了,要扣我们五十元钱。我们在路上的行李已经很多了,多一张纸都嫌弃多,怎么会拿旅馆的拖鞋,更何况我们每个人都有自己的拖鞋。于是在那纠缠不清,最后罗宾汉说:"老板我们也不多说了,直接报警吧。"最后他们才走出来,受了一肚子气。

在雨后的小路上骑行,空气湿润,我肩膀开始疼。

老刘比我们早出发一天,她遇到的是蓝天白云。我们遇到的是雾蒙蒙的天。

7月9日—12日 波密 — 八一

老刘给我们发照片,说这儿的坡度和香山差不多,但都是泥巴路,他们没有遇到雨,如果遇到下雨的话,情况可能会很糟糕,和他们同时出发的骑行队伍,在老刘到达了鲁朗后,他们还堵在路上。

罗宾汉,木头,翅膀几个人把温州姑娘晓晨忽悠来和我们一起乘车。在第二天早上,晓晨还是决定和自己队伍一起骑行,她说如果她和我们一起乘车,会觉得自己抛弃了队友。

我们和司机师傅谈好的价钱是每人100元到达鲁朗。我们四个人,北京的两个大个子,还有几个广东的骑行滇藏线的车友就这样搭车上路了。

然后我们就堵在半路上了。

于是我们去小卖店买了一些瓜子，坐在敞开的车里，一边嗑瓜子，一边看来来往往的骑友，过去的骑友总要问，前面发生了什么，今天还可能通车吗？反骑的骑友说前面塌方了，今天是不可能通车了。

我们坐车，晓晨妹子的队伍很快就过来了，我们打招呼，其实，我已经后悔了，后悔没有骑过去。

这时有人说，中午能通车。有人说，下午能通车。有人说，晚上能通车。有人说，半夜能通车。有人说，明天早上能通车。后来，警察叔叔来了，"大家都不要等了，该吃饭吃饭，该住宿住宿，今天是通不了车了。"于是所有人都群潮涌动。我去问了两家宾馆都说已经满了，再去往一家问老板有没有房间？

"你们几个人？"

"我们六个人。"我说。

"那没有房间了，你们找别家去吧。"老板娘一边拿着菜单，一边很不耐烦。

"可是刚才有一个四人间，里面住了两个女孩，我刚刚问过她们了，我们再住进去两个人，她们说没问题。还有一个六人间，里面住了三个人了，还有三个床铺，怎么就没有房间了呢？这些空铺位我都要了"

"可是你们有六个人啊。"

"我们怎么安排是我们的事情，这几个床铺我定下来就是了。"

老板娘支支吾吾，"我还有事，我很忙，我先忙，你等一会儿我。"拦都拦不住，老板娘风一样飘走了。再见到老板娘，后面跟着一个女人，女人表示自己一家三口，需要三个床铺。老板娘低头沉思，"你们就住那个六人间吧。"

"老板娘，你会做生意吗？总有个先来后到吧，我先问的，先预订的，他们后来问的，你现在把房间给他们？我们是不给你钱吗？有你们这样的吗？"我一下子就急了，如果没有订到房间，所有人都要蜷缩在车子里面，藏区的晚上温度下降得很快。

"老板，是这样，我们先预订，于情于理您都应该将房间优先问问我们，而不是直接给别人。"翅膀说。

"但是你们有六个人啊。"老板娘不敢看翅膀。

"我们有几个人，怎么安排住，是我们的事情，你有五张床，这五个床铺，我们都要了。"

"那现在房间已经给别人了，我也没办法了。"老板娘不敢看我们。

我气得直接走人了。翅膀说没事，好好说话不要着急。

那个看房的女的一看这个情况就走了。

"现在还有几个床铺，你们要吗？"老板走到我们身边问。

真想很有骨气地说，"不要了。"

"好的，都给我们吧。"翅膀说。

"你们是没有房间住吗?我这里还有一个床铺。你可以和我一起住。"这时候旁边出来一个女生。非常好,于是我就和女孩回房间,知道房间在哪里,就此定下来了。

回去歪在座位上小睡了会儿,再醒来发现好口渴。于是去小卖部买雪糕吃,算好每人一个。回去问他们,个个都摇头说不吃。可我已经买了,不能浪费啊,于是我一口气吃掉了三个雪糕。这是罪恶的开始。

其实我是算好日子出来的,等回到北京,将将好一个月,不会在路上来大姨妈。可是可能因为水土不服,再加上吃了好几个雪糕,我头晕想吐。摇摇晃晃地下车,在路边蹲下,抱着双腿干呕,眼泪横飞。

"你怎么了?"不知道什么时候罗宾汉走到我身边,拍着我的背问。

"痛经。"两个字言简意赅,实在是没有精力去应对了。

"去里面。"走到刚刚旅馆的客厅,屋顶是玻璃的,下面有几排沙发,躺在上面,蜷缩成一团。

"我去给你买药,需要什么药?"

"止疼药,只要能止疼的,随便什么都可以。"

罗宾汉出去了。外面放晴了,玻璃顶的屋子里面迅速升温,我大汗淋漓。

翅膀看我汗水横流,说:"你去房间睡吧,这里多热啊。"好吧,我起身。到房间后,觉得房间真的是太冷了,于是又回到有暖暖阳光的房间。

罗宾汉回来了。我吃下止疼药。

罗宾汉描述过程。他去镇上唯一的药店买药,可是没有人,护士很傲娇地说:"现在大夫出去了,药房用钥匙锁着不能拿药。大夫什么时候回来说不好。不过前面有一个兵站,你可以去问问他们有没有药。"

罗宾汉于是徒步走了两公里,去问兵哥哥。

"你们这里有药吗?我们有一个姑娘痛经。"我说:"你这么直愣愣地说明情况,真的没有问题吗?"

"没事啦,大家都是成年人。"罗宾汉说。

于是几个士兵就去到处问人,终于找到了止疼药,给罗宾汉带回来了。"这个帅哥,心地真好,他还长得很帅的说。"

"真的吗,真的吗,那你留下他的名字了吗?电话呢?你拍照了吗?什么?都没有。那我怎么感谢他啊!"我很失望,其实我最想知道的是,很帅到底是有多帅啊。

晚餐后,我抱着大把的零食去找我的临时室友,晚上和室友寒一起度过。

依旧是等待,下雨了,前方太多不可预知,还是坐在车里吧。

第二天晚上12点钟,终于开始通车,也可以走了,木头全程都在和师傅聊天。师傅说他们家有几个小孩,他们开车走这条线路多少年,师傅说每个石头的落点几乎都知道了。这里的路有的真的不能称之为路,特别窄,中间有凸起的石头,旁边是悬崖,一个不小心就会掉落下去,师傅说这条线路每年都会有人丧生,但是不是每一次事故都会被报道,兵哥哥们真的很辛苦。突然就想到一句很古老的话,"要想富,先修路。"现在真的体会到了。

漫漫黑夜, 车子不时地剐蹭到地面上的石头,司机师傅说车子的底部已经用铁皮包裹起来了,不怕蹭。他不时地指某一个地方,这里,某年,有一个骑行的男孩子摔下河,再也没有找到。这里,某年,掉落一块大石头,工人被砸没命。某年,这里……那里。看的我们胆战心惊。

到达八一,已经凌晨四五点,老刘已经帮我们的定好房间,我们摸黑到屋子里面,什么都没干,直接躺下睡觉。

工布江达—拉萨

7月14日

我们出发，我们相遇，我们到达目的地，在路上会遇到很多人很多事，在这个过程中，自己被自己感动，这就是旅行的意义。

在黑灯瞎火中穿梭，鞋子里的水冰冰凉，被脚捂热后，又再一次被冰雹淋湿，拐弯后看到了布达拉宫，我竟然有流泪的冲动。

我第一次知道布达拉宫是在初一的时候，听到一首歌，布达拉的灯火善良，我站在金顶守望，张开手臂就可以飞翔，飞回我拉萨的天堂。我在高中时看到三毛的书的封面，她站在布达拉宫前双手叉腰，笑颜如花。于是有了有生之年一定要去的地方之一就是布达拉宫的愿望。

五点半起来，去餐厅吃了一份蛋炒饭。今天还有快两百公里才到拉萨，外面天还没有亮又开始下起了雨，雨一直不停，骑友们都陆续起床，一个个看着连绵的雨瀑，犹豫是直接冒着雨出发还是等雨停。老板告诉我们现在拉萨是雨季，每天早上和上午都会下雨，中午下午天气就会变好，天渐渐亮了，已经七点多了，现在再不出发，今天就到不了拉萨。于是很多人开始迎着雨歪歪扭扭地骑上自行车，我骑了几公里，一回头，后面一个人都没有，前面也没有人，甚至没有过路的车辆。

世间万籁俱静，没有河水哗啦啦，我心里瞬间就有点没底了，为什么身边一个人都没有，我有点害怕了。明明和很多骑友前后脚出发的，为什么到现在一个人的影子也没有看到，就算他们很快，后面为什么一直没有人过来。我的手被冻僵了，我小心下车看路边的里程数，再打开相机看昨天的里程数，难道我走的是相反的方向？于是骑几百米就下来观察一下，当我看到后面拐角处老刘的身影，我终于放心了，原来我没有走错。老刘，罗宾汉，木头陆陆续续地跟上来。我终于可以放心大胆地往前骑了。

出发之前,一直在说27公里上坡,真正骑起来才发现这是所有山峰里面最容易爬的山,不知是心态决定状态,即使是五千多米的山,却因为这是这一路上最后的一座山,看到山的那边是一条长长的盘山路,也没有山路十八弯,拐过山头之后竟然真的就是垭口。

下山又开始下雨,很快头巾便被濡湿,我不得不拆掉头巾,雨水混着泥水,从前轮上甩到脸上,偶尔张嘴呼吸,便能喝到纯天然的泥水,不能仔细去思考这是否是泥水。好在这样就不用因为口渴而下来喝水了。

我,翅膀,罗宾汉全身湿透,大家在小面馆喝到热汤,我决定和翅膀一起搭车去拉萨。罗宾汉有点犹豫并不可置信地说:"你真的要搭车吗?"我纠结着点头,我实在是不想再重温在冰冷的雨中从理塘到巴塘那样的不舒适感了。罗宾汉吃饭后就走了。我和翅膀开始拦车。可是车并没有想象中好拦,最理想的车是小皮卡,可是一辆小皮卡都没有,一般的私家车又载不动我们的人和车。

面馆老板说我们可以去墨竹工卡,那里有班车,据此还有60公里。坐下后我一公里都不想骑,但是现在又拦不到车,只能继续骑行60公里后再说了。

再出发,翅膀用40km/h的速度狂奔,缓下坡加上顺风,这种感觉就像要飞起来。乌云已经散去,如果这样的天气一直到最后,再远的路,也能到拉萨。

于是我喊,"翅膀。"

翅膀在风中慢慢地减速。

我纠结着不知道如何开口,"如果我现在又有一个决定,你会不会打我。"

翅膀说,"什么决定,你想骑到拉萨是吗?"

我张开口,风争先恐后地钻到肚子里,我说:"是的,我的计划是这样,到墨竹工卡之后,不管有没有车,如果你要搭车,你可以搭车先走,我就在墨竹工卡住下,明天一大早我跟着别的队伍骑到拉萨找你们会合。"

翅膀说:"那怎么行。"

我很坚持,"行的行的,我不想搭车去拉萨,真的,你放心,这么多骑行的队伍,也有女孩子,我和她们住,等明天也跟着她们走,一定没问题。"

天高云淡,拉萨就在前方,如果我现在搭车,我知道我以后肯定后悔。以后我可能会飞过来,坐火车来,徒步来,骑摩托来,从新疆来,可是再也不是25岁年纪骑自行车入拉萨。我的青春,我的时间,我身边的小伙伴,我的小小决心,我的最后终点,无论如何都不应该这样终结,这样到达,我会不甘心,在以后悠长的岁月里,我可能会后悔。

我们在松赞干布纪念馆看到罗宾汉,他大笑着过来拥抱,"好伙伴,我真的没有想到你们竟然骑过来了,还以为你们会搭车呢,一直在关注过往的车辆,看是不是有你们,干得好。"我们傻笑。

再出发,抬眼望去,黑的山和黄的山之间架起了一座蘑菇云,云下电闪雷鸣,黑雾密布,我们要去的前方就下着暴风雨。可是前方只有一条路,是通往拉萨的路,没有别的选择,我们只能慢慢一圈又一圈地走近风雨中。即使不停地和自己说不要淋雨不要淋雨。可是路在前方,风风雨雨都要前进。

彼时可能身体受凉,肚子绞痛。最后20公里,用25km/h的速度狂奔,天渐渐黑了,我没有手电,就这样摸黑前进。路上没有路灯,转过一坐黑漆漆的山时,木头和翅膀打着手电在雨中等待着我们,光束穿透雨帘,分散开,但是无论如何分散,总是完整的一束。

我抬眼,前方是城市,城市有灯火,星星点点散落。可是我一眼就看到了灯火辉煌的布达拉宫,如夜空中最亮的星,那么高,那么明亮地住在黑夜中,那一刻我思绪特别平和,突然就体会到了一种前所未有的庄重和肃穆。我瞬间眼泪绝提,无关宗教信仰,只是,我来了,布达拉宫,你好,拉萨,你好。